Peter Fässler-Weibel (Hg.)
Wenn Eltern sterben

topos taschenbücher, Band 522

Peter Fässler-Weibel (Hg.)

Wenn Eltern sterben

topos taschenbücher

Verlagsgemeinschaft topos plus
Butzon & Bercker, Kevelaer
Don Bosco, München
Echter, Würzburg
Lahn-Verlag, Kevelaer
Matthias-Grünewald-Verlag, Ostfildern
Paulusverlag, Freiburg (Schweiz)
Friedrich Pustet, Regensburg
Tyrolia, Innsbruck

verlags gruppe engagement

Bibliografische Information der Deutschen Nationalbibliothek
Die Deutsche Nationalbibliothek verzeichnet diese Publikation in der Deutschen Nationalbibliografie; detaillierte bibliografische Daten sind im Internet über http://dnb.d-nb.de abrufbar.

2010 Verlagsgemeinschaft **topos** plus, Kevelaer
2. Auflage

Einband- und Reihengestaltung | Finken & Bumiller, Stuttgart
Umschlagabbildung | www.photocase.de, suze
Herstellung | Pustet | Regensburg
Printed in Germany

Topos ISBN: 978-3-8367-0522-6
www.toposplus.de

INHALTSVERZEICHNIS

VORWORT UND DANK

Die dritte interdisziplinäre Tagung der Stiftung Begleitung in Leid und Trauer, Winterthur, war dem Thema *Wenn Eltern sterben* gewidmet. Mit Erstaunen stellte ich fest, wie massiv tabuisiert dieses Thema belastet ist. Viele denken wohl an die Möglichkeit des Sterbens ihrer Eltern, wollen es indessen nicht wahrhaben oder verdrängen die Gedanken gleich wieder. Trifft es dann ein, so steht man oft ratlos und hilflos da und wäre froh gewesen, sich vorher mit diesen belastenden und unangenehmen Fragen befasst zu haben. Auf der Suche nach möglichen Referenten bin ich auf Menschen gestossen, die offen, ehrlich und schonungslos Einblick in die Welt ihrer Empfindungen gewährt haben. Die zusammengefassten Referate führten schlussendlich zu diesem Buch.

Danken möchte ich allen, die zum Gelingen dieses Werkes beigetragen haben:

- den Autoren, die ihre Texte zur Verfügung gestellt haben;
- meiner Sekretärin, Petra Eigenmann, für ihre qualifizierte Arbeit am Computer;
- den Lektoren Nora Haberthür und Hans Thomas für die Bearbeitung der Manuskripte;
- dem Stiftungsrat der *"Stiftung Begleitung in Leid und Trauer"* für die selbstverständliche und grosszügige Unterstützung der Arbeit der Beratungsstelle;
- der Firma Glaxo Schweiz für die materielle Unterstützung.

Möge der vorliegende Band jene Personen ansprechen, die sich mit dem Thema des Sterbens ihrer Eltern intensiver befassen möchten.

Peter Fässler-Weibel

SING, KLEINER VOGEL!

Ursula Bienz-Schudel

Sing, kleiner Vogel.
Sing das Lied des Lebens,
sing das Lied des Sterbens,
sing das Lied der Liebe.
Erfüll mit deinem Lied
die unsägliche Leere,
weine mit der Traurigkeit;
und sing das Lied der Liebe,
sing das Lied des Lebens;
kleiner Vogel, sing!

Es war einmal ein kleiner Vogel. Der kleine Vogel flog durch die Welt. An einem Ort kam er immer wieder vorbei, da wuchsen zwei Bäumchen, jedes auf seinem bestimmten Stück Land.

Am Anfang, als der Vogel kam, waren die Bäumchen noch ganz fein und zart. Aber der Boden, auf dem sie wuchsen, war gut. Die Erde war fein genug, dass sich dichte Wurzeln bilden konnten. Der Boden war fruchtbar, so dass die Bäumchen kräftiger wurden.

Die beiden Bäumchen wussten nichts voneinander, das spürte der kleine Vogel, sie ahnten nur, dass die Welt über ihr Landstück hinaus ging.

Nun wurden die Bäumchen so stark, dass sie aus der schützenden Geborgenheit ihres Landes herauswuchsen. Ungestüm drängten sie dem Licht entgegen. Schutzlos ausgesetzt hielten ihre Kronen dem Wind, dem Wasser und dem Feuer stand; die Wurzeln waren in guter Erde. Jeder der Bäume hatte seine besondere Schönheit - seine schöne Besonderheit!

Einmal liess sich der kleine Vogel in der Krone des einen Baumes nieder. Er begann zu singen. Er erzählte in seinem Lied von den Kostbarkeiten des andern Baumes. Sehnsüchtig streckte der eine Baum seine Äste gegen den andern aus - das Lied der Liebe hatte ihn verzaubert. Mit der Zeit wuchsen die Äste. Sie wurden länger und stärker.

Da setzte sich der kleine Vogel in die Krone des andern Baumes und sang das Lied der Kostbarkeiten des einen Baumes, er erzählte auch von den sehnsüchtigen Ästen in seinem Lied. Erstaunt neigte sich der andere Baum zum einen Baum, so dass die Zweige sich beinahe berührten. So wuchsen die Kronen der beiden Bäume einander entgegen; die Kostbarkeiten des einen Baumes verflochten sich mit den Besonderheiten des andern. Es entstand ein reiches Spiel aus Licht und Schatten in der scheinbar einen Krone. Auch die Wurzeln der Bäume breiteten sich aus; sie tranken von demselben Wasser, nährten sich von demselben Stück Erde, verwoben ineinander. Der kleine Vogel liess sich gerne in diesen Bäumen nieder, er sang das Lied des Lebens.

Geborgen im Schutz der Krone, getragen im Netz der Wurzeln, wuchsen zwischen den Stämmen vier junge zarte Bäumchen dem Licht entgegen.

Wissend um die Kraft des andern, vertrauend in das Wachstum jedes einzelnen, immer wieder staunend über neu entdeckte Schönheiten, strebten die Bäume dem gemeinsamen Ziel entgegen.

Einmal kam ein kalter Windstoss und liess den einen Baum erschaudern. Der kleine Vogel hatte dieses Zittern gesehen. Er setzte sich in die Krone und sang ein Lied - das klang unendlich traurig. - Später erkannte der eine Baum:

es war das Lied des Sterbens. In jener Nacht hatte eine wüste Böhe den andern Baum entwurzelt.

Es war die jäh gebrochene Lebenskraft, die spürbare Energie, die den Vogel schweigen liess, im verborgenen hoffend, später aus diesem Traum zu erwachen. Doch das allmähliche Welken der frühlingsgrünen Triebe verlangte, die Endgültigkeit anzunehmen.

Verwirrt flatterte der Vogel auf und setzte sich weinend auf die hilflos ausgestreckten Äste des zurückgelassenen Baumes. Sein Schluchzen liess den erschreckten Baum aus seiner Starrheit erwachen. - Zögernd gab er sich dem Streicheln des Windes hin, dem wärmenden Licht der Sonne, dem kühlenden Nass des Regens. Ängstlich suchend standen die jungen, zarten Bäumchen. Ihr guter Boden war erschüttert, ihr schützendes Dach war aufgerissen. Feinste Wurzeln waren der Hitze und der Kälte ausgesetzt. Da suchte der kleine Vogel den Platz nahe beim Herzen des Baumes und begann zu singen. Zaghaft, schüchtern erst fragte er: "Weisst du noch? Erinnerst du dich?" In seinem Lied beschrieb er die Schönheit, die Kraft des andern Baumes. Er sang von den Kostbarkeiten und vom Spiel von Licht und Schatten.

Die jungen, zarten, ängstlichen Bäumchen waren dankbar für das Vogellied. Sie wollten in seiner Nähe sein. Sie reckten sich, sie neigten sich dem Lied entgegen. Mit ihren Ästchen berührten sie den Stamm des einen Baumes. Dieser erschauderte darob abermals stark. Da hub der Vogel aufs schönste zu singen an. Er sang vom Funkeln der Sterne, von der Ruhe der Nacht, er sang von der Wärme der Erde, vom Licht des Mondes, er sang vom Säuseln des Windes. So wurde der eine Baum von einer tiefen Ruhe erfüllt. Er ahnte etwas von der bedingungslosen, allumfassenden Unendlichkeit. Er spürte in sich eine unsägliche Kraft, ein Vertrauen. Seine Wurzeln würden sich in die Tiefe ausstrecken. Seine Äste würden stark werden. Er wollte die zarten Bäumchen schützend begleiten, bis sie, dem grossen Gesetz folgend, ihre Kronen dem Wind aussetzen würden.

Der kleine Vogel sang die ganze dunkle Nacht. Am Morgen, im ersten Sonnenlicht, glitzerten Tautropfen.

Ich bin Ursula Bienz. Am 11. November 1993 ist Klaus tödlich verunfallt. Er ist am Steuer eingeschlafen. Unsere vier Kinder sind jetzt fünf, sieben, acht und zehneinhalb Jahre alt.

Zur Gliederung meiner Gedanken: Im folgenden Teil berichte ich in tagebuchartigen Auszügen von der allerersten Zeit, die wir nach der Nachricht von Klaus' Tod gemeinsam erlebt haben. Meine Beobachtungen der Kinder bilden den zweiten Teil. Ein paar allgemeine Gedanken stehen am Schluss.

Bald ist es ein Jahr seit jener Nacht. Es ist etwa 2.00 Uhr. Die Hausglocke läutet. Hat Klaus den Schlüssel vergessen? Zwei Polizisten in Zivil fragen, wer mit unserem Auto unterwegs sei. - Mein Mann - ob er Zeitungen habe abholen wollen? Es sei ein Unfall geschehen, ja es sei tragisch, der Fahrer sei gestorben. - Ob sie vielleicht hereinkommen sollten? - Ach ja, natürlich, ich mache für alle einen Tee.

Ein Beben ergreift mich von tief innen heraus. - Die Polizisten wollen mich nicht allein lassen. So wecke ich mitten in der Nacht meine Eltern und meinen jüngsten Bruder.

Wir sitzen am warmen Ofen, ohne ein Wort zu sprechen. Die Wärme vermag meine Kälte nicht zu vertreiben. Martin zündet eine Kerze an. Später versuche ich, eine Todesanzeige aufzusetzen. Ich suche Worte für eine Tatsache, die ich noch nicht begriffen habe, Worte für Klaus, der einfach durch sein Hiersein alles war.

Es tut gut, in diesen Stunden zu schweigen. Vorsprung zu haben, um den Tag bestehen zu können. Draussen wird es langsam hell.

Wenn Eltern sterben, sterben auch Geschwister und Kinder. Die Schwiegereltern in der Wohnung über mir ahnen noch nichts. Ich kann diesem schweren Gang nicht länger ausweichen. Es ist Werktag, bald werden in der Werkstatt die Leute kommen - das Leben will weitergehen.

Und jetzt die Kinder: Im grossen leergebliebenen Bett reden wir miteinander, halten uns. "Kommt, ich muss euch etwas sagen. Heute Nacht ist Vati gestorben." - Hanna beginnt zu weinen: "Mein lieber, lieber Vati!" - Lisa weint und will versichert haben: "Gellt, du heiratest nie nie einen anderen Vati, er ist doch so ein Lieber gewesen." - Tobias hört einfach zu, dann geht er zu seinen Kleidern. Dort sitzt er auf den Boden, denkt und denkt und fragt dann mit grossen Augen: "Mueti, aber wie machen wir jetzt, dass wir Geld verdienen können?" Rea hält mich einfach fest und ihren Joggeli dazu. Wir versprechen uns, einander zu helfen, den rechten Weg zu finden. Während sich alle anziehen, informiere ich Schule und Kindergarten.

Beim Frühstück wollen die Kinder wissen, wo Vati jetzt sei. Im Spital, im Himmel? "Sicher ganz fest in unseren Herzen." Rea fragt: "Kann Vati nicht mehr gehen?"

Vor einem halben Jahr ist Ueli, ein Nachbarsbub, gestorben. Er ist mit dem Velo tödlich verunfallt. Wir haben seinen Tod miterlebt. - Nun ist es Vati, Klaus.

Ich will den Kindern alles sagen, nichts verschweigen, sie sollen wissen, was ich weiss.

Eines kommt darauf, dass Maisbrei auch steif wird, wenn er erkaltet. Lisa stellt fest: "Zum Glück lebte Vati an meinem Geburtstag noch, sonst hätte ich nicht fröhlich sein können." Wir feierten zwei Tage zuvor ihren Geburtstag.

Liebe Menschen kommen und sind einfach da. Jedes Kind ist begleitet, gehalten und mit Liebe umgeben. Sie müssen nicht zur Schule, wenn sie nicht wollen. Der Haushalt funktioniert. Irgendwann meint Lisa: "Jetzt ist Vati bei Ueli und beim kleinen David, dann sind sie nicht allein." (schmunzelt) "Weisst du, was sie tun? - Sie spielen mit Sand hinter dem Mond!" Der kleine David ist das zu früh geborene Kind von Klaus' Schwester.

Peter Fässler ist da. Wir reden zusammen in der Stube der Schwiegereltern. So wissen wir, was der Reihe nach zu erledigen ist, was wir müssen, was wir dürfen. Wir könnten Klaus zu Hause haben. Ja - ja, das möchte ich.

Am Mittagstisch reden wir darüber, dass Vati nochmals zu uns kommen wird am Abend, über die Nacht. "Ja er ist im Sarg und wird aussehen, als ob er schlafe. Bestimmt sieht man an seinem Kopf auch Verletzungen. Er hat den Kopf ja fest angeschlagen." - "Juhui, Vati kommt heim!" - "Wo sollen wir den Sarg hinstellen?" - "Vorne in der Stube." - "Schläft er dann im Vatibett?" - "Können wir ihn nicht so machen wie im Museum?" - "Dürfen wir ihn dann anschauen?" - "Dürfen wir immer wieder ganz allein hingehen?" - "Ja, mitten in der Nacht, wenn ihr wollt." - "Dürfen wir auch an die Beerdigung kommen? Dürfen wir beim Fest in der Wirtschaft auch dabeisein?" - "Ja natürlich, alle!" - "Dann ziehe ich mein neues Röcklein an." - "Und was soll Vati anhaben für in den Friedhof?" - "Das Auro-Leibchen!" (lacht) "Dann müssen wir ihn anziehen wie eine Puppe." - "Mich wundert, wie das sein wird ohne Vati."

Nachmittag: Gang zum Zivilstandsamt, Formalitäten erledigen. Melden, dass Klaus vom Spital zu uns privat gebracht werden soll. Das sei nicht möglich, - doch, für den Transport sei er freigegeben, aber privat - nein. Es sei der Entscheid des Arztes. - Ich habe Angst! Die medizinischen, hygienischen und alle anderen Gründe sind mir egal. Aber die Kinder, ich habe es ihnen versprochen. Das geht nicht, ich muss mit dem zuständigen Arzt reden, bitte! Ich spüre eine Sicherheit und eine Kraft in mir. Ich will mich einsetzen für unsere Stunden mit Klaus.

Der Arzt versteht mich schon. Er ist sehr unsicher. Ich glaube, er spürt meine Bestimmtheit und meine Ruhe. Ich muss ihm versprechen, dass wir nichts an Klaus machen würden. - Sie hätten ihr Bestes getan. Er betont mehrmals: "Sie tun es auf eigene Verantwortung." - "Ja, die übernehme ich." So erhalte ich Zustimmung.

Das zweite Hindernis folgt - die Zeit. Die Fahrer müssen zuerst nach Baden, das wird knapp mit den Öffnungszeiten des Leichenraumes im Spital. Er könnte doch auch am Morgen kommen? - Nein, ich habe es versprochen. Ich will Klaus so schnell wie möglich bei uns haben. Er soll über Nacht hier sein, nicht im grellen Tageslicht. Es folgt nochmals ein Telefon nach Baden. Der Arzt verspricht, das Transportauto abzuwarten, auch wenn es ausserhalb der offiziellen Öffnungszeiten eintrifft. Die Männer werden sofort losgeschickt.

Die Kinder gehen zu Grossmueti und Grossvati. Ich möchte, dass sie einen schönen, friedlichen Vati erleben. Ich werde anrufen, wenn alles bereit ist.

David, der Bruder von Klaus, und Martin, mein jüngster Bruder, sind da. Wir warten. - Der Transport kommt. Jetzt ist Klaus da. - Wir decken ihn mit einem Spitzenleintuch und einem wollenen Umhang zu. Nicht so weiss - braun, erdig. David bringt Efeu.

Die Schwiegereltern kommen, um Abschied zu nehmen. Ich bin froh darüber! Die Kinder bringen Blumen. Eine scheue Zurückhaltung zuerst, dann das Erkennen der Wahrheit, verzweifelte, tiefe Traurigkeit. Diese Zeit gehört uns.

"Ich möchte Vati haben. Ich möchte, dass Vati wieder kommt - ich möchte, dass Vati wieder gesund wird." - "Jetzt kann ich nicht mehr auf den See." - "Jetzt kann ich nie mehr mit Vati auf den Gletscher gehen." - "Tobias kann nicht auf seine kleine Geburtstagsreise."

Tobias und Rea weinen nicht. Tobias schaut, denkt und meint: "Wir sollten die drei Schlangenblätter haben, dann könnten wir Vati wieder lebendig machen." Rea fragt: "Warum ist Vati gestorben? Kommt er wieder, wenn er nicht mehr tot ist?"

Später holen die Kinder allerlei liebe Dinge, die sie Klaus mitgeben wollen, machen Zeichnungen: "Das ist jetzt halt eine Weihnachtszeichnung geworden." Sie fragen sich, ob er uns wohl sehen kann. Rea ist sicher, dass er ihr, *"sei-*

nem Bölleli", zugeblinzelt hat. - "Schade, dass Jesus nicht mehr da ist. Er könnte zu Vati sagen: 'Steh auf!'"

Dazwischen tiefe Traurigkeit. Wir sind nicht allein. Jedes Kind hat eine Hand, die es streichelt, einen Schoss zum Sitzen gefunden. "Hat man ihm die Augen mit der Pinzette geschlossen?" Ganz genau wollen sie ihn betrachten, auch die Wunden am Kopf, ganz aus der Nähe. Man darf Vati auch berühren. "Gellt, in tausend Jahren ist Vati Erde." - "Wenn Vati sähe, was er anhat, müsste er lachen." - "Jetzt müssen wir die Rosen bei der Stubentüre nicht höher hängen. Vati hat immer den Kopf daran angestossen." - "Wenn Lisa verunglücken würde, und Tobias auch und Rea, dann wäre ich ein Einzelkind."

Der Sargdeckel mit den goldenen Schrauben und dem Fensterchen wird ganz genau bewundert und studiert. Hanna und Lisa ziehen Kleider von Klaus an. Etwas, das nach Vati riecht. Jedes hat einen lieben Menschen für sich in der tiefen, tiefen Traurigkeit. Tobias und Rea schauen nur. Was geht in ihnen vor? Sie schlafen in Klaus' Nähe auf dem Sofa ein. Hanna und Lisa kommen auch zur Ruhe - zum Schlaf.

12. November - Am Morgen ist er noch da. Jedes hat einmal darüber geschlafen. Nun kommt der Transport. Martin erklärt den Männern, dass der Sarg zur Haustüre hinausgetragen wird und nicht über die kleine Treppe, die aus der Stube direkt auf die Strasse führt. Sie hätten auch nur Rükken, meinen die Männer. Alles, was nicht direkt gehe, müssten wir selber tragen, das sei Weisung. Die Kinder helfen, den Sarg zu verschliessen. Jedes zieht eine Schraube an. Alle lieben Sachen, die mitgehen, werden in eine schöne Schachtel gelegt. Alle können tragen helfen, denn das Treppenhaus ist breit genug. Die Männer haben "Rechte und Pflichten" abgelegt und helfen mit. Dann fahren sie fort: "Jetzt ist er tot", meint Rea.

Hanna und Lisa gehen zu ihren Gotten. Tobias und Rea zu Grossmueti und Grossvati. Martin richtet Brennholz. Am Nachmittag schaue ich im Krematorium nach, ob alles am rechten Ort liegt. Das Brot mit dem Bündnerfleisch und die Zeichnung von Hanna mit den Worten: "Du liebe, liebe Vatimaa, jetz bisch du dänn bald nüme da", die Weihnachtszeichnung von Lisa, der hölzerne Hahn, die schönen Steine, die Blumen, das Auro-Leibchen. - Unser Abschied war zu Hause.

16. November - Martin und Dorothea sind einfach hier und führen den Haushalt. Tod und Leben berühren sich. Wir feiern Reas vierten Geburtstag. Rea meint: "Jetzt haben wir einen neuen Vati, er heisst Grossvati." Auf einem Waldspaziergang finden alle schöne Dinge: Moos, Zweige, Gräser, Fruchtstände. Am Abend binden wir einen Kranz für Klaus.

17. November - Abschiedsgottesdienst. Die Abdankungshalle im Krematorium ist übervoll. So viele helfen tragen. Zuletzt gehen wir mit dem Kranz durch die Menschenmenge hindurch und zünden die grosse Kerze an. Das Licht von Klaus soll in den Kindern weiterleben.

18. November - Urnenbeisetzung. Mein Abschied von Klaus. Die Kinder bleiben bei Grossmueti. Ich glaube, es ist schwer für sie, sich Vati so vorzustellen. Wir haben lange über die Kremation geredet. Das Wichtige, was uns bleibt, haben wir in uns drin, spüren und erleben wir.

Auf dem Friedhof haben wir nun ein Gärtlein für Klaus, das wir selber pflegen und bepflanzen wollen. Rea erzählt auf einem Spaziergang eine kleine Geschichte: "Es ist ein Mann, er heisst Herr Friedhof. Er ist tot. Er war ein lieber Mann. Nicht alt, er hatte dunkle Augen. Vorher war er nicht tot, und da hiess er Herr Läbig."

Der Alltag kommt. Beim Essen brennt an Klaus' Platz eine Kerze. Für die Kinder ist es klar, dass alles so läuft wie zuvor. Hanna und ich spielen bei der Adventsfeier das Hirtenspiel. Der äussere Rahmen bleibt, wie er war. In der Stube wartet der geschnitzte Hirte beim Feuer geduldig auf die Schafe und seine Mithirten - bis dass der Engel die Botschaft verkündet. Weihnachten allein mit den Kindern - ohnmächtig leer und so klein komme ich mir vor am Tag der Freude und des Lichts. Ein Stein, ein Windspiel, ein Engel zur Krippe als hilflose Suche nach der wärmenden, schützenden Liebe. - Für jedes ein Buch mit Bildern aus allen Lebensabschnitten von Klaus. Auf dem Friedhof fünf zarte Glaskugeln und ein Lichtlein für Klaus.

Jahreswechsel - um 23 Uhr ist der Friedhof nicht geschlossen! Dona nobis pacem. In schlaflosen Nächten oder mitten am Tag helfen die "Vati-Töne" (die leisen Windspielklänge) einen Augenblick innezuhalten, mit grossem Herzen zu denken, zu spüren, dass man mit Ängsten und Sorgen nicht allein ist und dass alles im grossen Kreislauf von Werden und Vergehen eingebettet ist.

Aus den Skiferien schreibt Hanna ihrer Lehrerin folgende Worte: *"Liebe Frau Sprenger, wir haben es schön, auch ohne Vati. Viele Grüsse von Hanna"* Die Endgültigkeit wird langsam realisierbar. Die Sprache der Kinder verändert sich. Vorher: *"Vati macht das so und so. Das hat er am liebsten."* Nachher: *"Vati machte das so und so. Das hatte er am liebsten."* Mit diesem Realisieren kommt auch ihr Anspruch, ich müsse einen *neuen Vati* heiraten, aber bald. - "Ich brauche doch einfach einen Vati!" - Wenn die Zeit reif ist, werde ich dafür bereit sein.

Wir sprechen von ihm, wir fragen uns manchmal, was er wohl dazu meinen würde. Wir erzählen einander seine Streiche. Die Schwiegereltern wissen noch Sachen von früher, wir erinnern uns an Orte, wo er mit uns war, was wir damals gemacht haben. - Ja, und auch daran, wie er manchmal wütend werden konnte, dass die Farbe spritzte. So im Plaudern reden alle gerne von Klaus. Aber direkt angesprochen, möchten sie auch auf gezielte Fragen lieber schweigen. Darum sind Zeichnungen entstanden. Die drei Grösseren haben sich dazu in eine ruhige Ecke verzogen.

Den Kindern geht es gut, sie sind lustig, fröhlich, sehr lebendig, gesund, ungezogen, trotzig - lieb wie immer. Trotzdem gibt es Zeichen, die ich ernst nehmen möchte. Hanna stürzt sich geradezu auf ihren kleinen Cousin und gibt ihm all ihre Liebe, eifersüchtig darauf bedacht, dass er sie am meisten anlacht und dass keines der anderen dazu kommt. Etwas Warmes zum Kuscheln. Sie hat oft Hunger. Ihre schulischen Leistungen sind zurückgegangen - auch eine Möglichkeit, Hilflosigkeit auszudrücken. Ich bin froh, dass sie in diesem Bereich Hilfe annimmt und dass sich Gespräche ergeben können. Ihre Selbstsicherheit ist nicht so stark wie ihr Verantwortungsgefühl für die Kleinen. Wenn ich am Abend weg bin, kann sie nicht einschlafen.

Lisa erfindet und fabuliert Geschichten. Ihre Fantasie ist grenzenlos. In ihrem unerfüllten Hunger nach Umarmung und Zuneigung schlägt sie oft um ins Grobsein, in Aggressivität. Sie will manchmal ganz bewusst nicht aus dieser Stimmung herauskommen. Schlagartig ist alles weg, und sie bemüht sich aufopfernd für ihre Geschwister. Sie hat Angst, in der Schule oder im Geigenunterricht nicht zu genügen. Sie kennt ihre Stärken. Manchmal zieht sie sich für kurze Momente in eine Unselbständigkeit, in ein Unbeholfensein zurück.

Tobias ist immer in Bewegung. Er nimmt vor allem erwachsene Besuche uneingeschränkt in Beschlag; wenn dies nicht möglich ist, stört er als "Zappelphilipp" oder "Schwesterärgerer", damit ich mich vom Besuch abwenden und ihm zuwenden muss. Er denkt viel nach. Unvermittelt kann er Grossvati fragen, ob er auch Geschichten von Burgen erzählen könne, selbsterfundene. Auf Wanderungen hat Klaus manchmal stundenlang erzählt. Ich habe Tobias noch nie über den Tod seines Vaters weinen sehen. Dafür jammert er bei kleinen Nebensächlichkeiten oder wird bodenständig "verruckt".

Rea steckt mitten im Trotzalter. Sie ist glücklich im Kindergarten. Seit Klaus' Tod hat sie einige erfundene Freundinnen: Manja, Kaschja. Sie fabuliert mit ihnen oder erzählt, was sie mit ihnen erlebt hat. Rea bringt unvermittelt Gedanken über den Tod. So hat sie auf einer Herbstwanderung in den Bergen plötzlich zu mir gesagt: "Wir können schon einschlafen im Auto, aber du nicht." Ich bin davon überzeugt: Rea weiss ganz bestimmt, was sie will und was für sie gut ist.

Erst jetzt bin ich wieder langsam bereit, herzhaft zu lachen, mich von innen heraus zu freuen und mich ganz auf die Kinder einzulassen. Ich wusste, wie sie dies entbehrten, und sehe, wie wohl es ihnen tut. In diesem knappen Jahr hat sich viel geändert.

Vielleicht habe ich die Kinder überfordert. Ich habe sie miteinbezogen in die Entscheidungen, die es zu fällen gab. Ich habe von ihnen Verständnis gefordert auch in für sie unverständlichen Situationen.

Die Kinder formulierten ihre Vorstellungen über unsere Zukunft so: Wir sollten aufs Land ziehen, eine Villa am Waldrand kaufen, wo jedes sein eigenes Zimmer hat. Und dann möchte jedes sein Lieblingstier bekommen, ein Kätzchen, einen Hund, ein zahmes Eichhörnchen (deshalb die Lage am Waldrand) und eine Ziege würden den Anfang machen. Im Nachbarhaus könnte ich Kindergarten geben. Wenn sie etwas bräuchten, könnten sie einfach schnell herüberkommen.

Das Malergeschäft, die Mitarbeiter - Menschen -, die ganze Aufbauarbeit im Naturfarbenbereich, all die Kraft und Zeit, das ganze Engagement, all das aufzugeben, fiel nicht leicht.

Unsere Kinder sind das Wichtigste, was Klaus mir anvertraut hat. Dass ich ihnen Werte und Gedanken weitergeben kann, die ihm ein Anliegen waren, dass ich ihnen Geborgenheit, Zeit, Vertrauen und uneingeschränkte Liebe geben kann, das zählt allein.

Der gebrochene Baum wird zu Erde.

Auf dieser Erde wachsen wir weiter, bis auch für jedes einzelne von uns die Zeit gekommen ist, den Kreis zu schliessen.

STERBEN - EINE TRAGÖDIE ODER EIN ERLEBNIS?

Claude Nicolet

Am 13. März 1994 verstarb meine liebe Heidi, die geliebte Mutter unserer Kinder nach geduldig ertragener Krankheit. Heidi war eine unkomplizierte und fröhliche Frau, was sich auch auf unsere Familie ausgewirkt hat. Selbst während der oft schwierigen Zeit der Krankheit mit all den erforderlichen Chemotherapien und Spitalaufenthalten hat sie den Humor nie verloren.

1. Die Krankengeschichte

Während den Sommerferien 1991 klagte Heidi über Schmerzen in der rechten Brust. Ein Abtasten der Brust beunruhigte sie im ersten Moment nicht sonderlich. Als die Symptome nicht nachliessen, entschloss sie sich, den Frauenarzt aufzusuchen, obschon sie sich erst vor einem Vierteljahr hatte untersuchen lassen. Der Befund lautete: Brustkrebs. Weitere Abklärungen machten eine Amputation der Brust unumgänglich. Dann folgte eine Chemotherapie, um allfällig vorhandene Zellen (Chäferli, wie wir zu sagen pflegten) abzutöten. Nach einem halben Jahr, nach der endlich letzten Chemo, wurde Heidi für gesund erklärt.

Ende Februar 1993 erkrankte Heidi erneut. Die Symptome deuteten auf eine Grippeerkrankung hin, welche allerdings nie richtig ausbrach. Heidi litt an einem hartnäkkigen, trockenen Husten. Anfangs April traten Sehstörungen im rechten Auge auf, und nach kurzer Zeit konnte sie rechts nichts mehr sehen. Für weitere Abklärungen wurde anfangs Mai ein erster kurzer Spitalaufenthalt notwendig. Jetzt begann das bange, ja fast zermürbende Warten auf die Resultate. Wir hofften, dass der Befund nicht schlimm sein werde. Untersuchungen bestätigten aber den Verdacht von Metastasen, die sich explosionsartig im ganzen Körper ausgebreitet hatten.

Unser Hausarzt und Nachbar überbrachte uns diese schlechte Nachricht und informierte uns in aller Offenheit über das Ausmass der Erkrankung. Er sagte von Anfang an, dass keine Chance auf Heilung bestehe, dass aber mit einer Chemotherapie der Krankheitsverlauf entscheidend beeinflusst werden könne. In diesen schweren Stunden wurde uns zum ersten Mal die Realität bewusst, doch wollten wir sie nicht wahrhaben. Voller Verzweiflung suchten wir nach Alternativen und erkundigten uns über mögliche Therapien. Heidi entschied sich für die Chemotherapie und vertraute auf die Erfahrung der behandelnden Ärzte. Sie wollte den Kampf mit der Krankheit aufnehmen und gab die Hoffnung und Zuversicht nie auf.

Nun wurde der Fahrplan festgelegt. Heidi war überglücklich, dass sie die Tage zwischen den wöchentlichen Chemos zu Hause verbringen durfte. Mein Arbeitgeber gab mir die Möglichkeit, meine Frau zu diesen Behandlungen zu begleiten und mich auch zu Hause um sie zu kümmern, wenn dies der Krankheitsverlauf erforderte.

Eines Tages fuhr ich während der Arbeit voller Unruhe nach Hause, um nach Heidi zu sehen. Kaum zu Hause angekommen, klingelte das Telefon und der Arzt bat mich, mit Heidi unverzüglich ins Spital zu kommen, da die Ergebnisse der Untersuchungen sehr schlechte Werte aufzeigten. Leider war ich nicht in der Lage, Heidi alleine die Treppen unseres Hauses hinunterzutragen, was einen Transport durch den Rettungsdienst unumgänglich machte. Im Spital wurde uns nun mitgeteilt, dass die Blutwerte extrem schlecht seien. Tags darauf, die Kinder und ich waren gerade beim Abendessen und in einer gelösten und fröhlichen Stimmung, rief mir der Stationsarzt an und teilte mit, dass sich Heidis Gesundheitszustand drastisch verschlechtert habe. Völlig aufgewühlt, mit rasenden Gedanken und belegter Stimme teilte ich dies den Mädchen mit und verabschiedete mich mit dem Versprechen, sofort anzurufen.

Der Arzt eröffnete mir in kurzen und schnodderigen Worten, dass es sehr schlecht um Heidi stehe und dass mit dem Schlimmsten, also mit dem Tod, gerechnet werden müsse. Die Chancen stünden 50 : 50, dass sie diese Nacht sterben könnte. Er orientierte mich noch, dass ich selbstverständlich jederzeit hier bleiben könne, und verabschiedete sich dann. Völlig unvorbereitet und alleingelassen musste ich diese Nachricht entgegennehmen. Verzweifelt, ohnmächtig, etwas zu sagen, mit Tränen in den Augen und mit dem Gefühl, der einsamste Mensch auf Erden zu sein, sass ich im Zimmer neben dem Bett, unfähig, einen klaren Gedanken zu fassen, und hielt die Hand meiner Frau. Zum ersten Mal wurde ich so direkt mit dem Tode meiner Frau konfrontiert, dieses Sterben war für mich eine Tragödie.

Nach zwei Stunden verliess ich das Spital. Ich weiss heute noch nicht, wie ich damals den Weg nach Hause geschafft habe.

Den Mädchen konnte ich zuerst gar nichts sagen, denn die Tränen erstickten meine Stimme, doch sie ahnten schon, dass ich keinen guten Bericht nach Hause bringen würde. An diesem Abend war ich froh, dass wir von Beginn weg mit den Mädchen offen über die Krankheit gesprochen hatten, allerdings verdrängten wir das Wort *sterben*. Jetzt war die Zeit gekommen, um auch mit den Mädchen über den möglichen Tod zu sprechen.

Bevor ich an diesem Abend noch einmal ins Spital fuhr, orientierte ich meine Mutter und unsere besten Freunde, denn irgendwie musste ich diese Informationen loswerden. Zu meinem Erstaunen traf ich Heidi am nächsten Morgen fröhlich und guten Mutes im Bett sitzend, während eine Schwester ihr bei der Morgentoilette behilflich war. Heidi forderte mich auf, den Rest der Morgentoilette zu übernehmen.

Während dieses Spitalaufenthaltes führte ich lange Gespräche mit dem Pflegepersonal und erhielt den Hinweis, dass es eine Stiftung gibt, die Familien in diesen schweren Zeiten begleitet. Leider konnte ich mir damals nicht vorstellen, was das alles bewirken und auslösen kann. Ausserdem hatte ich nicht den Mut, mit dieser Stiftung Kontakt aufzunehmen. Ich wollte uns allen die Hoffnung nicht nehmen, dass doch noch eine Besserung möglich wäre.

Überglücklich konnte Heidi nach zehn Tagen das Spital verlassen und wieder in ihrer geliebten Umgebung zu Hause sein.

Im August erfolgte ein Rückschlag. Mit einer Strahlentherapie wurde versucht, die Hirnmetastasen zu bekämpfen. Der leitende Arzt der Radiologie informierte mich über die Erfolgsaussichten der Behandlung. Er äusserte die Hoffnung, dass mit dieser Therapie die Hirnfunktionen möglichst lange aufrechterhalten bleiben könnten, sagte aber auch, dass keine weitere Behandlung möglich sei. Ich konnte viel zwischen den Zeilen heraushören, was es mir später verunmöglichte, den Optimismus meiner Frau zu teilen. Ich widersprach ihr nicht, wenn sie ihre Hoffnungen und die Zukunftswünsche äusserte, doch konnte ich sie auch nicht unterstützen, das wäre nicht ehrlich gewesen.

Im Oktober klagte Heidi über grosse Müdigkeit, und das Atmen bereitete ihr grosse Mühe. Am 13. Oktober erfolgten die nötigen Untersuchungen. Leider konnte ich Heidi nicht ins Spital begleiten, da ich an diesem Tag beruflich abwesend war. Um die Mittagszeit rief ich zu Hause an, und die Kinder teilten mir mit, dass das Mami noch nicht zurück sei, dass sie noch einen kleinen Eingriff über sich ergehen lassen müsse und dass es ihr nachher wieder viel besser gehen würde. Nun rief ich in der Poliklinik an, um weitere Einzelheiten zu erfahren. Der Arzt teilte mir mit, dass Heidi auf der Intensivstation sei, da eine Punktion des Herzens vorgenommen werden musste. Er erklärte mir noch viel mehr, doch ich verstand nur die Worte: *Intensivstation und Punktion des Herzens.* Ich war nicht in der Lage, die ganze Mitteilung aufzunehmen, und konnte kaum noch einen klaren Gedanken fassen. Ich wollte jetzt nur eins: so rasch wie möglich ins Spital zu Heidi.

Mit zitternden Knien stand ich zum ersten Mal vor der Türe zur Intensivstation, aufgewühlt, verunsichert und voller Angst, was mich hinter dieser Türe wohl erwarten würde. Nach langem Zögern klingelte ich. Es schien mir, als ob die Zeit stehen geblieben wäre, doch dann wurde endlich die Türe geöffnet. Eine freundliche Schwester begrüsste mich und bat mich einzutreten, beruhigte mich erst einmal mit den ersten Informationen und führte mich zu Heidi. Es ging ihr wirklich viel besser, und sie erzählte mir in allen Einzelheiten, wie der Eingriff vorgenommen wurde. Der Arzt habe ihr auch gesagt, dass bei den meisten Patienten noch eine weitere Punktion folgte, doch sie glaube nicht, dass das bei ihr zutreffen würde. - Auch diese Hoffnung war vergebens.

Am 13. Dezember, auf den Tag genau zwei Monate später, musste dieser Eingriff vorgenommen werden. Jetzt wurde uns stärkere Chemo vorgeschlagen, und es wurden auch die Nebenwirkungen beschrieben. Heidi willigte ein, mit den Worten: "Ich habe keine andere Wahl, also warten wir nicht noch lange, sondern fangen wir damit an." Sie war überglücklich, als sie erfuhr, dass sie fortan nur noch alle drei Wochen zur "Chemischreinigung" gehen musste.

Traurig stimmte uns die Mitteilung des Arztes, dass er die Klinik Ende Jahr verlassen werde und wir uns deshalb von ihm verabschieden mussten. "Adieu Herr Doktor, vielen Dank für Ihre kompetente Behandlung, für Ihre freundschaftliche und offene Art, wie Sie mit uns über die Krankheit gesprochen haben. Alles Gute für die Zukunft."

Am ersten Tag nach der Chemo freute sich meine Frau, dass sie endlich seit langer Zeit keine Schmerzen mehr hatte, und hoffte, dass bei ihr die Nebenwirkungen nicht wie beschrieben auftreten würden. Aber auch diese Hoffnung wurde in den kommenden Tagen jäh zerstört, denn die Schmerzen kehrten zurück und wurden fast unerträglich, und sie hielten an bis zur nächsten Chemotherapie. Nur mit Hilfe der Morphintropfen konnten wir diese Schmerzen etwas lindern.

Januar 1994 - Nun war die nächste Therapie fällig. Neugierig und verunsichert zugleich betraten wir die Poliklinik, denn wir wussten, dass uns jetzt eine Frau Doktor empfangen würde, und es galt, ein neues Vertrauensverhältnis aufzubauen. Wie mag sie aussehen, ist sie auch so nett wie ihr Vorgänger, wie kommen wir bei ihr an? Fragen über Fragen, die eigentlich nur nebensächlich waren und doch in unseren Köpfen umherirrten. Diese Fragen wurden in den kommenden Minuten von selbst beantwortet, als wir der Frau Doktor gegenüber sassen. Kurzum, die erste Begegnung war nicht gut.

Die Behandlungen wurden fortgesetzt, die Nebenwirkungen stärker, die Schmerzen unerträglicher, die Morphintropfen erhöht, nächste Chemo...

Am 4. Februar bemerkten meine Mädchen, dass Heidi zum ersten Mal etwas verwirrt mit ihnen sprach. Dies wurde auch Heidi bewusst. Sie nahm die Gelegenheit wahr, mit den Kindern ein "Chäferfest" zu veranstalten, und so merkten sie nicht, wie stark die Verwirrtheit wirklich war. Im spielerischen Blödeln mit der ganzen Familie konnte sie ihren Zustand verbergen. Mich beunruhigte das Ganze, denn ich wurde an die Situation im Frühjahr erinnert. Am Samstag besuchte ich mit Béatrice und Evelyne eine Cabaretvorstellung. Als wir am späten Abend nach Hause kamen, hörten wir Heidi rufen. Ich glaubte, wir hätten sie mit unserer vom Cabaret geprägten Stimmung geweckt. Heidi lag am Boden und konnte nicht mehr aufstehen. Sie erklärte uns, dass sie erst gerade vor ein, zwei Minuten gestürzt sei. Verzweifelt flehte sie mich an, ihr zu helfen. Alleine schaffte ich das nicht, und so rief ich unseren Nachbarn zu Hilfe. Jetzt wusste ich, dass ich Heidi nicht mehr alleine lassen durfte. Glücklicherweise hatten die Sportferien begonnen, und ich musste nicht zur Arbeit. So konnte ich mich jede Minute um Heidi kümmern.

Am Dienstag mussten wir ins Spital fahren, um den Labortest zu machen. Dies schien mir eine fast unmögliche Angelegenheit, denn Heidi konnte nun auch nicht mehr alleine gehen, nur mit meiner Unterstützung schaffte sie einige wenige Schritte, bevor sie sich wieder hinsetzen musste. Wie schaffen wir den Weg vom dritten Stock in unser Auto? Ich fragte Heidi, ob ich nicht den Rettungsdienst rufen sollte, damit sie von geschulten Leuten hinuntergetragen werden könnte. Heidi bestand darauf, dass sie dies mit meiner Hilfe schon schaffen würde. Wir stellten auf jedem Treppenabsatz einen Stuhl auf, damit sie sich dort hinsetzen und ausruhen konnte, bevor wir die nächsten Schritte wagen konnten. Wir bewältigten unsere Treppen in etwas weniger als einer Stunde. Es sollte für Heidi das letzte Mal gewesen sein, dass sie diese Treppe hinuntergehen durfte.

2. Der Spitalaufenthalt

In der Poliklinik wurden wir nicht zu einem bestimmten Termin erwartet, da ja nur der Laboruntersuch angesagt war. Überrascht wurden die Schwestern von der Tatsache, dass ich Heidi einmal mehr im Rollstuhl in die Klinik schob, und vor allem von ihrem Gesundheitszustand, denn die sonst immer herzliche und fröhliche Begrüssung meiner Frau fiel eher knapp und fast abweisend aus. Die Schwestern bemerkten diese Veränderungen sofort. Ich erzählte der Ärztin, was sich in den letzten Tagen zugetragen hatte. Meine Frau sagte nicht sehr viel, sie versuchte nur, meine Aussagen zu verharmlosen. Die Ärztin, die uns erst zum dritten Mal sah, stellte wohl die Verschlechterung fest, wusste aber nicht so recht, wem sie nun glauben sollte. Sie schlug uns deshalb weitere Untersuchungen mittels CT und

Röntgen vor, um die genauen Ursachen zu erkennen. Sie muss meine Unruhe gespürt haben, denn sie sagte, dass sie Heidi bis zum Abschluss der Untersuchungen im Spital behalten würden.

Als ich Heidi am Nachmittag im Spital besuchte, erzählte sie mir von den weiteren Besprechungen mit der Ärztin, die ihr gesagt hätte, dass ich die Situation zu dramatisch sähe.

Am Abend konnte ich mit der Ärztin sprechen, und sie bestätigte die Aussage von Heidi. Sie entschuldigte sich aber bei mir für diese Fehleinschätzung, denn in der Zwischenzeit habe ihr die Abteilungsschwester die gleichen Beobachtungen geschildert. Es war, als ob Heidi der Ärztin gegenüber eine Maske aufgesetzt hätte, um den wahren Gesundheitszustand zu verbergen. Diese Erkenntnis bestätigte sich an den darauffolgenden Tagen immer wieder aufs neue.

Am Donnerstagmorgen leisteten wir uns einen Skitag. Es wurde für uns wirklich ein wunderschöner Tag mit Sonnenschein, blauem Himmel und herrlichen Pisten. Die Mädchen konnten diesen Tag völlig unbelastet geniessen.

Zusehends nahm die Verwirrtheit zu, und Heidi vermochte sich nicht mehr daran zu erinnern, wer heute bei ihr zu Besuch war. Auch glaubte sie immer, sie sei nicht im Spital, sondern zu Hause. Am Freitag traf ich nun mit der Ärztin zusammen. Sie erklärte mir, dass sich bei Heidi die Flüssigkeit im Kopf ansammle und nicht mehr abfliessen könne, dies als Folge der sich verbreitenden Metastasen. Sie erklärte weiter, dass die Flüssigkeit durch eine Drainage abgeleitet werden könne und dass sich der Geisteszustand dadurch wieder etwas verbessern würde. Sollte keine Operation vorgenommen werden, würde Heidi zusehends müder werden und irgendwann einschlafen.

"Jetzt kennen Sie die zwei Möglichkeiten. Sie müssen uns jetzt sagen, was wir tun sollen, denn Ihre Frau kann uns keine klaren Antworten mehr auf diese Fragen geben. Wünschen Sie eine Operation, so wird diese am Montag stattfinden." Auf diese Frage hatte ich unverzüglich zu antworten, obschon ich nicht wusste, was sagen, denn viele Gedanken schossen mir durch den Kopf. Jetzt sollte ich entscheiden, was weiter zu geschehen hatte. Was ist wenn..., überlegte ich, zwei Möglichkeiten stehen zur Auswahl, welche ist die richtige? Warum muss *ich* diesen Entscheid fällen und nicht die Fachleute, die ja die medizinischen Zusammenhänge kennen? Ich fühlte mich so alleine und überfordert und teilte dies auch der Ärztin mit. Darauf fragte sie mich sehr direkt: "Haben Sie sich schon von Ihrer Frau verabschiedet?" Nun verstand ich die Welt erst recht nicht mehr: Was sollte diese Frage? Meine Reaktion zeigte der Ärztin, dass ich mich noch nicht von meiner Frau verabschiedet hatte, was sie mir ebenso direkt zu verstehen gab. Mit dieser offenen und direkten Konfrontation mit meiner Unsicherheit half mir die Ärztin (für mich unbewusst), den für uns richtigen Entscheid zu fällen und der Operation zuzustimmen. Wir besprachen das weitere Vorgehen, insbesondere die Möglichkeit, Heidi nach erfolgreicher Operation wieder nach Hause nehmen zu können, denn im Grunde war mir klar, dass Heidi viel lieber zu Hause wäre als im Spital, und ich wollte in diesem Augenblick nichts unversucht lassen, diesem Wunsch gerecht zu werden.

Ich hatte noch eine Besprechung mit dem Neurochirurgen. Wir sprachen sehr ausführlich über den bisherigen Verlauf und was wir alles noch zu erwarten hatten. Der Chirurg sagte mir, dass er kein Gespräch mehr mit meiner Frau führen werde, da er sich nicht sicher sei, ob sie zur Zeit das Ganze richtig einschätzen könne.

Ich kehrte zu Heidi zurück und erklärte ihr auf einfache Weise, dass sie am Montag operiert würde. Sie schöpfte sogar die Hoffnung, dass durch den Wegfall des Überdruckes im Kopf unter Umständen das Augenlicht wieder zurückkehren könnte.

Nun versuchte ich mit der Stiftung "Begleitung in Leid und Trauer" in Verbindung zu treten. Obwohl ich diese Stiftung nur von Empfehlungen her kannte, glaubte ich, dass jetzt der Zeitpunkt gekommen war, um diese Hilfe in

Anspruch zu nehmen. Leider meldete sich nur der Telefonbeantworter und vertröstete mich bis nach den Sportferien.

Am nächsten Tag begann für mich eine äusserst schwere Aufgabe. Wir mussten das Arbeitszimmer, Heidis liebstes Zimmer, ausräumen, denn wir konnten das Pflegebett nur hier aufstellen. Zusammen mit Béatrice begann ich, die verschiedenen Schubladen und Kästen zu räumen, und wir wussten, dass so manche begonnene Arbeit nie mehr fertig werden würde. Ich vereinbarte mit den Mädchen, dass ich Heidi sagen würde, dass wir ihr Arbeitszimmer geräumt hatten. Ich hatte nie den Mut, ihr das so spontan zu sagen. Ich wartete vielmehr auf eine passende Gelegenheit, aber die fand sich nie.

Die Operation verlief ohne Komplikationen, und die ersten Reaktionen deuteten auf einen positiven Verlauf hin. Nach einigen Tagen erfolgten Kontrolluntersuchungen, doch diese zeigten, dass die erwartete Wirkung nicht eingetreten war. Die Ärzte beruhigten uns mit dem Hinweis, dass dies nichts Aussergewöhnliches sei und dass nur ein anderes Ventil eingesetzt werden müsse. Also erfolgte eine erneute Operation. Nach diesem Eingriff blieben aber die positiven Reaktionen sehr gering. Am zweiten Tag nach der Operation wurde plötzlich der Morphinautomat abgesetzt, da meine Frau angeblich keine Schmerzen mehr hatte. Am Abend folgten dann unweigerlich die Symptome des Entzugs, die Schmerzen und Qualen waren für Heidi kaum auszuhalten. Der diensthabende Arzt konnte oder wollte einer erneuten Morphinabgabe nicht zustimmen, da dieser Entzug angeblich angeordnet worden war. Als die Mädchen einmal ausserhalb des Zimmers waren, sagte mir Heidi in einer völlig klaren und realistischen Phase, sie glaube, dass ihr Leben jetzt doch langsam zu Ende gehe, doch wolle sie den Mädchen und mir zuliebe noch nicht aufgeben. Sie bat mich ganz energisch, ihr zu sagen, was ich wusste. Hilflos und mit tränenerstickter Stimme versuchte ich, ihr in kurzen, klaren Worten zu sagen, dass die Befunde so schlecht waren, dass die Ärzte ihr nicht mehr helfen und dass wir uns keine Hoffnungen mehr machen könnten. Mit grossen Augen flehte sie mich an, bei den Ärzten zu intervenieren, dass sie nie mehr solche starken Schmerzen haben müsse, dann versank sie in einen unruhigen Schlaf.

Am nächsten Morgen informierte ich sofort die Ärztin über diesen Vorfall und schilderte ihr die Symptome der letzten Nacht. Sofort veranlasste sie, dass erneut wieder Morphin abgegeben würde.

Nach einer Woche sprach ich die Ärztin vor den Kontrolluntersuchungen auf meine Beobachtungen an und teilte ihr mit, dass ich den Eindruck hatte, die zweite Operation habe nichts verändert. Leider wurden diese Beobachtungen bestätigt, und so musste davon ausgegangen werden, dass sich die Metastasen im Kopf enorm schnell ausbreiteten. Zu diesem Zeitpunkt wurde mir klar, dass nur noch die Schmerzen durch Medikamente gelindert und nicht mit weiteren Mitteln experimentiert werden sollte. Ganz im Sinne meiner Frau teilte ich dies den behandelnden Ärzten auch mit. In den nächsten Tagen verschlechterte sich Heidis Gesundheitszustand wieder, und wir trafen sie oft schlafend an.

Bei einem weiteren Gespräch mit der Ärztin wurde mir in Aussicht gestellt, dass meine Frau nicht mehr allzulange in dieser Abteilung des Spitals bleiben könne, da es sich um eine Akutabteilung handle, meine Frau jetzt aber vielmehr als Pflegepatientin eingestuft werde. Ich müsse mir Gedanken machen, wo meine Frau untergebracht werden könnte.

In der Zwischenzeit hatte ich erneut versucht, mit der Stiftung in Verbindung zu treten. Leider teilte mir die Sekretärin mit, dass Herr Fässler zur Zeit krank und nur in Notfällen erreichbar sei. Nach einer Woche klappte es, und wir verabredeten uns noch für den gleichen Abend mit den Kindern im Spitalzimmer. Meine Mädchen fragten mich, was eigentlich der Zweck sei, dass wir mit Herrn Fässler zusammentreffen, und was er mit uns machen würde. Auf diese Fragen hatte ich keine Antworten, denn ich konnte mir zu diesem Zeitpunkt auch nicht klar vorstellen, was von unserem Zusammentreffen zu erwarten war. Mit gemischten

Gefühlen fuhren wir ins Spital. Meine Frau zeigte einmal mehr keine Reaktionen auf unsere Begrüssung, so dass wir annahmen, dass sie erneut sehr tief schlafe. Ich konnte ihr nicht mitteilen, dass heute noch Herr Fässler zu uns kommen sollte. Nach wenigen Minuten lernten wir Herrn Fässler kennen, und er begrüsste Heidi wie eine gute Bekannte und sagte uns sofort, dass er sicher sei, dass sie uns verstehe. Er forderte uns auf, von nun an laut und deutlich miteinander und auch mit Heidi zu sprechen, damit sie unserem Gespräch folgen könne. Nach einiger Zeit öffnete Heidi die Augen und begrüsste Herrn Fässler, als ob sie ihn schon oft gesehen hätte, und folgte auch unserem Gespräch. Wir sprachen auch über das Musizieren, und Herr Fässler machte den Vorschlag, dass Evelyne mit der Handorgel ein Ständchen spielen könnte. Wir beschlossen, gemeinsam einige Lieder zu singen. Bei diesem Vorschlag musste Heidi belustigt schmunzeln, und sie gab uns zu verstehen, dass sie das für kaum wahrscheinlich halte.

Nachdem sich Herr Fässler von uns verabschiedet hatte, sagten beide Mädchen: "Läck, das isch en lässige Typ", und ich wusste, dass das Eis zwischen dem unbekannten Herrn Fässler und den Mädchen gebrochen war; er hatte die Mädchen im Handumdrehen auf seiner Seite. Ich spürte eine grosse Erleichterung, denn ich wusste jetzt jemanden an meiner Seite, an den ich mich jederzeit, Tag und Nacht, wenden konnte und der uns unterstützen konnte, viel mehr als alle unsere Freunde, die ja selber mit der Tragweite der Krankheit zu kämpfen hatten.

Wir hielten Wort, und beim nächsten Zusammentreffen konnten wir Heidi mit unserem kleinen Konzert eine grosse Freude bereiten. Dies veranlasste dann auch unsere Nachbarn und Freunde, im Spitalzimmer einen Liederabend durchzuführen.

In den nächsten Tagen verschlechterte sich der Gesundheitszustand sehr schnell, und Heidi konnte dann auch nicht mehr selber essen. Ich fuhr jeden Mittag ins Spital, um ihr das Mittagessen selber einzugeben. Am Abend übernahmen meine Mädchen, Verwandte und Bekannte diese schwierige Aufgabe, denn Heidi hatte grosse Mühe beim Verstehen unserer Fragen und konnte kaum mehr sprechen. Ausserdem konnte sie das Bett nicht mehr verlassen, da ihre Beine gelähmt waren.

Am Donnerstag, dem 3. März, fragte mich die Ärztin, ob ich Heidi über das Wochenende noch einmal nach Hause nehmen möchte. Ich verstand die Welt nicht mehr, denn Heidi benötigte ja rund um die Uhr Pflege. Sicher, mit Hilfe der Spitex und Nachbarn hätten wir ein Wochenende bewältigen können. Ich besprach mich mit den Mädchen, und wir kamen zum Schluss, dass es für Heidi besser sei, wenn sie im Spital bleiben konnte. Der Entscheid wurde uns insofern erleichtert, als Heidi schon längere Zeit nicht mehr vom Nach-Hause-Gehen gesprochen hatte. Für uns war diese Entscheidung richtig, denn so konnten wir uns in den wenigen Augenblicken ausserhalb des Spitals etwas erholen, was sonst bestimmt nicht möglich gewesen wäre. Leider konnten nicht alle in unserem Bekanntenkreis unserer Einstellung folgen, so dass sie sich "sanft" von uns zurückzogen.

In der folgenden Woche besuchte uns Herr Fässler zu Hause, und wir führten nicht nur eine oberflächliche Besprechung. Vielmehr fragte er meine Mädchen, was ihnen durch den Kopf gehe, wenn sie sich vorstellten, dass das Mami nie mehr nach Hause kommen sollte. Mit dieser sehr provokativen Frage löste er bei uns Tränen aus, doch konnten wir nachher sehr sachlich über das Sterben sprechen. Während dieses Gespräches bekam das Wort *sterben* für uns eine andere Bedeutung, wir hatten Respekt, aber keine Angst mehr vor diesem unausweichlichen Augenblick.

Heidis Eltern verkrafteten die ganze Tragweite der Erkrankung sehr schlecht und wollten diese lange Zeit nicht wahrhaben. Sie wollten und konnten nicht verstehen, warum ihre Tochter vor ihnen sterben sollte. Anlässlich eines Besuches im Spital fragte mich mein Schwiegervater einmal ausserhalb des Krankenzimmers, ob die Mädchen wüssten, was mit Heidi geschehe. Ich antwortete ihm ganz direkt, dass die Mädchen und ich offen über Heidis Krankheitsverlauf und den unausweichlichen Tod sprachen und dass wir alle wüssten, was auf uns zukommen würde.

Samstag, 12. März. An diesem Samstag musste ich nicht schon zum Mittagessen ins Spital, da Heidis Schwester mir diese Aufgabe abgenommen hatte. Kurz vor elf Uhr rief sie mich an und teilte mir mit, dass sie jetzt bei Heidi sei. Mit grosser Besorgnis berichtete sie mir, dass Heidi sehr hohes Fieber habe und der Arzt ihr mitgeteilt hätte, dass gegen dieses Fieber nichts mehr unternommen werde, was meine Schwägerin im ersten Augenblick etwas verwirrt hatte. Ich informierte unsere Eltern und die engsten Freunde über Heidis veränderten Gesundheitszustand. Ich bat meine Schwiegereltern, noch einmal zu Heidi auf Besuch zu kommen, denn in der letzten Woche kamen sie nur noch, wenn ich sie dazu aufgefordert hatte. Den Mädchen teilte ich in aller Offenheit mit, was ich bis zu diesem Zeitpunkt wusste. Schweigend fuhren wir ins Spital.

Heidi lag wie immer ruhig im Bett und reagierte kaum merklich auf unsere Begrüssung. Ich meldete mich bei der Stationsschwester und erkundigte mich nach dem neusten Bericht. Anschliessend informierte ich Herrn Fässler. Wenige Minuten nachher war er bei uns, und wir besprachen den weiteren Tagesablauf.

Jetzt war der Augenblick gekommen, wo uns Herr Fässler seine Beobachtungen der Reaktionen und Äusserungen von Heidi schilderte. So glaubte er, dass Heidi wahrscheinlich allein sterben wollte, das heisst, nicht in unserer Gegenwart. Dieses Gespräch und die Gewissheit, Herrn Fässler jederzeit erreichen zu können, stimmte mich trotz allem zuversichtlich, denn ich wusste, dass wir in den kommenden schweren Stunden auf seine Unterstützung zählen konnten.

Als wir am Abend wieder zu Heidi zurückkehrten, erschraken wir ob dem verschlechterten Gesundheitszustand. Heidi hatte Mühe beim Atmen, und wir glaubten, sie müsste ersticken. Wir benachrichtigten die Schwestern, die dann Heidi sofort mit Sauerstoff versorgten. Sofort rief ich nun Herrn Fässler an und schilderte ihm die neue Situation. Gleichzeitig teilte ich ihm mit, dass wir jetzt bei Heidi bleiben würden. Er erklärte, dass er noch Besuch bei sich zu Hause habe, aber so schnell als möglich zu uns kommen werde, bei einer Verschlechterung natürlich sofort.

Nach einer halben Stunde beobachteten wir, wie Heidi sich verkrampfte. Nach einer kurzen Rücksprache mit dem diensthabenden Arzt verabreichte die Schwester Heidi eine schmerzstillende Spritze, worauf sich die Verkrampfung wieder löste. Wir wuschen Heidi immer wieder mit einem kühlen Lappen, denn die Körpertemperatur blieb die ganze Zeit sehr hoch. Gegen 23 Uhr trat ein erster kurzer Atemstillstand ein. Verzweifelt schauten wir uns an, keiner wagte etwas zu sagen, doch hofften wir alle, dass Herr Fässler bald bei uns wäre. Evelyne eilte aus dem Zimmer, in der Hoffnung, sie könnte Herrn Fässler finden. Tatsächlich begegneten sie sich auf dem Flur, und er wusste sofort, dass eine Verschlechterung eingetreten sein musste. Wir informierten ihn über den Verlauf der letzten Stunden. Darauf erklärte er uns auf einfache und doch einfühlsame Weise, was wir in den kommenden Stunden zu erwarten hätten. Wir spürten, dass uns eine lange Nacht bevorstand.

Es war bereits nach 24 Uhr, und wir versuchten, unsere Müdigkeit zu verdrängen. Plötzlich begannen die Mädchen zu blödeln und zu lachen und versetzten uns in eine gelöste, ja geradezu fröhliche Stimmung. Sie parodierten ganze Sketchs vom Cabaret Rotstift. Wenn sie nicht mehr weiter wussten, erzählte Herr Fässler oder ich kleine Anekdoten und hielten unsere gute Stimmung aufrecht. Diese Fröhlichkeit war bei uns zu Hause oft an der Tagesordnung, und so konnten wir diese auch in diesem Augenblick des endgültigen Abschiednehmens ohne Schuldgefühle zulassen. Interessanterweise atmete Heidi in diesen Phasen sehr ruhig und uns schien, als überzog ein Lächeln ihr Gesicht. Als die Ausgelassenheit auf einem Höhepunkt angelangt war, wurde sie jäh durch einen erneuten Atemstillstand von Heidi unterbrochen, und wir wurden wieder in die Realität zurückgeholt. Unser Lachen wurde durch die Tränen jäh erstickt, und wir weinten gemeinsam. Obschon wir wussten, dass Heidi in dieser Nacht für immer einschlafen sollte, hofften wir, dass dies nicht jetzt eintreten würde. Die Sekunden wurden zu Stunden. Zu unserer grossen Erleichterung setzte die Atmung dann wieder ein, und es folgte eine kurze Zeit des Schweigens, in der wir alle unseren eigenen Gedanken nachhingen. Im Verlaufe der Nacht durchlebten wir wiederholt dieses Wellenspiel, auf und ab, dem Lachen folgten Tränen, den Tränen folgte wieder Lachen.

Mit grosser Selbstverständlichkeit und Fürsorge betreuten die Mädchen ihr Mami, immer wieder kühlten und wuschen sie ihr das Gesicht, hielten ihre Hände und streichelten sie behutsam. Evelyne bemerkte, dass die rechte Hand langsam kalt wurde, ein erstes Zeichen, dass jetzt der Kreislauf nicht mehr richtig funktionierte. Ganz selbstverständlich beobachtete sie nun, wie die Temperatur im ganzen Arm absank, und teilte uns ihre Beobachtungen auch immer wieder mit.

Nach und nach liessen auch unsere Kräfte langsam nach, und wir dösten oder schliefen jeweils einige Minuten. Bei jedem Atemstillstand waren wir aber wieder hellwach, und das Bangen und Hoffen begann von neuem. Die Atempausen wurden immer länger und die Abstände dazwischen immer kürzer. Auf ganz bestimmte Fragen reagierte Heidi mit deutlichen Reaktionen, die wir allein nie erkannt hätten. Herr Fässler erklärte uns die Zusammenhänge und Abläufe, so dass wir diese Veränderungen selber beobachten und verstehen konnten.

Zwischen halb sechs und sechs Uhr benachrichtigte Herr Fässler die Nachtschwester und bat sie, dass sie Heidi waschen möge. Wir verliessen das Zimmer, denn wir wollten sie bei der Arbeit nicht behindern. Wir warteten auf dem Gang vor dem Zimmer, und die Zeit kroch nur ganz langsam dahin. Je länger es dauerte, um so stärker wurde bei mir der Gedanke, dass Heidi in diesem Augenblick, in dem wir nicht bei ihr im Zimmer waren, gestorben sei. Ich getraute mich nicht, diesen Gedanken laut zu sagen, doch aus den Blicken, die ich mit Herrn Fässler tauschte, glaubte ich dieselbe Ahnung zu spüren.

Dann ging endlich die Türe auf, und die Schwester trat mit Tränen in den Augen auf mich zu und sagte: "Ihre Frau ist jetzt eingeschlafen." Wir weinten alle und hielten uns eng umschlungen, es war, als ob uns der Boden unter den Füssen weggezogen würde, als ob das ganze Gebäude über uns zusammenbrechen würde. Weit weg hörte ich, wie Herr Fässler etwas zu mir sagte, das ich aber in diesem Augenblick nicht verstand, denn die Gedanken rasten wie wild durch meinen Kopf. Vorsichtig, fast zögernd folgten mir die Mädchen ins Zimmer. Béatrice erschrak, als sie das Mami so still und regungslos daliegen sah, und wollte sie nicht mehr länger ansehen. Zum Glück war Herr Fässler bei uns und konnte sich um Béatrice kümmern, während Evelyne ihr Mami, ich meine liebe Heidi ein letztes Mal lange umarmten und küssten. Der letzte Kontakt, der letzte Kuss, ein Abschied für immer.

Evelyne legte Heidi das Osternestchen mit einem Vögelein drin, das seit einigen Tagen über dem Bett hing, als letztes Geschenk in die Hände.

Langsam suchten wir die persönlichen Sachen zusammen und packten diese in die Tasche. Ich steckte die Perücke ebenfalls ein und wollte das Zimmer verlassen, als Evelyne zu mir kam und sagte: "Papi, wollen wir dem Mami nicht die Haare wieder anziehen, sie ist so nackt." Ja, selbstverständlich, ich hatte überhaupt nichts gedacht, als ich diese einpackte. Gemeinsam setzten wir Heidi die Perücke wieder auf, Evelyne stützte den Kopf, während ich die Perücke aufsetzte.

Die Schwestern, die jetzt die Arbeit aufnahmen, waren natürlich über Heidis Tod informiert und betroffen. Schweigend drückten sie uns ihr Beileid aus. In den Wochen, in denen Heidi hier auf der Abteilung gewesen war, hatten wir uns kennen und schätzen gelernt, denn oft hatte ich mit den Schwestern lange über uns, die Krankheit und über meine Sorgen gesprochen, wir waren gute Bekannte geworden.

Herr Fässler begleitete uns bis zu unserem Auto. Dank seiner Begleitung wurde diese Nacht trotz aller Traurigkeit zu einem unvergesslichen Erlebnis. Er konnte uns auf den Augenblick des Sterbens vorbereiten, und so konnten wir Heidis Tod ohne wenn und aber annehmen.

3. Die Veränderungen in der Familie

Wir hatten beschlossen, dass wir so normal wie möglich unseren neuen Lebensabschnitt angehen wollten. So war es für uns völlig normal, dass Evelyne am Jahreskonzert des Handharmonikaklubs teilnahm, dies bereits am ersten Samstag nach Heidis Tod.

In der zweiten Woche nach Heidis Tod musste Evelyne in der Schule einen Aufsatz mit dem Titel: "Das macht mich traurig" schreiben. In den unmittelbar darauffolgenden Tagen und Wochen wurden wir oft gefragt, wie wir klar kommen, wie ich das mache mit der Mittagsverpflegung der Mädchen etc. Alle meinten es sicher gut, bemerkten aber nicht, dass wir uns schon im Frühjahr des vergangenen Jahres hatten umstellen müssen. Das Organisatorische war überhaupt kein Problem, denn das war bei uns bereits seit längerer Zeit unser neuer Alltag. Eine viel grössere Umstellung erforderte jedoch die Tatsache, dass ich jetzt plötzlich alleine für die Anliegen der Mädchen herhalten musste. Verständlicherweise wollen sie ihre Erlebnisse des Tages loswerden. So kommt es, dass ich am Abend überschüttet werde mit dem Geschehen in der Schule, mit dem Ärger mit den Lehrern und Mitschülern und auch mit der Grossmutter. Selbstverständlich haben die Mädchen ein Recht darauf, dass ich ihnen zuhöre, aber gelegentlich kann es vorkommen, dass ich mir einige Minuten Ruhe ausbedingen muss, um selber abschalten zu können. Eine weitere wichtige Erkenntnis ist, dass ich jetzt auch bei den Schulaufgaben miteinbezogen werde. Dies geschah vorher alles, bevor ich nach Hause kam, so dass ich mich nicht damit beschäftigen musste, jetzt sind das neue und wichtige Aufgaben, die aber manchmal doch noch zu kurz kommen. Oft machen mir die Mädchen Vorwürfe, dass ich zuviel nein sage. Ich glaube aber, dass ich nicht mehr nein sage als früher Heidi und ich zusammen, aber eben mit dem grossen Unterschied, dass es jetzt alleine von mir kommt. Ein weiterer Punkt ist, dass ich zur Zeit niemanden mehr an meiner Seite habe, mit dem ich über meine eigenen Freuden und Sorgen sprechen kann. Sicher kann ich jederzeit mit unseren engsten Freunden über fast alles sprechen, aber es gibt gewisse Themen wie Geborgenheit, Zärtlichkeit, Sexualität, die ich nicht mit ihnen besprechen kann oder will, denn sie müssen ohnehin schon viel von mir und auch von den Mädchen anhören.

Heidis grosse Leidenschaft war das Gärtnern, und sie hegte und pflegte einen wunderschönen und grossen Gemüsegarten. Im letzten Jahr war ich bemüht, nebst allen anderen Aufgaben diesen Garten so zu unterhalten, wie Heidi es getan hätte. Zu ihrer grossen Freude war mir das auch gelungen. In diesem Jahr wurde mir aber bewusst, dass ich diese Arbeit nicht mehr im gesamten Ausmass auf mich nehmen konnte, und so verkleinerte ich unseren Gemüsegarten um zwei Drittel. Für das nächste Jahr habe ich bereits eine weitere Verkleinerung vorgesehen.

Im Frühjahr schmiedeten wir Ferienpläne, und Evelyne fragte mich, ob wir nach Schweden fahren würden. Dazu ist anzufügen, dass ich ein Jahr in Schweden gearbeitet habe und dass ich mit Heidi auch schon dort in den Ferien war. Also schrieb ich unseren Bekannten in Schweden. Spontan anerboten sie uns, die Ferien bei ihnen zu verbringen, was wir gerne annahmen. So gross die Vorfreude auch war, so gross war auch die Traurigkeit, die mich überkam, denn ich musste immer daran denken, dass ich ja jetzt alleine mit den Kindern in die Ferien fahren würde.

Für mich waren die zwei, drei Wochen vor den Ferien die

schlimmsten, denn ich befand mich in einem grossen Tief und wollte es den Mädchen nicht zeigen, um ihnen die Vorfreude nicht zu verderben. Wir genossen herrliche Badeferien in Schweden, doch wurde mir bewusst, wie die enge Verbundenheit uns allzusehr aneinander fesselte, so dass ich eigentlich zu wenig Ruhe für mich selber fand.

Bis heute, mehr als ein halbes Jahr nach Heidis Tod, sind die Schwiegereltern nie mehr zu uns gekommen, das heisst auch, dass sie noch nie Heidis Grab besucht haben. Im Frühsommer gab mir die Schwiegermutter eine schöne Pflanze mit und bat mich, diese auf das Grab zu pflanzen. Wenn wir bei ihnen zu Besuch sind, wird leider nie über das Thema "Sterben" gesprochen. Noch immer können oder wollen sie den schmerzlichen Verlust von Heidi nicht annehmen.

Béatrice kann ihre Gefühle und Stimmungen auch mir gegenüber nicht ausdrücken. Wenn sie traurig ist oder wenn sie etwas beschäftigt, zieht sie sich in ihr Zimmer zurück, obschon sie weiss, dass sie immer zu mir kommen kann oder dass sie sich an Herrn Fässler wenden kann. Auf Fragen reagiert sie eher mit Trotz, als dass sie sich dann mitteilen würde. Evelyne spricht offen über ihre Sorgen und las auch diesen Entwurf des Referates durch, brachte Korrekturen an oder sagte mir, wo ich etwas ergänzen musste.

Die Erarbeitung dieses Referates ermöglichte mir auch die Verarbeitung dieser schweren Zeit. Sicher fiel mir das Schreiben nicht immer leicht, oft kamen mir die Tränen, aber dennoch bin ich froh, dass ich mich zu diesem Schritt entschlossen habe. Ich habe Heidi geliebt und werde sie nie vergessen. Mein Leben geht weiter, und ich muss in die Zukunft blicken, was eine neue Beziehung nicht ausschliessen kann.

Abschliessend kann ich sagen, dass ich froh und glücklich bin, dass wir die Begleitung durch die Stiftung in Anspruch nehmen durften. Ohne diese Unterstützung wäre ich wohl nicht so weit. Merci, Peter.

MEINE MUTTER WAR 81, ALS SIE SICH DAS LEBEN NAHM

Christa Kummer, Peter Fässler-Weibel

Als ich mich vor zwei Jahren mit diesem Thema intensiver zu befassen begann, dachte ich noch nicht an die unzähligen und unterschiedlichsten Reaktionen, die auf mich zukommen sollten. Ruth, eine 50jährige Lehrerin, erklärte mir: "Weshalb sollte ich mich mit dem Sterben der Eltern befassen, meine Eltern leben ja noch!" Markus, ein 39jähriger Elektroingenieur, erzählte mir: "Ich war gerade in Amerika, als meine Mutter starb. Ich hörte davon erst einige Tage nach der Beerdigung. Man habe mich nicht erreicht, sagte der Vater. Seit meiner Rückkehr habe ich praktisch keine Kontakte mehr zu meinem Vater. Ich bat ihn um ein Darlehen für einen Hauskauf - doch er verweigerte. Soll er doch auf seinem Geld sitzen, es wird ja ohnehin einmal mir gehören." Roland, 75jährig, strahlte mich an und sagte: "Meine Eltern sind schon lange gestorben!" Das Thema "Wenn Eltern sterben" scheint ein Tabuthema zu sein.

Ich hinterfragte auch mich persönlich. Ich begann wahrzunehmen, welche Veränderungen sich durch das Sterben eines Elternteils bei mir ergeben könnten. Erst der Tod meines Schwiegervaters ermöglichte mir das Gespräch mit meinen Eltern. Anfänglich zögerten sie, begannen gleichzeitig jedoch wahrzunehmen, dass sie im Alter von 75 Jahren dem Tode doch nahe stehen. Sorgfältig und zunehmend begannen wir, in Fragmenten darüber zu reden. Das Gespräch ist bis heute noch nicht über organisatorische oder funktionale Themen hinausgewachsen. So werden sie in kurzer Zeit in unsere Nähe ziehen, "... falls wir pflegebedürftig werden sollten!" sagten sie. Für uns, meine Frau und mich, wird dies einiges verändern. Was, wissen wir noch nicht.

Auf die Frage, wie es wohl für unsere Kinder wäre, würde eines ihrer Eltern sterben, erhielt ich ausweichende, ablehnende, verdrängende oder hilflos tönende Rückmeldungen. Man weiss, dass Eltern sterben werden - man hofft, es treffe zuerst die anderen.

In familiendynamischer Hinsicht wird sich das über Jahre, wenn nicht Jahrzehnte lange eingeschliffene Verhaltensmuster destabilisieren. Es werden Lücken entstehen, die nicht einfach geschlossen werden können. Für jedes Familienmitglied wird das Sterben und der Tod eines Elternteils anders sein. Die Palette der emotionalen Reaktionsweisen wird zwischen unbedeutend bis gravierend, erlösend bis erschütternd, hilflos bis gleichgültig reichen. Und jedes der Hinterbliebenen, sei dies der überlebende Ehegatte oder die Kinder, werden ihren Weg der Auseinandersetzung mit dem Sterben selber und in der Regel alleine begehen müssen.

Vor einiger Zeit traf ich Christa. Etwas misstrauisch, sorgfältig beobachtend und abwartend, abtastend schaute sie mich an und sagte zu mir: "Meine Mutter war 81, als sie sich das Leben nahm!" Ich erschrak. Wortlos, stumm und hilflos schaute ich sie an. Wir schwiegen. Ich durchbrach dieses Schweigen mit der lapidaren Frage: "Wann war das?" Korrekt gab sie mir zur Antwort: "Vor einem Jahr." Wir schwiegen wieder. Langsam entwickelte sich das Gespräch zwischen Christa und mir, ein Gespräch, in dem die Tragweite dieses Sterbens bewusst und bewusster wurde. Über ihre Mutter schrieb sie:

Lebenslauf meiner Mutter: Meine Eltern hatten sich schon kurz vor ihrer Verheiratung ein Einfamilienhaus gebaut. Dazu gehörte ein grosser Gemüse-, Blumen- und Obstgarten. Platz war auch vorhanden für Kleintiere, wie Hühner und Kaninchen, und während den Kriegsjahren auch für eine Ziege und ein Schwein. Mit viel Fleiss, Kraft und Mut hatten die Eltern uns vier Kindern ein Zuhause geschaffen, in dem wir glücklich und geborgen aufwachsen durften. Dank der Sparsamkeit unserer Mutter hat das Vorhandene immer wieder ausgereicht. Auf vieles musste sie jedoch verzichten. Doch sie war auch immer wieder dankbar für alles, was ihr im Leben geschenkt wurde.

Jeden Frühling freute sie sich neu über das Erwachen der Natur. Die Blumen, die sie mit viel Liebe pflegte, erfüllten ihr Herz mit Dankbarkeit und Staunen gegenüber dem Schöpfer dieses Wunders. Ihr Leben war geprägt von einer tiefen Religiosität. Beim Lesen in der Bibel und im Gebet war sie in ständigem Dialog mit ihrem Gott. Wenn schmerzliche seelische Erschütterungen ihr Leben verdunkelten, fand sie in der Bibel Trost und neuen Lebensmut.

Doch sie begegnete in ihrer Bibel und in Auslegungen im Gottesdienst auch einem Gott, dem sie oft nicht zu genügen vermochte, der sie schuldbewusst und unfrei machte. Mit diesem angstmachenden, einengenden, richtenden Gott hat sie aber auch gehadert, mit schlechtem Gewissen gekämpft und sich ihm immer wieder demütig unterworfen.

Die Liebe, die sie früher in der Bibel gefunden hatte, wurde ihr auch zur Enge. Die Einladung, ein erfülltes Leben zu führen, wurde zu Angst vor dem Leben.

Als wir Kinder das Elternhaus verliessen, waren das für die Mutter sehr schmerzliche Lebensphasen. Sie konnte uns auch als Erwachsene schwer loslassen. Wir waren für sie Gesprächspartner und Wegbegleiter, wir gaben ihrem Leben Sinn. Sie hat das später auch ganz klar erkannt. Nachdem unser Vater nach einem Schlaganfall teilweise gelähmt war, hat die Mutter ihn

während Jahren gepflegt und ist ihm beigestanden, bis ihre Kräfte selber erschöpft waren und sie ihn schweren Herzens der Pflege des Krankenheims überlassen musste.
Die Gartenarbeiten, die ihr immer so viel bedeutet hatten, wurden ihr zur Last. Ihr müder Körper wurde von starken Gelenkschmerzen geplagt. Die Werkzeuge, mit denen sie so gerne die Erde für neue Saaten bearbeitet hatte, ruhten. Die Hausarbeiten machten ihr immer mehr Mühe. Um ihre Beweglichkeit soweit zu erhalten, dass sie zu Hause bleiben konnte, machte sie aber noch täglich kleine Spaziergänge. Doch auch diese Wege wurden ihr zu beschwerlich.
Die Schlaflosigkeit, unter der sie schon seit ihrer Kindheit gelitten hatte, verstärkte sich noch und liess ihren Geist nicht zur Ruhe kommen. Schreckliche Bilder und Gedanken verfolgten sie. Auch ihr Gehör liess sie im Stich. Trotz Hörgerät konnte sie bei unseren Besuchen dem Gespräch nur noch sehr mühsam folgen. Das Leben wurde ihr zur Last. Ihr Glaube wurde erschüttert. Sie litt unter einer schrecklichen Gottverlassenheit.
Immer hatte sie ihren Lebens- und Glaubensweg mit einer Bergtour verglichen. Im letzten Halbjahr ihres Lebens hat sie oft gesagt, dass sie sich auf dem letzten Abschnitt befinde und dass es ihr so unsagbar viel Mühe mache, den Gipfel zu erreichen.
Als die ersten Krokusse als Frühlingsboten aus der Erde drängten, mitten in der Vorfrühlingszeit, hat unsere Mutter sich mit 81 Jahren das Leben genommen. Sie erhängte sich in der Waschküche. Meine Schwester hatte sich am Vorabend telefonisch für einen Besuch angemeldet, um mit ihr Besorgungen zu machen. Sie suchte die Mutter im ganzen Haus und musste sie dann so auffinden.
Aus dem Abschiedsbrief geht hervor, dass sie diesen Weg bewusst und konsequent gegangen ist. Sie schreibt aber auch, dass es ihr so furchtbar schwer

falle. Sie bittet uns um Vergebung und Gott um seine Gnade. Für die Todesanzeige und die Abdankung hat sie sich einen Text aus dem Propheten Jesaja gewünscht:

"Siehe, um Trost war mir sehr bange. Du aber hast Dich meiner Seele herzlich angenommen, dass sie nicht verdürbe; denn Du wirfst alle meine Sünden hinter Dich zurück."

Diesem Weg von Christas Mutter ging eine Zeit der bewussten Auseinandersetzung mit dem Sterben und der Art des Sterbens voraus. Sie zog Bilanz über ihr Leben und beschloss es auf ihre Art. Auf dem Tisch lagen der abgerissene Kalenderzettel des Tages, die Brille, das Hörgerät und ein Abschiedsbrief. Diesen begann sie mit folgendem Zitat:

Christus hat gesagt: "Kommet her zu mir alle, die ihr mühselig und beladen seid. Wer zu mir kommt, den werde ich nicht hinausstossen."

Dann schrieb sie weiter:

Ich gehe zu ihm. Ja, mein Leben ist mühselig und beladen geworden. An so vielen Gliedern habe ich Schmerzen und mein Kopf - mein Kopf - und die Zähne machen mir auch so Mühe.

Herr Jesus, ich danke Dir, dass Du alle meine Sünden getragen hast, am Kreuz. Vergib mir, wie Du dem Schächer am Kreuz vergeben hast. Gott sei mir Sünder gnädig.

Meine Lieben, vergebt auch Ihr mir - die Zukunft belastet mich so sehr.

Sie wehrte sich gegen einen Eintritt in ein Altersheim. Gleichzeitig muss sie gespürt haben, dass sie in ihrem Haus, in dem sie 57 Jahre lang gelebt hatte, nicht mehr alleine haushalten konnte. Die Offerte der jüngsten Tochter, bei ihr zu wohnen, schlug sie aus. Sie wollte andern nicht zur Last fallen.

Sie fühlte sich in einer sonderbaren Gottverlassenheit alleine. Ihre Religiosität trug sie nicht mehr. Trotzdem bat sie Gott allabendlich um ihren Tod. Dieser Widerspruch ist darauf zurückzuführen, dass sie sich vieles hin zum Ende ihres Lebens anders vorgestellt hatte:

- Ihr Mann war bereits ein Jahr im Pflegeheim, nachdem sie ihn über vier Jahre lang zu Hause gepflegt hatte.
- Die Besuche im Pflegeheim wurden zusehends mühsamer. Ihr Mann konnte fast nicht mehr reden, und sie hörte schlecht. Eine Verständigung zwischen dem Paar war praktisch nicht mehr möglich.
- Besuche ermüdeten sie, und sie konnte sich an nichts mehr freuen. Selbst die geschätzte Gartenarbeit musste sie der körperlichen Beschwerden wegen aufgeben. Ihr Leben wurde zur Qual.
- Langsam zog sie sich von ihren Kindern und ihrer Umwelt zurück.

Mit zittriger Schrift hatte sie ihren Abschiedsbrief mit folgendem Satz ergänzt:

> *Es fällt mir so furchtbar schwer. Gott ist grösser als unsere Schuld.*

Selbstmord war für sie offenbar schuldhaftes Handeln. Der Umstand, dass dieser Satz in einem anderen Schriftbild niedergeschrieben wurde, lässt darauf schliessen, dass zwischen dem ersten Teil des Abschiedsbriefes und diesem Satz eine Zeit der Auseinandersetzung mit sich selber lag. Es ist, als hätte sie diese Zeit gebraucht, um sich ihr Handeln selber zu verzeihen.

Wie reagierte Christa auf die Todesnachricht? Sie erzählt:

> *Die Todesnachricht hat mich wie gelähmt. Eigentlich erwartete ich ein aussergewöhnliches Sterben meiner Mutter, ich dachte aber nie daran, dass sie auf diese Weise aus dem Leben scheiden könnte. Die Todesart erschütterte mich. Viele Fragen stellten sich mir:*
> *Wann starb sie? Woher wusste sie, wie man sich erhängt? Was dachte sie noch während der Zeit, als sie im Bett lag, bis sie den letzten Satz des Abschiedsbriefes niederschrieb? Was muss in ihrem Herzen vorge-*

gangen sein? Wie konnte sie nur diese Vorbereitungen treffen, ohne den leisesten Hinweis dazu zu geben? Hatte sie sich noch überlegt, was sie ihrer jüngsten Tochter damit zufügt, denn auf den darauffolgenden Nachmittag hatten sie einen Besuch vereinbart?

Diese Fragen zermürbten. Christa mag ihrer Mutter das Ende ihres Lebens gönnen. Sie hatte ihr Ziel - nämlich zu sterben - erreicht. Grosse Ohnmacht überkommt sie, wenn sie an die Art des Sterbens ihrer Mutter denkt und die Einsamkeit, in der sie sich befunden haben muss. Unbegreiflich ist für Christa der Umstand, dass die Mutter einer ahnungslosen Tochter zumutet, sie erhängt im Keller aufzufinden.

Je länger ich mich mit Christa und dem Sterben ihrer Mutter beschäftigte, um so deutlicher traten Widersprüche hervor. Ich möchte sie kurz auflisten:

- Das Leben der 81jährigen Frau war gekennzeichnet von einer ganz besonderen, eher einengenden Religiosität. In der Auseinandersetzung mit ihrem Gott verstrickte sie sich in Widersprüche, aus denen sie nicht herausfand. Sie fühlte sich von diesem Gott verlassen - dennoch bat sie ihn allabendlich um ihr Lebensende. Er erhörte sie nicht.
- Auf der einen Seite verspürte sie massive Schuldgefühle beim Gedanken, durch die eigene Hand zu sterben. Auf der andern Seite spürte sie eine Sehnsucht, bald sterben zu dürfen.
- Sie suchte Beziehungen zu ihren Kindern und realisierte dabei, wie mühsam diese Kontakte für sie körperlich bedingt auch waren. Oft sagte sie, dass sie sich auf den Besuch freute. Im gleichen Satz jedoch erklärte sie, dass sie auch froh sei, wenn sie wieder gegangen seien.
- Sie wusste, dass die Art ihres Sterbens für die Hinterbliebenen schwer verständlich sein würde, trotzdem wählte sie diesen Weg.
- In ihrem religiösen Verständnis galt Selbstmord als Schuld. Sie hoffte trotzdem auf Gnade.

Christa begann, von ihrer Mutter während des letzten Jahres ihres Lebens Abschied zu nehmen. Der langsame Rückzug der Mutter von ihren ihr viel bedeutenden Kindern machte den Abschied aus der Kindheit möglich. Ihre Anteilnahme am Leben der Kinder verringerte sich. Die Mutter begann, ihre Kinder loszulassen. Christa empfand die wachsende Distanz einerseits wohltuend, andererseits sehr schmerzhaft. Doch plötzlich wurde dieser Prozess durch ein überraschendes Ereignis unterbrochen. Die Wahrscheinlichkeit eines Suizides wurde nie ganz ausgeschlossen. Trotzdem war dieses Sterben völlig überraschend, vor allem die Art.

Bei unserem ersten Gespräch erzählte mir Christa auch von einer Familienbibel, die ihr bei der Räumung des Hauses zugefallen war.

Gibt es Zufälle? Das Wort "zufällig" bezeichnet heute ein scheinbar sinnloses Vorkommnis. Früher galt "Zufall" als etwas, was "jemandem zufällt, zuteil wird", also zu ihm gehört oder in seinen Besitz übergeht. Ich glaube nicht an Zufälle. Genauso wenig glaube ich, dass alles im Leben bestimmt sein soll. Interessant ist für mich, wie solche Zufälle entstehen.

Die Bibel ist unausgesprochen an Christa hängen geblieben. Und ihr wurde es zunehmend unwohler, darum kam sie auch zu mir. Über diese Bibel erzählte Christa:

> *Diese Bibel gehörte schon der Grossmutter. Meine Mutter übernahm sie, als ich 20 Jahre alt war. Die Bibel war immer in Sicht- und Reichweite. Sie war immer und überall präsent. Es handelte sich um ein total zerlesenes, mit vielen Anmerkungen und angestrichenen Stellen versehenes Exemplar. Zudem enthielt sie unzählige Kalenderzettel, die ihrerseits biblische Zitate erklärten und auf denen Kommentare der Mutter vermerkt waren. Es war also eine zerlesene und stark benützte Bibel. In ihr steckte ein Gottesverständnis, mit dem ich mich nicht mehr identifizieren konnte und wollte.*

Christa war nicht bereit, ein Generationenvermächtnis zu übernehmen und es weiterzutragen. Ihre Hauptsorge lag darin, einen ehrlichen Weg zu suchen, sich von diesem "Erbstück" ohne Schuldgefühle zu trennen. Dafür hätte es eine Menge von einfachen Wegen wie Kehrichtabfuhr, einem Geschwister oder Kind weitergeben oder auf dem Estrich verstauben lassen, gegeben. Dies wollte sie nicht. Keiner dieser Wege kam für sie in Frage.

In den psychologischen Lehrbüchern wird die Ablösung der Kinder von ihrem Elternhaus zwischen dem 18. und 25. Altersjahr angesiedelt. Gemeint ist damit jene Phase des Lebens, in der junge erwachsene Menschen versuchen, ein Leben in Eigenregie aufzubauen. Bedürfnisse nach Eigenständigkeit, Unabhängigkeit, nach Autonomie schlechthin werden befriedigt. Aus persönlicher Erfahrung und aus unzähligen therapeutischen Begegnungen weiss ich jedoch, dass in diesem Lebensabschnitt lediglich erste, meist unsichere, schwankende Schritte hin zu diesem Ziel gewagt und versucht werden - einem Kleinkind gleich, das beginnt laufen zu lernen. Wie oft stürzen Kleinkinder oder halten sich an sicheren Gegenständen, um nicht zu stürzen? Wie oft halten sie sich an den schützenden Händen ihrer Eltern oder an festen Leitplanken und erfahren dank Unterstützung mehr Sicherheit und Vertrauen zu sich?

Die Suche nach Unabhängigkeit resp. Autonomie gilt als Prozess, der lebenslänglich gepflegt sein will. Viele Ablösungen finden nicht statt, weil befürchtet wird, sie könnten in Streit, Liebesverlust oder Liebesentzug enden. Ablösung ist nicht nur ein Thema der Kinder ihren Eltern gegenüber, sondern auch der Eltern ihren Kindern gegenüber. In letzterem Punkt liegen oft gigantische Ängste und Probleme begraben, die es verunmöglichen, dass sich erwachsene Menschen in Respekt und Würde begegnen. Die emotionale Ablösung der Kinder von ihren Eltern ist häufig erst in späteren Lebensphasen möglich, nicht selten findet dieser Prozess zwischen dem 40. und 50. Altersjahr, häufig aber erst durch den Tod eines Elternteils statt. Die Endgültigkeit des Todes macht die Ablösung zwingend. Erstaunlicherweise stelle ich auch immer wieder fest, wie gelebte traditionelle Werte nach dem Tod der Eltern verändert oder über Bord geworfen werden. In diesem Verständnis wuchs zwischen Christa und mir die Idee, sich nochmals mit der Mutter und ihrem Sterben auseinanderzusetzen. Eine intensive Zeit des Abschieds begann. Die Widersprüche wurden aufgenommen und bearbeitet. Erneute Trauer machte sich breit. Noch einmal rollte sie das Leben ihrer Mutter auf. Sie suchte nach Ungereimtheiten, Sehnsüchten, unerfüllten Wünschen und begann die Mutter zu verstehen. Aus der Sicht der Mutter lernte sie die Anmerkungen in der Bibel verstehen. Sie spürte auch gleichzeitig, dass sie diese Sicht für sich nicht übernehmen wollte. Aus diesem Zwiespalt heraus suchte sie ihren Weg der Trennung von dieser Bibel. Sie versuchte frei zu werden von der Bibel, nicht um sie zu verlassen und sie zu entwerten, sondern um sie als Willensentscheidung und nicht als Überlieferung in ihr Leben aufzunehmen.

Langsam reifte die Idee heran, der Mutter einen Brief zu schreiben, die Bibel zu verbrennen und die Asche der Bibel zusammen mit der Asche des Briefes symbolisch der Mutter zu übergeben. Solche Rituale verlangen von den Betroffenen ein sorgfältiges und ehrliches Aufarbeiten der Beziehung. Für Christa stand fest, dass diese Übergabe an einem Ort stattfinden sollte, der auch ihrer Mutter von Bedeutung war. Dieser Ort war ein Berg: das Morgenberghorn oberhalb Spiez.

Ein Jahr nach dem Tod der Mutter entstand Christas Brief an sie:

Mueti

Unsere intensive Mutter-Tochter-Beziehung dauerte mehr als 55 Jahre. Dann bist du aus diesem Leben weggegangen, ohne dich zu verabschieden. Ich habe deine Todessehnsucht zwar gespürt. Wir haben ja auch zusammen darüber gesprochen, dass dir das Alter körperliche Schmerzen und seelische Qualen bereitet. Ich trauerte mit dir, dass du am Ende deines Lebens zurückblickend sagen musstest, du möchtest keinen Tag deines Lebens nochmals leben. In deiner Ausweglosigkeit und in deiner Angst vor der Zukunft konntest du die schönen und glücklichen Tage nicht mehr sehen. Ich bin aber überzeugt: auch solche Tage hat es in deinem Leben gegeben. Du konntest auch fröhlich sein und dich freuen.

Du freutest dich doch jeden Frühling am Erwachen der Natur. Dein Garten mit den vielen wunderschönen Blumen erfüllte dein Herz jedes Jahr wieder mit Dank und Staunen gegenüber dem Schöpfer dieses Wunders. Du hast deine Gefühle und deine Freude auch immer wieder in Gedichten ausgedrückt. Wie manchen Rundgang haben wir miteinander durch deinen Garten gemacht!

Vieles blieb dir in deinem Leben aber auch versagt. Wie gerne hättest du deinen geografischen Horizont erweitert. Ferne Länder und Kulturen haben dich immer sehr interessiert. Es war dir aber finanziell gar nicht möglich, dein Fernweh und deine Sehnsüchte zu stillen. Dazu gesellten sich deine Ängste, alleine etwas zu unternehmen. Deine Hemmungen und dein unterdrücktes Selbstwertgefühl hinderten dich daran, dich zu entfalten.

Schon sehr früh haben mich deine Ängste und Besorgnisse angesteckt. Ich habe es erst in den letzten Jahren endlich gewagt, selbständiger und unabhängiger zu werden. Es war oft ein schmerzlicher Prozess, und ich stecke immer noch mitten drin.

Du hast dein Leben zu stark an dasjenige deiner Kinder gebunden. Du konntest uns nicht loslassen, auch als Erwachsene nicht. Du wusstest es selber. Du warst stolz auf uns, wenn wir gehorsam und fleissig waren. Als junger Mensch habe ich meine Bedürfnisse und Wünsche oft unterdrückt und mich deinen Erwartungen angepasst, damit du mit mir zufrieden warst und ich deiner Liebe sicher sein konnte. Wir waren deine Götzen, wie du mir in einem Brief selber schreibst, und du dich deswegen auch anklagst. Du hattest auch Schuldgefühle gegenüber Vati, weil du ihn mit deinem Über-

legensein oft gedemütigt hättest, sagtest du. Aber ich weiss, du hast in ihm einen Gesprächspartner vermisst, der für dich so wichtig gewesen wäre.
Deine Arbeitsethik war für mich manchmal fast unerträglich. Du konntest zuwenig geniessen, Lebenslust war für dich fast anrüchig. Dein Leben bestand aus Arbeit für die Familie und aus Kontemplation. Deine zerlesene Bibel ist nun bei mir. Ich werde sie aber nicht behalten. Mit ihr hast du gekämpft, gelitten, dich getröstet und aufgerichtet. Sie gehört zu deinem Leben. Mit deinem Gottesverständnis hast du immer wieder versucht, unbewusst Macht auf mich auszuüben. Aber ich konnte und wollte dein Gottesbild nicht mehr aus Gehorsam übernehmen. Ich wollte nicht mehr an einen angstmachenden, einengenden und richtenden Gott glauben; einen Gott, der mich schuldbewusst und demütig haben will, um dann mein kleingemachtes ICH gnädig anzunehmen. Ich wollte deine Fürbitte nicht, denn damit wolltest du mich nach deinem Wunsch und Willen gefügig machen. Mein Gottesverständnis befreit mich von knechtender Enge.
Du hast deinen Lebens- und Glaubensweg immer wieder mit einer Bergtour verglichen. Du hast blühende Bergwiesen durchwandert, schwierige und gefährliche Geröllhalden durchquert. Auf lichten Höhenwegen hast du ausgeruht und Kräfte gesammelt für den letzten mühevollen Aufstieg. Im letzten halben Jahr deines Lebens hast du mir oft gesagt, dass du dich auf diesem letzten Abschnitt befindest und dass es dir unsagbar viel Mühe mache, den Gipfel zu erreichen. Du littest unter einer schrecklichen Gottverlassenheit. Ich glaube jedoch, dass du das Ziel doch erreicht hast. Du spürtest nur nicht mehr, wie du getragen wurdest. Denn Gott ging sicher mit dir durch Verzweiflung und Tod. Beim Gedanken an deinen selbstbestimmten Tod und deine Einsamkeit in den letzten Stunden hat mich bis jetzt immer ein Gefühl der Ohnmacht und des Grauens

befallen. Während dem Schreiben dieses Briefes konnte ich endlich meine Trauer zulassen, ich konnte weinen. Ich glaube, meine Tränen haben einiges an Verkrustetem gelöst. Dank dem verstehenden Begleiten eines Menschen mit therapeutischer Erfahrung in Trauerarbeit habe ich mich auf diesen Prozess einlassen können. Ich werde diesen Brief auf dem Gipfel eines Berges anzünden und ihn dir mit der Asche der Bibel im Geist übergeben.

Nach der Niederschrift dieses Briefes fühlte sich Christa erleichtert. Sie hatte nun ihrer Mutter gesagt, was unausgesprochen geblieben war und sie teilweise nicht gewagt hätte, ihr zu sagen.

Ein weiterer Schritt stand nun bevor: das Verbrennen der Bibel. Dies fand bei Freunden statt. Erstaunlicherweise bereitete dieser Schritt wenig Mühe, vermutlich deshalb, weil ein Grossteil der Bewältigung, das Schreiben des Briefes, bereits erfolgt war. Während des Verbrennens diskutierten Christa und ihr befreundetes Ehepaar über die weiteren Schritte der Verarbeitung.

Es verstrich ein halbes Jahr - vom Frühling bis zum Herbst. Christa liess den Brief und die Asche der Bibel ruhen. Sie nahm sich schon bald einmal vor, diese Bergtour an ihrem Geburtstag im Herbst wahr zu machen. Über diesen Tag berichtet sie:

Es war ein wunderschöner Sonntag im September. Während des ganzes Aufstiegs erstrahlte der Gipfel im dunkelblauen Himmel. Mein Mann begleitete mich - wir schwiegen während des ganzen Aufstiegs mehrheitlich. Ich trug den Rucksack mit dem Brief und der Asche selber. Der untere Teil des Weges entsprach einem anspruchsvolleren Wanderweg. Dann stand ich vor einem Couloir, das durchstiegen werden muss, will man den Gipfel erreichen. Ich stand vor diesem Couloir und überlegte, wie ich diesen Engpass wohl meistern würde. Ein junges Paar mit einem Schäferhund holte uns ein. Der Mann stieg ins Couloir, rief dem

Hund, der sich jedoch nach verschiedenen Versuchen schlichtweg weigerte. Er zog sich winselnd zurück. Nachdenklich sagte ich zum Hund: "Ich verstehe dich, ich wollte auch, ich wäre schon oben!"
Mutig packte ich meine Entscheidung und durchstieg das Couloir. Ohne mein Ziel, das ich erreichen wollte, wäre ich hier auch umgekehrt. Ich wollte hinauf, und ich ging hinauf. Ein steiler, ganz schmaler Bergweg führte mich zum Gipfel. Oben spürte ich als erstes die unendliche Befriedigung, den Gipfel erreicht zu haben, und ich genoss die überwältigend schöne Aussicht. Oben auf dem Gipfel befanden sich noch weitere Personen, was mich in meinem Vorhaben störte. Ich zog mich alleine etwas zurück und fand einen Ort der Stille und der Musse. Dort packte ich aus, las den Brief noch einmal, leerte die Asche aus, legte den Brief darauf und zündete ihn an. Meine Empfindungen stimmten für mich: unendliche Freiheit, wunderschöne Aussicht mit Brienzer- und Thunersee zu Füssen, einsame Stille - und ein sanfter Aufwind trug die Asche leise fort. Es war, als stiege sie auf zum Himmel.

Christa hatte getan, was sie zu tun hatte. Sie bereinigte ihr Verhältnis zur Mutter, liess es nicht nur bei einem theoretischen Lippenbekenntnis bewenden, sondern suchte Rituale, die für sie lebbar waren. Eineinhalb Jahre sind inzwischen seit dem Tod der Mutter verstrichen. Eine Zeit, in der viele Gedanken, Fragen und Probleme bearbeitet wurden. Die Bergtour war Abschluss einer intensiven Auseinandersetzung und erneuten Begegnung mit der Mutter. Negative oder aggressive Empfindungen erhielten genauso viel Platz, wie ihnen zustand. Positive oder wohlige Gefühle zur Mutter behielten ihren Platz. Eine Versöhnung wurde spürbar.

Als ich Christa vor rund einem Jahr fragte, ob sie sich bereit erklären könnte, einen Beitrag zu diesem Buch zu leisten, wehrte sie vorerst ab. Sie musste sich auch nicht sofort entscheiden. Zwei Monate später sprachen wir wieder darüber. Sie erklärte mir, dass es ihr schwerfalle, sich noch einmal mit diesen aufwühlenden und beschwerlichen Schritten zu befassen und sie öffentlich zu machen. Dann entschied sie sich, es in dieser Form trotzdem zu tun. Was denkt sie heute, fünf Jahre nach dem Tod der Mutter, zu ihrer Arbeit, und wo steht sie in bezug auf ihre ängstlichen Gefühle vor einem Jahr? Hören wir sie selber:

Ich würde auf jeden Fall den Weg noch einmal, und zwar auf diese Weise, durchleben. Dieser Weg brachte mir die Chance zu einer Verwandlung, zu einer Klärung: das Loslassen von Vergangenem und das Betreten von Neuem! Anfänglich sah ich die Mutter nur noch, wie mühselig sie das letzte halbe Jahr verbracht hatte. Zunehmends begann ich sie wieder so zu sehen, wie sie sich in ihrem Leben oft zeigte: angenehme und liebliche Bilder aus der Kindheit, ihr Interesse und ihre Zuneigung zu uns und unserm Leben. Gerade letzteres, was mich lange Zeit massiv gestört hat, ist heute keine Bedrohung mehr. Ich fühle mich ihr gegenüber eigenständig, unabhängig und abgelöst.

Beim erneuten Aufarbeiten meiner Unterlagen spürte ich Widerstände. Ich wollte den durchschrittenen Prozess ruhen lassen. Ich habe meine anfänglichen Hemmungen langsam zu überwinden gelernt und bin heute froh, diese Emotionen noch einmal gespürt zu haben. Ich hoffe, andern mit meinen Erlebnissen Mut für ihre Wege der Ablösung zu machen.

Danke, Christa, für deine Offenheit und deine Ehrlichkeit. In meinen Begegnungen mit dir spürte ich dich in deiner sorgfältig beobachtenden, abwartenden, abtastenden und wohlüberlegten Art. Du fandest Vertrauen zu mir, und gemeinsam gelang es uns, in einem aussergewöhlichen Sterben eines Elternteils auch ungewöhnliche Wege der Begegnung und Auseinandersetzung zu finden.

ABSCHIED ZU GOTT

Christoph Morgenthaler

Abschied zu Gott. Weshalb soll ausgerechnet ich etwas zu diesem Thema sagen? Gewiss, ich bin Theologe. Einem Theologen sollte - weiss Gott - etwas zu diesem Thema einfallen. Und genau das ist es, was mich irgendwo ärgert und mich bei der Vorbereitung irritiert hat. Nun soll ich also etwas sagen über das, was nachher kommt und jenseits ist, wie man das von Theologen immer erwartet hat. Dahin haben sich Theologen immer wieder abschieben lassen. Ehrlich gesagt: Mich interessiert, auch als Theologe, eigentlich mehr, was vorher kommt. In der Geographie des Jenseits bin ich nicht bewandert. Wenn ich mir schon Gedanken mache, was nachher kommt, dann eben vor allem aus einem Grund: um besser zu verstehen, was vorher ist und wie wir vorher leben, wirklich leben können. Aber vielleicht ist dies nur eine Abwehr, stecken in diesem Ärger noch ganz andere Gefühle. Plötzlich war sie nämlich wieder da, die Erinnerung. Vor ziemlich genau 35 Jahren ist mein kleiner Bruder - einjährig war er und ich dreizehn - gestorben. Das hat meinen Glauben geprägt, prägt ihn bis heute. Was meine Eltern in ihrem Schmerz und ihrer Hilflosigkeit nach diesem Tod, der alle in unserer Familie überraschte und überrannte, zu sagen versuchten über ein Leben jenseits des Sichtbaren, hat mir keinen Halt geben können. Ich wusste, wo mein kleiner Bruder lag, im Sarg, draussen auf dem Friedhof, und dort war es kalt in jenen nebligen Novembertagen, die seinem Tod folgten. Fragezeichen im Blick auf das, was nachher kommt, haben sich mit der gleichen Kälte in meinen Kinderglauben gegraben, und dieser Nebel hat sich nie mehr ganz verzogen.

Wenn schon, dann hätte ich also mehr zu sagen über das, was Kinder erleben, verstehen und nicht verstehen, wenn der Tod in der Familie zuschlägt und ein Geschwister aus den Reihen reisst. Wenn es um die Eltern geht, dann fehlt mir noch die persönliche Erfahrung. Als Mensch und Seelsorger war ich zwar oft konfrontiert mit dem Tod der Eltern anderer Menschen. Meine eigenen Eltern aber leben noch, auch meine Schwiegereltern. Es ist einigermassen klar, wo sie sind, auch wenn es, wie dies für alte Menschen heute üblich ist, trotz mehr als 75 Jahren Lebenszeit nie ganz so klar ist, wo sie sich jetzt gerade befinden, ob auf dem Stockhorn oder in Amsterdam. Es wäre für mich gewiss existentiell viel dringlicher zu wissen, wo sie sind, wenn ich zwar wüsste, wo sie liegen, auf dem Friedhof nämlich, und doch nicht wüsste, wo das geblieben ist, was sie mir liebenswert gemacht hat, womit sie mich geprägt haben, womit sie mich begleiten, womit sie immer noch in meinem Leben präsent sind.

Ich habe die Auseinandersetzung noch vor mir, auf die Christa Kummer zurückblicken kann. Und ich vermute: sie wird in meinem Leben noch einmal alles verändern, auch meinen Gottesglauben, auch mein Gottesbild.

Und so persönlich die Geschichte meiner Verletzungen, so unvergleichbar für mich meine Beziehung zu meinen Eltern und zum kommenden Abschied ist, so persönlich kann ich heute eigentlich auch nur sprechen. Denn: was gibt es allgemein Gültiges zu sagen? Kein Abschied ist gleich wie der andere. Sie unterscheiden sich: der lange Abschied alter Kinder von ihren uralten Eltern; der Abschied der Kinder von der jungen Mutter; der jähe Abschied vom einen Elternteil und der zähe vom anderen; der Abschied des Sohnes vom Vater, der Abschied der Schwiegertochter von der Schwiegermutter, der Abschied des adoptierten Kindes von seinen Adoptiveltern und der Abschied desselben Kindes von seinen leiblichen Eltern; der Abschied, der Schuldgefühle macht, und der Abschied, der befreit; der Blick zurück im Zorn und der Blick zurück in Dankbarkeit und der Blick zurück in Zorn *und* Dankbarkeit. Immer ist dieser Abschied wieder anders, und jedesmal bedeutet auch der Abschied zu Gott etwas anderes, und vielleicht ist es gar kein Abschied zu Gott, vielleicht ist es auch ein Abschied ohne Gott, vielleicht ein Abschied wegen Gott, vielleicht ein Abschied gegen Gott, vielleicht ein Abschied von Gott. Was haben diese Situationen gemeinsam? Wenn wir schon etwas über Gott und einen Abschied zu Gott sagen, dann ist es schwer, dies abstrakt zu sagen, dann müssten noch mehr und noch andere Geschichten erzählt werden als die Geschichte von Christa.

Das alles macht es mir nicht gerade einfach, zum Thema zu sprechen. Ich kann es auch anders wenden: das alles gehört bereits zum Thema, wenn ich darüber sprechen soll. Und von daher wird hoffentlich das, was ich nun sagen möchte, auch besser verstanden. Ich möchte drei Abschnitte in meinen Überlegungen machen: Der erste trägt den Titel "Die vorübergehenden Eltern", der zweite beschäftigt sich mit der Frage, ob der Abschied von den Eltern nicht immer auch gleichzeitig ein Abschied von Gott oder genauer von einem bestimmten Gottesbild mit sich bringt, und im dritten soll es dann nochmals um unser Thema gehen: um den Abschied zu Gott.

Die vorübergehenden Eltern

Ich beginne mit einem Traum von meinen Eltern, den ich vor einiger Zeit geträumt habe und der für mich wichtig geworden ist:

Ich sehe meine Eltern kommen. Sie nähern sich - etwas entfernt von mir - von links, gehen nebeneinander, durch ein geheimnisvolles Band miteinander verbunden, getrennt aber von mir durch so etwas wie einen Graben. Es ist ganz still. Lautlos kommen sie gewandert, ich sehe sie kommen, sie blicken nicht nach mir, sie blicken nach vorne auf ihren Weg, ihr Ziel. Nun gehen sie an mir vorüber, und ich sehe sie von der Seite. Ganz deutlich ist nochmals ihr Profil erkennbar. Nun sind sie vorüber. Sie wenden sich nicht um, sie gehen ihren Weg weiter. Langsam verschwinden sie. Und immer noch ist es ganz still. Ich löse mich wie aus einer Erstarrung.

Dieser Traum hat mich erschüttert und mir sehr zu denken gegeben. Die Eltern gehen vorüber. Mir ist die Doppeldeutigkeit dieses Traumbildes erst nach und nach bewusst geworden. Eltern gehen vorüber. Eltern bleiben nicht. Eltern leben nicht immer. Eltern gehen vorüber. Sie, die einem Kind so stark, so überlegen, so wissend erscheinen, sie, die mich geprägt haben, die mich in die Welt eingeführt haben, denen ich viele meiner Einstellungen, meiner Charaktereigenschaften und meiner geheimen Lebensentwürfe verdanke, sie gehen vorüber. Sie, die mir ein Vertrauen in die Verlässlichkeit der Wirklichkeit vermittelten, die mir die Welt als ein Zuhause zu verstehen lernten, sie gehen vorüber. Sie werden kleiner. Sie schwinden. Und eines Tages sind sie nicht mehr da, endgültig. Die Zelte sind abgebrochen.

Wenn Eltern sterben - auch für mich ist dies ein Tabuthema. Es ist aus verschiedenen Gründen ein Tabuthema. Ganz sicher auch aus diesem Grund: Es rührt an die Grundfesten unseres Selbst- und Weltverständnisses. Eines Tages "fährt es uns ein", und sei es im Traum: diejenigen, denen wir zu einem nicht geringen Teil die Grundfesten unseres Selbst- und Weltverständnisses verdanken, sie gehen vorüber, sie schwinden, sie vergehen, sie bleiben nicht. Und damit kommen diese Festen selber ins Wanken, noch dramatischer als dies in der Zeit der Ablösung, in Pubertät und Adoleszenz der Fall gewesen ist. Dieser Weg, den sie gehen, ist ihr Weg, es ist nicht mein Weg. Das hat mir der Traum, drastisch wie Träume sind, ebenso deutlich gemacht. Der Weg ihrer Generation ist durch einen Graben getrennt vom Weg meiner Generation. So wie sie ihren Weg gehen, werde ich meinen Weg gehen müssen. Da gibt es keine Stellvertretung. Das bedeutet aber auch, wenn ich dieses Traumbild auf unser Thema übertrage: Das, was ihnen auf ihrem Weg Halt gibt, das, was sie auf ihrem Weg auf sich zukommen sehen, das, dem sie am Ende ihres Weges zu begegnen glauben, das gilt für sie. Das Ende ihres Weges ist das Ende ihres Weges. Auch *Abschied zu Gott* bedeutet für sie etwas anderes als für mich. Auch da gibt es keine Vertretung. Jede Generation ist in ihrem Verhältnis zum Unendlichen neu und unvertretbar.

Ich weiss, dass es ihr Wunsch ist, dass ich am Ende meines Weges denselben warten sehe wie sie. Und ich weiss, je länger ich auf meinem Weg gehe, dass dem nicht so ist, dass ich *meinen* Weg gehen muss, dass die Bilder, die ich gütig über meinem Leben leuchten sehe, nicht die gleichen Bilder sind, die gütig über ihrem Weg stehen. Ich verstehe immer deutlicher: *mein* Gott, auf den ich zugehe, er trägt andere Züge als *ihr* Gott, auf den sie zugehen.

Ganz deutlich habe ich den Moment in Erinnerung, als ich sie noch einmal im Profil sah. Ich bin erschrocken: Jetzt ist dieser Moment. Wer sagt mir, dass meine Eltern in einigen Jahren oder vielleicht schon morgen noch jenes Profil zeigen, das mir wohlbekannt ist? Wenn ich mich nochmals mit ihnen auseinandersetzen will, dann ist es heute, dann ist es, solange sie noch ihr Profil zeigen. Wenn ich sie fragen will, wohin sie gehen, dann ist es heute, besser heute und nicht erst morgen. Und doch: Wie schwer ist es, sich aus dieser Erstarrung zu lösen, die mich nicht nur im Traum gefangen hält. Wie zaghaft sind die Schritte zu einem Gespräch! Wie schwierig ist dieses Gespräch, das Gespräch darüber, dass sie vorübergehen und es nur eine Weile dauern wird, bis auch ich vorübergegangen bin! Und wie gerne wüsste ich eigentlich, wohin sie sich gehen sehen. Langsam, tastend, zögernd nur finden wir Wege in unserer Familie, wie wir uns doch noch verständigen könnten. Denn das ist es, was mich an diesem Traum besonders beschäftigt: diese Stille. Es geschieht lautlos. Es wird nicht geredet. Es gibt kaum eine Kommunikation. Still und stumm vollzieht sich dieser Weg, dieses Vorübergehen, dieser geheimnisvolle Wandel der Generationen. Und ist es nicht der Tod selber, der diese Stummheit vorauswirft? Der Tod bringt zum Verstummen und macht stumm. Er kommt nicht erst ganz am Schluss, er ist schon da, es gibt ihn bereits diesseits der Linie des Sterbens: der Tod des Verstummens, der Tod des Kommunikationsabbruchs, der Tod der Beziehungslosigkeit. Das ist das, was mich an diesem Traum besonders schmerzt.

So frage ich mich auch: Weshalb schreie ich nicht? Weshalb gebe ich ihnen nicht ein Zeichen? Hier bin ich, seht mich doch! Weshalb renne ich ihnen nicht nach, springe ich nicht über diesen Graben, halte sie zurück? Ich konnte nicht. Aber nicht nur das. Ich wusste im Traum und spüre dieses Gefühl heute noch: Es muss so sein. Irgendwie gehört dies zur Ordnung dieser Welt, wie sie sie mir gerade meine Eltern nahegebracht haben, dass das so ist, dass Eltern vorübergehen und nicht bleiben, dass nur einer bleibt. Und vielleicht, so sehe ich dies auf alle Fälle heute, konnte ich sie - im Traum! - gehen lassen, weil ich tief in mir ein Vertrauen habe, dass sie wissen, wohin sie gehen. *Ihr* Glaube ist nicht *mein* Glaube. Ich bin aber froh, dass ich sie in ihren Glauben hineingehen lassen kann, und bin erleichtert, dass für sie dieser Abschied nicht ein Abschied ins Nichts bedeutet, sondern ein Abschied zu Gott.

Soweit die Gedanken zum Traum von meinen Eltern, die vorübergehen. Sie sind nicht gedrechselt, nicht wissenschaftlich, nicht systematisch, ich weiss dies. Aber ich kann mich diesem Thema in einem ersten Schritt eigentlich nur so nähern, mit Bildern, mit zaghaften, tastenden Formulierungen, die den Leser vielleicht anregen können, zu seinen eigenen Bildern und Formulierungen zu finden.

Abschied von den Eltern, Abschied von Gott

Im zweiten Abschnitt möchte ich noch etwas deutlicher hervorheben, was ich bereits gesagt habe: das Sterben der Eltern ist von besonderer Bedeutung für uns. Wenn Eltern sterben, dann sterben Nächste, die in einer ganz einmaligen Weise für unser Leben wichtig geworden sind. Das Sterben von Kindern ist schrecklich. Das Sterben eines Partners, einer Partnerin ist schrecklich. Das Sterben der Eltern geht noch einmal in ganz besonderer Weise an die Nieren, ans Lebendige. Vielleicht haben wir keine Kinder, vielleicht keinen Partner, keine Partnerin. Aber wir haben Eltern. Ihnen "verdanken" wir aber auch das Misstrauen, das wir entwickeln mussten. Sie haben in besonderer Weise die zentralen Werte und Vorstellungen geprägt, die in unserem Leben weiterwirken. Und deshalb auch: ihr Bild hat in vieler Hinsicht auch unser Gottesbild beeinflusst und geprägt. Ich kann den vielen verschiedenen Beziehungen zwischen Elternbild und Gottesbild hier jetzt nicht im einzelnen nachgehen. Aber die religionspsychologische Forschung und die therapeutische Erfahrung zeigen ganz deutlich: unser Gottesbild ist stark durch unser Elternbild geprägt. Gott, wie wir ihn uns vorstellen, trägt immer auch die Züge des strengen und gütigen Gesichts unserer Eltern. Deshalb ist es nicht verwunderlich, wenn der Tod der Eltern im Leben vieler Menschen tiefgreifende Veränderungen mit sich bringt. Deshalb ist es nicht verwunderlich, dass der Abschied von den Eltern vielfach zuerst auch einmal einen Abschied von Gott bedeutet, oder genauer eben: ein Abschied vom Gottesbild, das mit unserem Elternbild verbunden war und ist. Der Abschied von den Eltern setzt zögernd in der Adoleszenz ein, verdichtet sich zwischen 40 und 50, kumuliert im Moment des äusseren Abschieds von den toten Eltern und beansprucht lange Zeit darüber hinaus. Autonomie und Selbstbestimmung werden vielfach erst beim Sterben der Eltern, sozusagen in einem akuten Schub der Nachreifung, wirklich möglich. Und dasselbe vollzieht sich, psychologisch gesehen, auf der Ebene des Gottesglaubens, in der Auseinandersetzung mit unserem Gottesbild. Dieses Gottesbild wird in Frage gestellt, wenn die Götter unserer Kindheit, die Eltern, sich als sterblich und endlich und vorübergehend erweisen. Dann kann das Bild von Gott, das sie uns geschenkt oder aufgedrückt haben, auch nur vorübergehend sein. Dann ist mein ganz persönliches Verständnis von Gott, dann sind die Bilder, die über meinen Weg leuchten könnten, nochmals anders, sind erst noch zu finden und zu erringen, auf meinem Weg, auf dem mich niemand vertreten kann.

Das lässt sich noch etwas deutlicher formulieren. Immer wieder, wenn ich in den vergangenen Wochen Menschen darauf angesprochen habe, was sie beim Tod ihrer Eltern erlebt hätten, antworteten sie: "Es ist dieses merkwürdige Erlebnis, dieser Ruck, dieser Riss, der durch alles geht: Nun bin ich dran." Und habe ich sie gefragt, was sie damit meinten, dann haben sie gesagt: "Nun ist es meine Generation, die als nächste diese Wegstrecke aufs Ende zu unter die Füsse nimmt. Es war, wie wenn mir ein Schutzschild genommen würde. Ich bin näher dran, fühle mich ausgesetzt, in einem neuen Raum mit neuen Grenzen." Und wenn ich nachgefragt habe: "Woran *dran*?", dann haben sie gesagt: "An der Grenze des Todes, an der Grenze des Wissbaren, an der Grenze der grossen mit diesem Unwissbaren verbundenen Fragen nach einem Leben nach dem Tod, nach Gott, nach einem Jenseits. Was wird dort sein? Nur nichts, nicht nichts, mehr als nichts? Das Licht, das Sterbende zu sehen meinen, Gott, das ewige Vergessen, der Schlaf, die Auferstehung der Toten? Oder gar Himmel, Hölle, Paradies? Und diese Fragen schlagen zurück auf mich selber: Wer bin denn eigentlich ich? Auch nur ein Nichts, nicht Nichts, mehr als Nichts?"

Durch diese Erfahrung und diese Fragen verändert sich etwas in unserem Gottesbild, unserer Gottesbeziehung. Und ich setze hinzu: Es darf sich etwas verändern. Es soll sich etwas verändern. Ich gehe dabei davon aus, dass es sich beim Glauben nicht um etwas Feststehendes und zu Bewahrendes handelt, sondern um einen Prozess, in dem ich mich im Gegenüber zu Gott entwickle und ganz verschiedene Erfahrungen durchlaufe: eine Vielfalt von Gedanken und Gefühlen lebe und dabei reife, Krisen durchstehe und annehmen lerne; Blockaden, Verhärtungen, Knoten immer wieder löse, Wege suche und wage, um gegenüber Gott als dem Inbegriff des Lebens lebendig zu werden und lebendig bleiben zu können. Ich verstehe, dass es sein kann, dass in diesem Prozess die Bibel verbrennen muss, nicht immer buchstäblich, nicht immer auf dem Morgenberghorn. Aber das, was gewesen ist, was Halt gegeben hat, wird noch einmal grundlegend in Frage gestellt, das Gottesbild muss sich wandeln. Der Abschied von den Eltern bedeutet, wenn er gelingt, auch immer einen Abschied vom Gott der Kindheit, ein Abschied von den kindlichen Vorstellungen meiner Welt, in der die Eltern das Sagen hatten und Auskunft geben konnten über das Woher und Wohin. Wir werden dadurch auch in unserer Beziehung zu Gott erwachsener. Wir werden gerade durch den Tod der Eltern frei, unsere eigene Beziehung zu Gott noch einmal zu revidieren. Es entsteht Raum zum Wachstum über die Eltern und ihre Gottesbeziehung hinaus. Und dann stellt sich die Frage nochmals ganz neu, wo denn die Eltern nun sind. Abschied ja, aber Abschied wohin? Abschied zu Gott?

Abschied wohin? Abschied zu Gott?

Diesen Fragen möchte ich im dritten Abschnitt nachgehen. Wohin verabschieden wir denn unsere Eltern? Spielt es überhaupt eine Rolle, wohin wir sie verabschieden?

Zuerst drei Bemerkungen zur Frage: Abschied wohin? Diese Frage war zu allen Zeiten eine Frage. Aber ich denke, sie hat sich in unserer Zeit verschärft. Ich mache mir da als Theologe nichts vor: unsere Gesellschaft ist durchsetzt von einer Vielzahl von Vorstellungen, von unterschiedlichsten, nicht zu vereinbarenden Vorstellungen darüber, was uns möglicherweise jenseits der Grenze des Sterbens, über die noch nie jemand zurückgekommen ist, erwartet: das endgültige Aus, das ewige Lichterlöschen, die Transformation in eine höhere Form von Energie, Reinkarnation und Seelenwanderung, das Nichts, unsterbliches Seelenleben, das sich vom Leib löst, die Auferstehung der Toten, ewiges Leben. Man kann dies auch soziologisch festmachen und in Prozenten beschreiben, wieviele Menschen welchen Glauben pflegen, und aus dem prozentualen Nebeneinander der Meinungsumfragen springt hervor, wie beliebig und austauschbar und kombinierbar solche Vorstellungen in einer Gesellschaft geworden sind, in der die verschiedensten Glaubensformen und kulturellen Überlieferungen durch eine rasante Entwicklung durcheinandergewirbelt werden, aufeinander treffen und sich gegenseitig relativieren.

Dazu kommt ein zweites, was eine Antwort nicht einfach macht: Es ist ebenfalls eine soziologisch fassbare Tatsache, dass wir heute mit dem Tod, vermittelt durch die Medien, massiert und immer neu in Kontakt kommen, selten und immer seltener aber die unmittelbare Erfahrung des Todes in unserer Nähe machen. Menschen, die sterben, werden zudem in einer Gesellschaft, die immer neue Beziehungen möglich macht, scheinbar leichter ersetzbar, als dies früher der Fall war. Das bedeutet aber auch, dass wir selten gezwungen werden, uns direkt und intensiv mit dem Tod eines nahen Menschen auseinanderzusetzen. Es mag sein, dass der Tod der Eltern eine der letzten Gelegenheiten ist, bei denen die meisten Menschen doch noch dazu gezwungen werden, sich intensiver mit dem Tod eines nahen Menschen auseinanderzusetzen, der sich garantiert nicht ersetzen lässt. Nicht zuletzt aus diesem Grund sind in unserer Gesellschaft die Fragen weniger akut, auf die der Glaube an Gott eine Antwort sein könnte. Nicht nur die Antwortversuche sind beliebiger geworden. Auch die Frage nach einer Antwort hat ihre Schärfe während langen Phasen unseres Lebens verloren. So werden wir durch den Tod der Eltern gezwungen, uns nun wirklich einen "Vers" zu machen. Der Tod der Eltern (und manchmal die kritischen oder entwaffnenden Fragen unserer Kinder, die diesen Tod begleiten) zwingen uns dazu, solche Vorstellungen nochmals aufzurollen, zu klären.

Mir scheinen dies schwierige Voraussetzungen für einen Abschied. Denn ich meine, und dies ist die dritte Bemerkung, dass es nicht gleichgültig ist, welche Vorstellungen wir hier pflegen. Vorstellungen des Jenseits haben ihre Folgen für das Diesseits, auch für den Prozess des Abschieds. Es gibt Vorstellungen, die einen Abschied leichter machen, und solche, die ihn erschweren, es gibt Vorstellungen, die Leben ermöglichen, und solche, die Leben blokkieren, es gibt Vorstellungen, die Trauer erdrücken, und solche, die Trauer erleichtern. Es macht einen Unterschied, ob unser Abschied ein Abschied zu Gott oder ein Abschied ins Nichts ist, ein Abschied ohne Gott oder ein Abschied mit Gott.

Ich schliesse mit Überlegungen zur zentralen Frage, was Abschied zu Gott denn nun bedeuten könnte. Ich möchte als Theologe nicht kneifen. Ich möchte zu sagen versuchen, was sich aus meinem Glauben an Gott, der Jesus Christus von den Toten auferweckt hat - um hier die uralte Formulierung des christlichen Bekenntnisses aufzunehmen - für den Prozess des Abschieds ergibt.

Zuerst dies: *Abschied zu Gott.* Die Formulierung des Titels stammt nicht von mir. Sie wurde mir vorgesetzt. Sie klingt ungewohnt. Aber sie spricht mir aus dem Herzen. Darum geht es im christlichen Glauben, so wie ich ihn verstehe: um einen Abschied zu Gott, um nichts mehr und nichts weniger. Der Tod der Eltern bedeutet keinen Abschied ins Nichts. Der Tod der Eltern bedeutet nicht automatisch ewiges Leben als unsichtbare, zukünftige Dauerpräsenz in meinem Leben. Ihr Tod bedeutet keinen bruchlosen Übergang in ein paradiesisches Jenseits, um das ich sie beneiden könnte. Sie schmachten nicht irgendwo in einer reinkarnierten Form von Leben.

Damit weise ich eine Reihe von Vorstellungen zurück,

die ich nicht mit meinem Glauben an den Gott Jesu Christi verbinden kann. Ich müsste nun im einzelnen ausholen und begründen, weshalb ich dies meine. Ich müsste zum Beispiel zeigen, wie die Vorstellung einer Seele, die sich im Tod vom Leib löst, aus der griechischen Philosophie in die christliche Traditionsgeschichte eingewandert ist, sich mit bestimmten biblischen Begriffen soweit verbunden hat, dass Leib und Seele während Jahrhunderten kaum mehr richtig auseinanderzuhalten waren. Erst die moderne exegetische Erforschung der biblischen Schriften hat es wieder deutlicher zu machen vermocht: in biblischer Sicht stirbt der ganze Mensch ganz und gar. Und wenn es für diesen ganzen Menschen eine Zukunft gibt, dann liegt sie nicht in irgendetwas begründet, was von diesem Menschen übrig bleibt. Dann liegt dies einzig und allein an Gott, dann liegt dies einzig und allein daran, ob dieser Abschied wirklich ein Abschied zum lebendigen Gott ist, der Neues erschaffen kann, wie er aus dem Tod des Jesus von Nazareth Neues erschaffen hat.

Das bedeutet, auf den Abschied von den Eltern übertragen: dieser Abschied ist wirklich ein Abschied. Der Tod bricht die Kontinuität der Gegenwart meiner Eltern ab. Die Beziehung zu meinen Eltern wird dadurch umgekrempelt. Sie hat keine Zukunft mehr, sie ist endgültig Vergangenheit, soweit es an mir und meinen Eltern liegt. Der biblische Glaube, so wie ich ihn verstehe, so wie ich ihn insbesondere im Alten Testament wiederentdecke, verstellt mir nicht die Auseinandersetzung mit dieser harten, unumstösslichen Wirklichkeit. Hier ist mir die Radikalität der biblischen Texte wichtig geworden. Abschied von den Eltern bedeutet wirklich: endgültiges, unwiderrufliches, ein für allemal gültiges Verschwinden lebendiger, ansprechbarer Eltern aus meinem Leben. Das ist die eine Seite. Es geht auch in meinem Glauben um einen Abschied, der schmerzt, der entreisst, der stumm macht, der endgültig ist.

Die andere Seite ist dies: es ist ein Abschied zu Gott, so glaube ich. Mein Jenseits ist Gott. Das Jenseits meiner

Eltern ist Gott. Wie ich mir dies vorstellen kann, ist eine Frage für sich. Aber auf alle Fälle: das Jenseits ist nicht Nichts. Das Jenseits ist der Tod des Todes. Das Jenseits ist Gott, der Leben ist, wie er sich im Leben von Christus gezeigt hat. Und ich denke, dies macht einen Unterschied im Abschiednehmen aus. Aus diesem Glauben wachsen für mich Vorstellungen, die mir wichtig sind und mir, wie ich hoffe, aber noch nicht weiss, einen guten Abschied von meinen Eltern möglich machen. Ich formuliere ganz knapp: Abschied zu Gott heisst für mich: dieses Leben, das ich verabschiede, ist in einer gütigen Präsenz aufgehoben, die das Unversöhnte versöhnen wird. Es ist nicht meine Aufgabe, meine Eltern durch mein zukünftiges Leben noch selber zu versöhnen.

Abschied zu Gott heisst für mich: dieses Leben ist als gelebtes Leben aufgehoben im umfassenden Gedächtnis Gottes. Es ist nicht meine Aufgabe, das Andenken meiner Eltern krampfhaft aufrechtzuerhalten, zu konservieren und zu mumifizieren. Ich brauche es aber auch nicht zu verdrängen. Ich kann mich ihm zuwenden, wenn es sich ergibt und nötig wird, in *anamnestischer Solidarität*, wie dies ein Familientherapeut (N. Wetzel) ausgedrückt hat, in der solidarischen Wiedererinnerung ihrer Kämpfe, ihrer Leistungen, ihres Versagens, ihres Glücks. Ich kann mir aber auch die *Gnade des Vergessens* erlauben, wie dies ein Theologe (F. Steffensky) gesagt hat, und die Eltern getrost dem umfassenden Gedächtnis Gottes anvertrauen.

Abschied zu Gott heisst für mich: dieses Leben wird so erkannt, wie es wirklich gewesen ist, mit allem, was mir unbekannt und unverständlich geblieben ist. Das bedeutet, ich muss nicht mehr selber alles ergründen, klären, verständlich machen. Ich kann Unverständliches stehen lassen und vielleicht so integrieren, und vor allem: Ich muss diesem Leben nicht noch durch mein Leben zu seinem Recht verhelfen. Ich werde frei von Delegationen, unheilvollen Vermächtnissen, von belastenden Erbstücken, und sei es eine zerlesene Bibel.

Abschied zu Gott heisst für mich: dieses Leben ist geschützt in Gott. Und dieser Gott erträgt mehr Empörung, mehr Fragen, mehr Wut, mehr Autonomie, als unsere Eltern uns je gestattet hätten. Deshalb ist im Glauben an ihn auch ein Raum eröffnet, in dem alles nochmals zum Ausdruck kommen kann, was noch zum Ausdruck kommen muss beim langen Abschied von den Eltern, wenn es ein wirklicher Abschied werden soll. Alles kann zum Ausdruck kommen, ohne meine Eltern oder mich selber zu zerstören.

Abschied zu Gott heisst für mich dann allerdings auch: dieses Leben ist aufgehoben in einer Wirklichkeit, die sich mir entzieht. Das schmerzliche Zeichen dieser Wirklichkeit ist die Stille, das Schweigen der Eltern, das Schweigen Gottes. Dieses Schweigen ist schwer zu ertragen. Es ist manchmal zum Verzweifeln. Dieses Schweigen gibt aber auch Raum, so dass wir neu zu unseren Worten finden, ohne dass wir immer durch unsere Eltern und ihre in den Himmel projizierten Stimmen in unseren eigenen Gedanken unterbrochen werden.

Abschied zu Gott heisst für mich zuletzt: Abschied zu Gott, wie ich ihn durch Jesus Christus kennenlerne; Abschied zu einem Gott, der Geschwisterlichkeit möglich macht, der befreit von den Zwängen einer jeden autoritären Religion, auch der christlichen, Abschied zu einem Gott, der uns erlöst vom *Elternglauben*, vom Glauben der Eltern, vom Glauben an die Eltern, von einem Glauben, der immer noch im Geheimen die Zustimmung der Eltern sucht. Abschied zu Gott ist Abschied zum Gott Jesu Christi, der befreit zu einem autonomen, an das persönliche Gewissen gebundenen, persönlichen Glauben.

Woher ich das alles nun plötzlich weiss? Ich *weiss* es nicht. Es ist mein Glaube, mein Grundvertrauen, es sind meine Bilder, die ich mir aufgrund meines Studiums der Bibel und meiner Erfahrung mache. Es sind Bilder, die das eine immer noch einmal anders ausdrücken sollen: der Glaube des Jesus Christus hat eine befreiende Kraft. Er will Leben möglich machen. Er befreit zum Kampf gegen den Tod. Dieser Gott will, dass wir am Tod unserer Eltern nicht sterben, sondern an ihrem Tod noch einmal ganz neu leben lernen. Im Johannes-Evangelium heisst dies in Kurzform: "Ich lebe und auch ihr sollt leben." (Johannes 14,19)

ICH SUCHTE DAS GESPRÄCH ZUM VATER, DOCH ER VERWEIGERTE ES

Hubert Buchs

Es sind nun gut dreieinhalb Jahre vergangen, seit mein Vater im März 1991 im Alter von 75 Jahren starb. Ich nehme an, dieser Satz tönt ähnlich einer Todesanzeige, die beim Durchblättern einer Zeitung zufällig aufgeschnappt wird, und manche denken vielleicht dabei: Na ja, 75, ein einigermassen schönes Alter, während angesichts einer anderen Todesanzeige einer 23jährigen Frau unter Umständen Gedanken frei werden wie: Was für ein tragisches Schicksal hat wohl zu diesem frühen Tod geführt?

Nun, hinter dem Tod dieses 75jährigen verbirgt sich also das Schicksal meines Vaters und damit ein Stück weit natürlich auch das meiner Familie. Als Auslandschweizer kam mein Vater 1945 mit seiner jungen Frau und zwei Kindern aus dem schwer umkämpften deutsch-französischen Grenzgebiet mittellos in die Schweiz, ohne gelernten Beruf, aufgenommen von seiner Heimatgemeinde. Dank rühriger Initiative und der grossen Unterstützung seiner Frau fand er nach einigen Monaten der Arbeitslosigkeit Arbeit in Winterthur und baute für sich und seine nunmehr sechsköpfige Familie eine Existenz auf, die für die damalige Arbeiterschaft typisch, nämlich sehr bescheiden war. Als sich später, auch dank zähem Fleiss meiner Mutter, die sich nicht scheute, allerlei Beschäftigungen anzunehmen, ein bescheidener Wohlstand einstellte, war die Freude und der Stolz über das Erreichte spürbar. Eine recht glückliche Familie waren wir, beseelt vom Gedanken, zusammenzuhalten und die Gunst der immer besser verlaufenden Wirtschaftslage zu nutzen. Wir Kinder lernten Berufe, bildeten uns weiter und waren irgendwie immer dankbar, Eltern zu haben, die so viel dafür taten, ihren Kindern ein gutes Leben zu ermöglichen. Ende der sechziger Jahre heirateten wir Söhne, und die einzige Tochter ging als Ordensfrau in ein Kloster. Somit wäre bis dahin also das Leben einer Familie erzählt, die es zuhauf landauf und landab gibt.

Was das Leben unserer Eltern, die inzwischen seit etwa fünf Jahren alleine lebten, so nachhaltig veränderte, war, dass meine Mutter an Lymphdrüsenkrebs erkrankte und 1975 im relativ jungen Alter von 51 Jahren verstarb. Eineinhalb Jahre kämpfte sie gegen die heimtückische Krankheit, gepflegt von meiner Schwester, die damals als Studentin vorübergehend wieder zu Hause lebte. Sehr lange trug meine Mutter den Optimismus zur Schau, dass sie wohl dieser Krankheit würde trotzen können. Ich erzähle dies deshalb, weil mein Vater damals nie den Versuch machte, sich von den Ärzten ins Bild setzen zu lassen, wie es um seine Frau stand, währenddem meine Schwester und ich bereits orientiert waren, dass die Krankheit unheilbar war und die Lebenserwartung höchstens 18 Monate betrug. Ich weiss heute, dass es ein Fehler war, nicht mehr versucht zu haben, unseren Vater schonungslos zu informieren. Denn als der Tod doch Tatsache wurde und wir einen fassungslosen Vater trösten mussten, der bis zuletzt an ein Wunder geglaubt hatte, erkannten wir zum ersten Mal selbst, wie lange und beharrlich ein Mann - unser Vater - die Augen vor der Wahrheit verschlossen hatte. Wir versuchten mit allen Mitteln, ihm in seiner Trauer beizustehen, erledigten all das Administrative, das er immer seiner Frau überlassen hatte; aber jegliche Lebensfreude schien von nun an von ihm gewichen zu sein. Er führte den Haushalt allein, arbeitete pflichtbewusst bis zu seiner Pensionierung, aber er zog sich immer mehr zurück, mied die Leute im Treppenhaus und trat aus Vereinen aus. Uns kostete es immer wieder einiges an Kraft, ihn aus seiner Lethargie herauszuholen, um ihn wenigstens einmal pro Woche zum Essen bei uns zu haben. Ich darf sagen, dass wir viel Verständnis und Mitgefühl für seine neue Lebenssituation aufbrachten und ihm für sein Trauern auch Zeit lassen wollten. Aber am liebsten hätten wir doch mit ihm darüber gesprochen, wie er mit dem Alleinsein zurechtkomme.

Wenn unser Vater so ungefähr wöchentlich bei uns weilte, wurde uns je länger je mehr bewusst, wie wenig wir gelernt hatten, als Kinder mit den Eltern zu kommunizieren. Wir wussten das vorher nicht, denn wie gesagt, wir hatten eine glückliche Kindheit, wir spielten viel Karten miteinander, der Vater bastelte uns originelle Spielsachen usw. Wir spürten alle, dass wir einander gern hatten, dass sich auch Vater und Mutter liebten. Was wir nicht merkten, war die Tatsache, dass es ein Leben auf zwei Ebenen gab. Die Eltern waren nach wie vor beschäftigt, den bescheidenen Wohlstand zu konsolidieren, und wir nunmehr halbwüchsigen Kinder hatten eine Freiheit, deren wir uns eigentlich gar nicht richtig bewusst waren. Pubertäre Dissonanzen gab es natürlich, aber der ungeschriebene Ehrenkodex der Familie, durch dick und dünn zusammenzuhalten, wie das Vater und Mutter vorlebten, unterdrückte das Ausbrechen von nennenswerten Spannungen. Vor dem Hintergrund dieses Verständnisses war es unser Anliegen, unserem Vater wieder in ein glücklicheres Leben zurückzuverhelfen. Wie macht man das, wenn der Vater den Verlust seiner Frau als grosses Unrecht empfand, das er als gläubiger Katholik nicht zu verdienen glaubte? Meine Frau und ich begannen zu begreifen, wie sehr er ohne seine Frau verloren war, der Antriebsmotor fehlte, wir Kinder konnten ihm dies nicht ersetzen. Er wollte nicht akzeptieren, dass nach allen Entbehrungen und den Aufopferungen für die Familie die Phase des Geniessens, des schönen Lebensabends nun nicht gemäss seiner Vorstellung mit seiner Frau stattfinden sollte. Dieses unaufhörliche Auflehnen ging mit einer schleichenden Verbitterung einher, die wir ratlos und sorgenvoll wahrnahmen.

Meine Frau und ich begannen dann, auf verschiedenste Art und Weise diese Verbitterung, Depression, Vereinsamung oder wie immer man das nennen mag, zu bekämpfen, indem wir ihm begreiflich machen wollten, dass das Leben doch weitergehen müsse und für ihn noch manche Freude bereithalten würde. Besuche bei seinen sechs Geschwistern in der welschen Schweiz und in Frankreich, bei seinem Sohn in Australien, seiner Tochter, die im Kloster am Lehrerinnenseminar wirkte oder die Begegnung mit seinen Enkelkindern müssten in ihm doch verlorene Lebensgeister wachrütteln können! Zeitweise hatten wir das Gefüh!, auf dem richtigen Weg zu sein und ermunterten ihn immer wieder zu neuen Unternehmungen. Es konnte uns jedoch nicht entgehen, dass solche Lichtblicke keinen echten Umschwung in seinem Lebensgefühl bewirkten und seine Depressionen anhielten, ja, sich nun sogar mit Ängsten vor Situationen vermischten, die früher für ihn kein Problem dargestellt hatten. So sahen wir uns also immer wieder in unseren Bemühungen zurückgeworfen. Für mich wurde die Frage immer quälender, wie es möglich war, dass ich nicht mehr Zugang zu meinem Vater fand, wo wir doch zeitlebens immer gut miteinander ausgekommen waren. Vorerst blieb diese Frage für mich ein Rätsel.

Eines Tages bat er mich, ihn zum Urologen zu begleiten, da er ein Problem mit seiner Harnröhre habe. Ich war nur schon glücklich, dass er mich gerufen hatte, ihm in dieser Situation beizustehen. Hatten unsere Bemühungen nun doch langsam Früchte getragen? Der Arzt stellte eine Verengung der Harnröhre fest, die es operativ zu beseitigen galt. Ein harmloser Eingriff, der jedoch einen dreitägigen Spitalaufenthalt notwendig machte. Meinem Vater war die ganze Sache recht peinlich, was ich für Menschen dieser Generation als normal betrachtete. Wir versuchten, so gut wir konnten, ihm zu erklären, dass er sich während des Spitalaufenthaltes vor den Schwestern doch sicher nicht genieren müsse. Ohne dass er es ausdrückte, merkten wir jedoch, wie sehr er sich mit der Frage auseinandersetzte, wie er wohl mit zunehmendem Alter so ganz allein alle die noch auf ihn zukommenden Schwierigkeiten würde meistern können. Dies wäre ein ausgezeichneter Moment gewesen, ein klärendes Gespräch über unsere Beziehung zu führen, um herauszufinden, was für Hilfe er am ehesten von uns brauchen oder annehmen könnte. Er war jedoch dermassen in seiner Situation gefangen, dass er zu diesem Gespräch nicht bereit war, respektive den Faden gar nicht aufnahm.

Er wurde aus dem Spital entlassen, er lebte wieder das Leben des sehr zurückgezogenen Rentners, der sich nun auch unseren Kindern gegenüber zu verschliessen begann, indem er sie nicht mehr zu sich in die Wohnung liess, wenn sie ihm in unserem Auftrag ein Dessert oder sonst eine Kleinigkeit brachten. Nur ich hatte weiterhin Zugang zu ihm, konnte mit ihm vielleicht einmal ein Fussballspiel am Fernsehen anschauen oder ihm einen Dienst erweisen, indem ich einen Krankenschein bestellte oder Medikamente holte. Bei solchen Begegnungen schien die Welt für ihn und mich in Ordnung zu sein, und deshalb verdrängte ich jeweils die Tatsache, dieses Sich-Abkapseln mit meinem Vater zu besprechen. Als er aber wieder einmal meine Tochter nicht zu sich in die Wohnung liess, war der Moment gekommen, diesen Vorfall mit ihm zu besprechen. Meine Frau und ich gingen zu ihm und versuchten aufzuzeigen, dass er sich vollständig von unseren Kindern entfremde, diese ihren Opa nicht mehr liebhaben könnten. Mein Vater hörte sich das an und konnte zu seiner Verteidigung gar nichts entgegnen; er realisierte gar nicht, wie sehr er uns mit seinem Verhalten weh tat. Wir waren sehr enttäuscht von dieser Reaktion. Wir wussten damals noch nicht, dass unser schwer depressiver Vater gar nicht mehr anders reagieren konnte. So gab es eine Zeit, wo wir unsere Beziehung auf das Minimum des wöchentlichen Abendessens reduzierten und der Dialog, wenn man dem überhaupt so sagen kann, immer armseliger wurde.

Es kam der Tag, an dem der Hausarzt bei einer Routinekontrolle feststellte, dass sich bei meinem Vater in der Prostata ein Karzinom heranbildete. Der Arzt, der auch mein Vertrauensarzt ist, rief mich zu sich und teilte mir den Befund mit. Gemeinsam überlegten wir, wie wir unserem Vater die Wahrheit sagen wollten. Diesem Arzt war schon lange aufgefallen, wie introvertiert und sprachlos unser Vater geworden war. Für den Arzt war klar, dass man nichts verheimlichen sollte, und auch ich erinnerte mich nun an die Geschichte mit meiner Mutter, als wir es versäumt hatten, unseren Vater richtig ins Bild zu setzen. Wir einigten uns darauf, dass der Arzt meinem Vater erklären würde, warum eine Entfernung der Hoden notwendig werde, dass man so nämlich ein Weiterwachsen des Karzinoms und damit den Tod zumindest hinauszögern könne. Es ist mir heute noch völlig unbegreiflich, wie es möglich war, dass mein Vater sich schlichtweg weigerte, das Gehörte aufzunehmen, obwohl sich der Arzt alle Mühe gab, sich klar und einfach auszudrücken. Vorerst wurde es dann wieder erste Priorität für mich, meinem Vater die Angst vor dem Spital und die Scheu vor den Schwestern zu nehmen. Dabei trat natürlich wieder das Gespräch über die nun begrenzte Lebenszeit in den Hintergrund.

Der erneute Spitalaufenthalt brachte es mit sich, dass meine Schwester und mein Bruder mit Frau an seinem Krankenbett weilten. Längst wussten sie von meinen Anstrengungen, meinem Vater gefühlsmässig wieder näher zu kommen, aber auch ihnen gelang es nicht, die frühere Beziehung zu ihrem Vater wieder herzustellen. Irgendwie war die Situation für sie ganz anders, denn sie lebten ja nicht so unmittelbar in seiner Nähe wie ich mit meiner Familie. Für meinen Vater blieb ich die Bezugsperson, ohne aber wirklich sein Vertrauter zu werden, und dies schmerzte mich je länger je mehr. Ich hoffte jedoch immer noch, dass die Zeit des Krebsleidens noch viele gemeinsame Stunden bringen und wir uns schon noch finden würden. Allen, die jetzt denken, es hätte doch möglich sein sollen, mal allen Mut zusammenzunehmen und zu sagen: "Vater, ich habe ein riesiges Problem mit dir, das mich unglücklich macht", muss ich leider sagen, dass auch dies nicht möglich war. Diesen Anlauf unternahmen meine Frau und ich nämlich kurz nach diesem Spitalaufenthalt, als wir nicht mehr mitansehen wollten, wie unser Vater, dessen Dreizimmerwohnung nur etwa 400 Meter von uns entfernt lag, immer mehr in seine Einsamkeit versank. Er war völlig betroffen, als er von uns hörte, dass wir unter seiner Art leiden könnten. So meinte er, uns versichern zu müssen, dass er uns doch gern habe, ja uns brauche und es nicht verschmerzen könnte, wenn wir uns vor ihm zurückzögen. Wie glücklich waren wir, als wir dieses sorgfältig vorbereitete Gespräch hinter uns hatten, und wie enttäuscht, als wir in der Folge feststellen mussten, dass sich in seinem Verhalten nichts, aber auch gar nichts geändert hatte. Es war zum Verzweifeln, und es tat weh, alle unsere Gesprächsbemühungen scheitern zu sehen.

Ein paar Monate später hatten sich bereits Metastasen an Vaters Wirbelsäule gebildet, die ihn eines Tages zusammenbrechen liessen und er sich nicht mehr auf den Beinen halten konnte. Für eine lange Zeit von drei Monaten lag er im Kantonsspital, wissend, nie wieder gehen zu können und auf das Freiwerden eines Pflegeplatzes in einem Geriatrieheim zu warten. Wenn es sonst schon schwierig mit ihm war, wurde es nun noch viel schwieriger. Dieses Verdikt, an den Rollstuhl gebunden zu sein, der Katheter und seine Einsamkeit im Spital, machten ihm das Leben nun überaus schwer. Wie oft sah ich ihn schweigend an die Decke blikken, während er unbeweglich, steif in seinem Bett lag.

Bei dieser Gelegenheit möchte ich auch einmal erwähnen, wie verschieden die Lebensweise des voll im Berufsleben stehenden Menschen und eines hospitalisierten ist. Es ist unmöglich, vor einem Kranken zu verbergen, dass man sich die Zeit zu einem Besuch gestohlen hat, und so regt sich natürlich auch das schlechte Gewissen. Gepaart mit den

Erfahrungen von den früheren Spitalaufenthalten, war dieses schlechte Gewissen vielleicht der Grund, dass sich die Gespräche nun je länger je mehr auf die Tagesaktualitäten und das Neueste aus der Verwandtschaft beschränkten. Erst der Bescheid, dass man nun einen Pflegeplatz in der Nähe von Winterthur gefunden habe, brachte wieder etwas Neues in den Alltag. Uns war klar, dass er seine Wohnung nicht mehr sehen würde. Also schlugen wir ihm vor, noch einmal in seine Wohnung zu fahren, bevor er an seinen neuen Wohnort wechselte. Zu unserem grossen Erstaunen lehnte er dies jedoch rundweg ab, da es dort nichts mehr zu sehen gäbe und die Nachbarn seinen Zustand nicht sehen sollten. Er war nicht umzustimmen, und so wurde er mit dem Spitalwagen in das Alters- und Krankenheim gebracht.

Wir fragten ihn dann nach den Gegenständen, die er gerne in das Heim mitnehmen möchte. Zu unserer grossen Überraschung wollte er keine Möbelstücke oder Bilder, keine Photoalben oder Bücher mit in sein Zimmer nehmen. Ich konnte es nicht fassen!

Zuerst wohnte mein Vater mit einem Mann im gleichen Zimmer, der bereits nach drei Wochen starb. Dann kam ein neuer Zimmernachbar, der nachts unruhig war und sich im Zimmer und sogar unter dem Bett auf dem WC wähnte. Für meinen Vater war dies zuviel, und er bat uns inständig, dafür zu sorgen, dass er ein eigenes Zimmer bekäme. Wir konnten ihm diesen Wunsch erfüllen, obwohl er nur allgemein versichert war, und wir waren froh, dass er sich wieder beruhigen konnte. Im Prinzip ist jedoch ein solches Heim darauf angelegt, dass diejenigen Menschen, die noch bei guter geistiger Verfassung sind, miteinander essen und leben.

Nach all dem, was ich bis jetzt erzählt habe, kann man sich sicher vorstellen, was für eine Veränderung dieser Umstand im Leben meines Vaters bedeutete. So versuchte er, wenn immer möglich, alleine auf seinem Zimmer zu bleiben. Je nach Schwester, die ihn gerade betreute, wurde dieser Wunsch geduldet oder nicht, und so gab es halt bald liebe und weniger liebe Schwestern. Zum Glück gab es in diesem Heim aber noch eine Ergotherapeutin, die es verstand, seine manuelle Geschicklichkeit zu entdecken und ihn in einer burschikosen Art und Weise zu überzeugen, dass er wunderschöne Körbchen flechten könne. Gerne erinnere ich mich daran, denn es war das letzte Mal, dass wir ein Leuchten in seinen Augen entdeckten, als wir die zum Verkauf aufliegenden Körbchen begutachten mussten. Vielleicht wäre jetzt ein Akklimatisieren möglich geworden, doch leider band ihn bald darauf ein Rückfall wieder für ein paar Tage ans Bett. Eigenartigerweise war er später nicht mehr dazu zu bewegen, das Korbflechten wieder aufzunehmen.

Hier zeigte es sich auch für uns, wie schwer es manchmal ist, mit dem Pflegepersonal solche Situationen zu diskutieren. Natürlich war es Zufall, dass es gerade Weihnachtszeit war, dass deshalb sehr oft die Teilzeitbeschäftigten wechselten und gerade die Schwester nicht da war, die mit diesem Problem am vertrautesten war. Und natürlich kann man ja auch nicht verlangen, dass eine Schwester unseren Vater wieder zum Basteln und unter die Leute des Heimes bringt, wenn wir als Angehörige dies auch nicht schaffen.

So kamen wir auf die Idee, zu seinem 75. Geburtstag alle seine Geschwister und Kinder für ein feierliches Essen einzuladen. Diese Aussicht freute ihn, und wir waren nur schon glücklich, dass wir diesen Anlass organisieren durften. Alle sagten zu, denn wir liessen durchblicken, dass dies möglicherweise der letzte Geburtstag meines Vaters sein könnte. Schon beim Eintreffen der Verwandten stellten wir wieder einmal verblüfft fest, wie gut sich unser Vater mit seinen Brüdern und Schwestern unterhalten konnte. Alte Zeiten wurden heraufbeschworen, und wohl niemand wäre auf den Gedanken gekommen, dass ein Sohn unter der Sprachlosigkeit seines Vaters litt. Was lief denn da so ganz anders ab, als wenn wir allein mit ihm zusammen waren?

Es war das gemeinsam Erlebte, das diese Geschwister so untereinander verband: Die Kriegserlebnisse, die Flucht in die Schweiz. Innerhalb der selbst gegründeten Familie war die Gemeinsamkeit dann auf die Ehefrau beschränkt, die Kinder gehörten wohl dazu, aber sie konnten keinen Platz in seiner Gefühlswelt einnehmen, wo sie auch als Erwachsene noch dasein konnten. Ich glaube, nur so war es möglich, dass wir in seinem Alter und beim Tod seiner Frau gar nicht auf der gleichen Ebene mit ihm diskutieren konnten. In seinem Innersten waren und blieben wir seine Kinder, die ihn in seinen Sorgen und Nöten nicht verstehen konnten. Zu dieser Erkenntnis gelangte ich an diesem Treffen mit seinen Geschwistern. Zwölf Tage nach diesem ereignisfrohen Tag starb mein Vater. Kurz vor seinem Tod liess mich die Nachtschwester holen. Wir konnten noch ein paar Momente miteinander sprechen und uns voneinander verabschieden, dann lag mein Vater tot vor mir. Nun würde er tatsächlich nie mehr sprechen müssen. Mein ständiges Bemühen, ihm Ängste zu nehmen, ihn meine Liebe spüren zu lassen, über den Tod zu sprechen, würde ihn von nun an nicht mehr quälen.

Folgerungen

Ich habe eingangs zu erwähnen versucht, dass ich heute eher wüsste, wie ich mich in meiner Situation hätte verhalten müssen. Als erwachsener Sohn wusste ich schon bald, dass sich mein Vater gewohnt war, sich auf die Ideen meiner Mutter abzustützen, dass er ihr die Initiative überliess, wenn es um Ferien, Ausflüge oder auch Anschaffungen ging. Es entsprach seinem Naturell, dass er meistens mit dem Vorgeschlagenen einverstanden war, und deshalb sah ich mit Freuden, wie meine Eltern in ihrer spärlichen Freizeit unternehmungslustig waren und wie harmonisch alles ablief. Natürlich rechnete niemand von uns mit einem so frühen Tod unserer Mutter. Aber zu diesem Zeitpunkt wäre es richtig gewesen, zu hinterfragen, was es bedeuten kann, wenn ein Mann so urplötzlich nicht nur seine Ehefrau, sondern damit auch gleich Lebensantrieb, Schwung und Elan verliert. Zweifellos wäre es gut gewesen, wenn man gleich mit dem Beginn der Trauerarbeit versucht hätte, den verlorenen Lebensantrieb wenigstens teilweise zu ersetzen. Zusammen mit meinen Geschwistern hätten wir uns die Aufgabe teilen müssen, gewisse Wegstrecken mit ihm zu gehen, die er mit meiner Mutter gegangen war. Ganz eindeutig war es nicht richtig, ihn in seiner Trauer, die ein Stück weit ja auch in Trotz und Wut umschlug, nicht aktiver zu begleiten. Mit dem vermeintlichen Verständnis, das wir für ihn aufzubringen glaubten, indem wir ihm Zeit liessen, haben wir ihm ganz bestimmt nicht geholfen. Und da war halt doch schon vorher ein weiterer, ganz entscheidender Fehler passiert: Mehr als ein Jahr vor dem Tod unserer Mutter wussten wir, dass dieser unausweichlich war. Halbherzig oder gar überhaupt nicht zu versuchen, dem Vater die Wahrheit beizubringen, ist hundertprozentig falsch. In unserem Fall stellten wir immer wieder mit Verwunderung fest, dass unser Vater diese Wahrheit einfach nicht wahrhaben wollte. Er weigerte sich schlichtweg. Das hätte man nicht so stehenlassen dürfen, sondern hätte ihn zu viel mehr Mitpflege heranziehen müssen, die jedoch meine Schwester in einer pflichtbewussten Art und Weise übernahm. Dass auch meine Mutter, die zwar beherzt und mutig gegen ihr Schicksal kämpfte, im Innersten aber doch wusste, dass sie ihren Kampf verlieren würde, dass also auch sie wollte, dass man unseren Vater nicht zu sehr belaste, das hätte man so nicht akzeptieren sollen. Es ist so einfach, wenn man nach einiger Zeit der Reflexion solche Weisheiten von sich gibt! Dahinter verbirgt sich jedoch wiederum eine Tatsache, die wahrheitsgetreu dargestellt werden muss. In der Zeit, als meine Mutter dieses Krebsleiden durchmachte, war ich voll und ganz mit meiner eigenen, eben gegründeten Familie und mit meinem anspruchsvoller werdenden Beruf beschäftigt. Ich muss mir nicht vorwerfen, mich nicht um meine Mutter gekümmert zu haben. Es war für mich auch keine Selbstverständlichkeit, dass sich meine Schwester während ihres Studiums so viel Zeit für meine Mutter nahm. Aber es wäre mir und meiner Schwester nie in den Sinn gekommen, die Rolle, die mein Vater zu dieser Zeit spielte, zu hinterfragen. Heute bin ich überzeugt, dass die Trauerarbeit meines Vaters anders hätte verlaufen können, wenn wir ihn näher an das drohende Schicksal seiner Frau herangeführt hätten. Meine Mutter, meine Schwester und ich glaubten, ihn so zu schonen, und im Grunde muss man heute sagen, dass wir ihm damit geschadet haben. Hier kommt mir das Bild von der Operation in den Sinn, die zwar im Moment weh tut, nachher aber Heilung verheisst, währenddem die ständig eiternde Wunde zwar weniger weh tut, dafür aber nicht heilt.

Dieses Heranführen, wie ich es vorher erwähnt habe, wäre wahrscheinlich auch einhergegangen mit einem spürbar stärker werdenden Zusammenhalt zwischen Vater und Kindern. Ich glaube, ich habe in meinen bisherigen Ausführungen klar gemacht, dass ich sehr verwundert war, als ich zum ersten Mal realisierte, dass mein Vater gar nicht richtig mit mir kommunizieren konnte, als meine Mutter gestorben war. Im nachhinein tönt es wenig glaubhaft, wenn ich versichere, dass ich vor dem Tod meiner Mutter diesen Umstand nicht bemerkte. Wie gesagt, wir hatten keine Probleme miteinander, wir mochten uns gut. Wieso also zu viele Fragen stellen? Wenn ich jedoch ganz ehrlich bin, war da aber meine Frau, für die diese Situation nicht so eindeutig war. Sie bemerkte im Grunde genommen die Einseitigkeit der Gespräche mit meinem Vater, verglichen mit denjenigen mit meiner Mutter. Ich schlug jedoch diese Hinweise damals in den Wind, schliesslich hatte ich mich um viel anderes zu kümmern. Diese Chance, unserem Vater während der Leidenszeit meiner Mutter etwas näher zu kommen, war nur schon deshalb verpasst, weil ich sie nicht erkannte.

Was wir als Trauern verstanden, war zunehmend Vereinsamung, Verbitterung und Depression. Auch hier machte ich wohl wieder den Fehler, nicht näher hinter die Fassade blicken zu wollen. Nicht wahr, schliesslich trauert ein Mann um seine Frau, der eine länger, der andere weniger lang.

Wie kann man da als Sohn einwirken, dass diese Trauerzeit verkürzt wird? Im Grunde genommen verbirgt sich hinter dieser Frage eine Entschuldigung, weil ich mich nicht wirklich aktiv mit den Sorgen meines Vaters auseinandersetzen wollte. Zugegeben, eine Antwort lag ja auch nicht gerade auf der Hand, also verdrängt man das zu lösende Problem kurzerhand! Je länger das Trauern dauerte, desto mehr wurde uns dann doch klar, dass wir einzugreifen hatten, und es gelang uns ja in der Folge, unseren Vater zu verschiedenen Unternehmungen zu bewegen. Vor allem die Reise zu seinem Sohn in Australien sollte ihn aus seinem Tief herausholen. Dazu muss man wissen, dass der Kontakt zu meinem Bruder nach Australien recht locker war. Die Distanz und vielleicht auch die verschiedene Lebensphilosophie liessen keinen sehr nahen Umgang miteinander zu. Somit hatte mein Bruder auch nicht mitbekommen, wie stark sich unser Vater seit dem Tod unserer Mutter verändert hatte. Gleichzeitig hatte unser Vater aber auch nicht mitbekommen, wie stark sich die Lebensweise seines Sohnes in Australien verändert hatte. So trafen schlussendlich ein Vater und ein Sohn zusammen, die sich recht fremd geworden waren. Das musste ja schiefgehen, und natürlich ging es auch schief. Unser Vater kam überaus enttäuscht aus Australien zurück. Er hatte einen Sohn angetroffen, der das Leben in vollen Zügen genoss und auf die zarte und verletzte Seite seines Vaters keine Rücksicht nahm. Unser Vater war völlig überfordert, von Party zu Party geschleppt zu werden, mit wildfremden Leuten konfrontiert zu sein und Ausflug um Ausflug über sich ergehen zu lassen. Dass es auf diesen Partys manchmal hoch zu und her ging, war natürlich dann Grund genug für meinen Vater, den Aufenthalt abzubrechen und vorzeitig in die Schweiz zurückzukehren. Der Schluss, den ich aus dieser Geschichte ziehe? Nun, ich hätte ja wirklich wissen müssen, was da auf meinen Vater zukommen könnte. Aber auch hier ist doch ein weit verbreiteter Gedanke: Mach doch eine schöne Reise zu deinem Sohn oder deiner Tochter, das wird dich schon auf andere

Gedanken bringen! Ich meine heute, ich hätte mir überlegen müssen, ob es nicht richtig gewesen wäre, meinen Vater zu begleiten. Dies meinte ich auch, als ich vorher sagte, man hätte ein Wegstück mit ihm gehen müssen, das sonst seine Frau mit ihm gegangen wäre. Oder dann wäre es zumindest wichtig gewesen, den Bruder auf die besondere Situation des Vaters im Detail aufmerksam zu machen. So kam jedoch ein verunsicherter Vater zurück, der nicht verstehen konnte, wieso sich das Bild, das er sich von seiner Familie bewahrt hatte, so verändert hatte.

Dann begann ja schon bald die Leidenszeit meines Vaters. Zuerst die harmlose Operation und dann etwas später der Befund, dass der Krebs an seinem Leib nagte. So wie es meinem Vater gelungen war, die nackte Wahrheit über den Zustand meiner Mutter zu verdrängen, genauso verhielt er sich wieder, als der Arzt den Versuch unternahm, ihn auf die Ernsthaftigkeit des Karzinoms aufmerksam zu machen. Und hier verpassten wir wohl die wichtigste Chance, wieder verbindlicher, menschlicher und liebender miteinander umzugehen. Ich meine heute, es wäre das einzig Richtige gewesen, mit unserem Vater klar und deutlich über das nun beginnende Ende seines Lebens zu sprechen. Der Arzt hatte in meiner Anwesenheit seine Schuldigkeit getan und eigentlich die Wahrheit, die mein Vater nicht hören wollte, gesagt. Auf das erneute Verdrängen meines Vaters hätte ich, hätten wir Geschwister reagieren müssen. Und damit komme ich zum letzten Punkt, der mir wichtig ist: der Umgang unter den Geschwistern.

Ich erinnere mich zum Beispiel, wie wenig ich mich damit auseinandersetzte, was zuhause vorging, als meine Mutter von meiner Schwester gepflegt wurde. Selbstverständlich war ich zu jeder Zeit im Bild, wie es meiner Mutter ging. Aber was für den Vater wichtig gewesen wäre, was für Pflege *er* nötig gehabt hätte, diese Frage stellte ich nie. Als meine Schwester dann im Kloster war und in erster Linie ich mich um den Vater kümmerte, passierte im Grunde etwas ganz Ähnliches. Meine Schwester wusste ja, dass ich und meine Frau uns alle Mühe geben würden, unserem Vater so gut als möglich beizustehen. Für sie genügte das. Deshalb möchte ich in meinen Ausführungen auch dazu aufmuntern, dass Geschwister frühzeitig untereinander besprechen, wie die Lebenssituation, nicht einfach der Gesundheitszustand, des Elternteils ist. Zu hinterfragen und vielleicht auch direkt zu fragen, herauszufinden versuchen, wie es um die Befindlichkeit, die Psyche des Vaters oder der Mutter steht. Das innere Achselzucken, der Gedanke: da kann man wohl nicht viel machen, verwandelt sich später in Schuldgefühle, wenn es einem wie Schuppen von den Augen fällt, was man alles hätte tun können. Nur ist es dann zu spät!

Ich hoffe, mit meinen ganz persönlichen Aufzeichnungen dargelegt zu haben, wo im Fall meines Vaters Fehler begangen wurden. Ganz bewusst bin ich jetzt nicht darauf eingegangen, dass jeder erwachsene Mensch ja auch eine eigene Verantwortung hat, mit seinem Schicksal umzugehen. Ich habe einen Vater geschildert, der gefangen war in seiner Angst, der es nie gelernt hatte, seine Ängste und Nöte verbal auszudrücken. Und ganz bestimmt ist es auch klar, dass eine Depression das Leben meines Vaters beherrschte, die man vielleicht sogar medikamentös hätte behandeln können. Wenn aber Vereinsamung oder Verbitterung dermassen die Oberhand gewinnen wie im Fall meines Vaters, ist man sehr rasch, bei aller Liebe, überfordert. Das Bild meines Vaters, der bis zum Schluss sprachlos blieb, ist nicht mehr aus meiner Erinnerung zu löschen. Heute kann ich mich damit trösten, dass ich aus Liebe zu meinem Vater vieles versucht habe, um ihm zu helfen. Die Erinnerung an ihn wäre jedoch ungetrübter, wenn es mir bis zu seinem Tod gelungen wäre, ihm seine Sprachlosigkeit und seine Ängste zu nehmen.

MEIN VATER STARB ZU HAUSE

Helena Trachsel Weibel

"Unsere Blicke zurück sollen nicht abgrundtiefe Verzweiflung, haltlose Verlassenheit werden: Traurigkeit, Bestürzung, Ohnmacht, auch Wut, ja, Nachdenklichkeit und eine innere Stille, um mit der Zeit langsam, ganz langsam loszulassen, dann die innere Ruhe wieder zu finden, das Vertrauen in sich selbst, das ja unendlich trägt, auch in unsere eigene Endlichkeit."

Nie vergesse ich diesen Nachmittag im November 1987. Die milde Herbstsonne schien durch unsere Fenster, umfing meinen Vater und mich. Wir sassen, wie schon ungezählte Male, zusammen vor seinem geliebten Cheminée, ich mit dem Rücken zum Feuer, er vis-à-vis von mir, seine Füsse neben mir wärmend, in vertrautem Schweigen. Plötzlich, sich schwer überwindend, sagte er mir, ich solle doch mal sein linkes Schlüsselbein abtasten, er hätte da seit geraumer Zeit ein Geschwulst. Er knüpfte sein Hemd auf, und zum Vorschein kam ein eigrosser Tumor, so gross, dass ich erschrak und meinem Vater ans Herz legte, sofort zum Hausarzt zu gehen und sich einer Untersuchung zu unterziehen.

Drei Wochen später, kurz vor Weihnachten, dann die Diagnose: Sekundär-Tumor, bereits also Metastasen, bösartig. Meine Mutter rief mich an, um mir dies mitzuteilen. Ich musste weinen, hatte Angst, fühlte mich hilflos, war sehr schockiert. Unfassbar: Mein, von einigen Malariaanfällen abgesehen, kerngesunder, starker Vater hatte Krebs? Mein Gott, was mache ich da, wie helfe ich ihm, wie gehe ich damit um? Ich rebellierte auch: warum gerade er? Ich konnte mir nicht vorstellen, wie damit umzugehen. Am nächsten Tag fuhr ich nach Hause. Wir umarmten uns, ich hielt ihn fest, und es wurde mir so richtig bewusst, wie dünn, zerbrechlich und ausgezehrt er war. Wieso hatte ich das nicht schon früher wahrhaben wollen?

Wir sprachen wenig, Vater war nie ein Mann der vielen Worte. Ich spürte seine Angst und presste mit grosser Kraft heraus, dass viele Krebsarten im Alter nicht mehr so aggressiv und radikal wachsen würden. Er sagte, dieser neue junge Dorfarzt (unser langjähriger Hausarzt war vor kurzem an Leukämie gestorben) wolle weitere Untersuchungen vornehmen, um den Primärtumor herauszufinden und eine Therapie festlegen zu können. Was ich davon hielte, er wolle nicht unbedingt weitere Abklärungen über sich ergehen lassen. Mein Vater nahm nie irgendwelche Medikamente, nicht zu denken an einen Spitalaufenthalt oder etwas ähnliches. Noch heute bin ich erstaunt über meine damalige Wachheit und Klarheit Vaters Anliegen gegenüber.

Dazu muss ich sagen, dass meine erste Ausbildung die einer Krankenschwester war und ich auf einer Onkologiestation arbeitete. Ich hatte bereits einen Freund, meine Cousine und einen unserer Nachbarn, alle in jungen Jahren, an bösartigen Tumoren verloren, wusste also, wie schnell es gehen kann und was Chemo, Strahlen oder Chirurgische Therapie bedeuten. Ich fragte ganz genau nach, ob mein Vater wirklich nicht zur Abklärung ins Spital wolle, erläuterte ihm die Vor- und Nachteile, Konsequenzen, die er zu tragen hätte, wenn er irgendeine Form von Behandlung annähme. Damals hatten wir eine Familienfreundin, die ihren Brustkrebs erfolgreich mit einem anthroposophischen Mittelpräparat therapierte. Vielleicht käme eine alternativ-medizinische Therapie in Frage? Mein Vater schaute mich sehr traurig und auch ängstlich an und fragte, ob ich denke, er würde sterben? Ein stechender Schmerz durchzuckte mich, aber ich sagte: "Ja, ich glaube, dass wir uns jetzt auf dein Sterben vorbereiten müssen, und ich hoffe innig, dass wir noch viel Zeit haben." Nach langen Schweigeminuten, mittlerweile sassen wir wieder an unseren Lieblingsplätzen vor dem Cheminée, sagte mein Vater: "Ich will in Ruhe zu Hause sterben." Und ich fragte nochmals nach: "Heisst das, ohne Behandlung?" Vater antwortete: "Ja, ohne Behandlung, und auch so lange wie möglich ohne Schmerzmittel." Am Abend kamen meine drei Brüder, und wir besprachen mit unseren Eltern diesen letzten Wunsch und versprachen, alles in unseren Möglichkeiten Stehende tun, dass Vaters Anliegen in Erfüllung ginge. Ich fragte ihn noch, was er Besonderes von mir möchte und wie ich ihm in der nächsten Zeit begegnen solle. Er antwortete: "Lebe dein Leben so, wie du es vor meiner Krankheit gelebt hast. Plane weiter, so wie dein Alltag es fordert. Wenn ich dich brauche, lasse ich es dich wissen." Diese Haltung ermöglichte es mir, ihn immer wieder entlastet und beruhigt, entspannt und zärtlich für ihn fühlend zu verlassen, um mich meinem Alltag zu stellen.

Leider wurde unsere Hoffnung nicht erfüllt. Schon einen Monat später war mein Vater zehn Kilo leichter, seine Gelenke taten weh, Metastasen waren im ganzen Körper zerstreut. Er erhielt sehr starke Schmerztropfen, jedoch kein Morphium. Es lindere die Schmerzen kaum, dafür nehme es ihm sein letztes Restchen Appetit, es werde ihm übel und sein Kopf sei im Nebel, sagte Vater und setzte die Tropfen wieder ab. Er passte seinen Schlaf- und Wachrhythmus seinen Schmerzen an, denn er stellte fest, dass ihn bis morgens um vier die Schmerzen in Knie und Fuss stark quälten, aber dann soweit zurückgingen, dass er ein paar Stunden schlafen konnte.

Für die Mutter und uns Kinder mit unseren Partnern/Partnerinnen bedeutete dies, abends viel Zeit mit unserem Vater verbringen zu können, mit ihm durch die Nacht "gesprächzuwandeln" und ihn dann ins Bett gehen zu lassen.

Ich erinnere mich an einen Besuch Ende Februar, als ich mit ihm bis morgens um drei Uhr so dasass, er aufstand und mir dann von der Treppe her zurief: "Du musst mir helfen, zum ersten Mal kann ich nicht mehr alleine die Treppe ins Zimmer hinaufsteigen." Ich war alarmiert, und als ich mit meiner Mutter darüber sprach, sagte auch sie, wie sehr sich Vaters Zustand verschlechtert habe.

Meine Eltern und wir Kinder beschlossen, den uns noch unbekannten Dorfarzt einzuladen, um einander kennenzulernen und das gemeinsame Vorgehen zu besprechen.

Anfang März 1988 sassen meine Eltern, meine Geschwister und ich mit dem Arzt zusammen und verstärkten Vaters Anliegen. Der Arzt reagierte ausserordentlich gut und versicherte uns seine Hilfe. Er anerkannte Vaters Mut und erwähnte, dass er keine Erfahrungen in der Sterbepflege zu Hause hätte.

Neu gab es in unserer Gemeinde eine Gemeindeschwester, die wir ebenso einluden, um uns ihre Unterstützung zusagen zu lassen. Eine Woche darauf ging ich wieder nach Hause, um meinem Vater ein Krankenzimmer einzurichten. Wir hatten ein Spitalbett bestellt, ebenso Sauerstoff, denn der Tumor hatte auch Metastasen in die Lungen gestreut und erschwerte meinem Vater das Atmen. Ich brachte ein Schaffell als Schutz vor dem Wundliegen mit, und an diesem Tag betteten meine Mutter und ich meinen Vater in sein neues Sterbebett ein. Ein warmes Gefühl für ihn machte sich in mir breit; all diese Handlungen der Nähe und des Vertrautseins, des Uns-um-ihn-Sorgens taten uns gut. Als ich mich dann verabschiedete, um wieder in meinen Alltag zurückzukehren, sagte er nur sehr traurig: "Was, du gehst schon? Wenn du nur noch bleiben könntest!"

Zur selben Zeit hatte mein jüngster Bruder seine Aufräumarbeit in Vaters Werkstatt beendet, und einer meiner Freunde sagte dazu: "Jetzt stirbt dein Vater bald, du wirst sehen, für ihn ist alles aufgeräumt, alles hat seine Ordnung, er kann in eine andere Welt hinübertreten."

Es folgt nun ein Auszug aus meinem Tagebuch, das ich damals führte.

Mein ältester Bruder Härri ruft mich an meinem Arbeitsplatz an, Vater sei am Sterben. Ich sage ihm, dass ich so schnell wie möglich käme, er solle dies unseren Eltern ausrichten.

Ich weine und bin sehr aufgewühlt, äusserst nervös. Thomas, mein Partner, und Fiona, meine dreijährige Tochter, sind im Auto weggefahren, um einen Besuch zu machen. Ich sende ein Stossgebet zum Himmel, sie mögen so bald wie möglich anrufen, was sie auch tun. Sie kommen sofort, an der Arbeit werde ich freigestellt, und wir fahren zu meinen Eltern, was etwa eine Stunde Weg bedeutet. Auf der Fahrt werde ich ruhig, und bei dir angekommen, Vater, sehe ich dich im Bett liegen. Deine Augen blicken himmelwärts, du bist ruhig, leise, stark. Du reagierst auf mich, du freust dich, ich liebe dich, ich bin bei dir. Wir sind alle bei dir: meine Mutter, meine Brüder und ihre Partnerinnen, ich und dein einziges geliebtes Enkelkind, Fiona. Unsere Abmachung, die wir sofort miteinander treffen, lautet: Wir wechseln uns an deiner Seite ab, jede und jeder hat Zeit und Raum, um mit dir alleine zu sein, und wenn du es wünschst oder wenn wir eine Veränderung bemerken, rufen wir sofort die anderen. Unser Hausarzt hat dir noch für den Notfall zwei Ampullen Morphium dagelassen. Wenn du einen Erstickungsanfall erleidest, werde ich dir etwas davon spritzen. Das machen du und ich miteinander ab.

Um zwei Uhr morgens beginnt meine zweisame Zeit mit dir, ich spüre so unendlich viel Zärtlichkeit für dich, ich erzähle dir von Thomas und mir, du hörst zu, nickst. Du frierst, ich will deinen sich abkühlenden Körper wärmen und lege mich zu dir ins Bett, ganz vorsichtig, denn jede Bewegung tut dir weh. Ich will dich wärmen, ich will dir meinen Atem einhauchen, mein rhythmisch kräftig schlagendes Herz soll dein wildtobendes Herz beruhigen. Ich lege meinen Kopf auf deinen mit Metastasen übersäten Brustkorb, sehe deine abgemagerten Beine, deine Oberschenkel sind so dünn wie meine Oberarme, es bricht ein Stück meines Herzens. Ich halte dich, ich lass dich los, wir stärken einander, ich will immer bei dir sein, ich teile dich mit unserer Familie. Gute Nacht, Väterchen, ich liebe dich, ich danke dir!

Palmsonntagmorgen früh
Die Gemeindeschwester kommt und schaut nach dir. Meine Brüder, Mutter und ich, wir waschen dich. Wir betten dich, wir lagern dich ganz bequem. Du erstickst beinahe, Sauerstoff bringt wenig. Ich frage dich, ob du Morphium möchtest, du nickst, und zum ersten Mal injiziere ich dir eine halbe Ampulle. Es geht dir etwas besser. Du schlummerst. Wieder wechseln wir uns ab. Um die Mittagszeit lagern wir dich um. Du bist ruhig, ich halte dich im Arm, du atmest tief durch, meine andere Hand liegt auf deinem Herzen, du seufzt noch zweimal tief, und dann hörst du zu atmen auf, dein Herz schlägt nicht mehr. Väterchen, du bist ganz friedlich eingeschlafen. Ich unterdrücke den Impuls, auf dein Herz zu schlagen, dass es wieder seine Tätigkeit aufnehme, ich weine, ich will, dass du lebst, und doch kann ich dich gehen lassen, wissend, dass du bereits "ja" gesagt hast zu diesem Übergang. Was die anderen rund ums Bett tun, nehme ich nicht wahr, merke, dass mein ältester Bruder fehlt, rufe ihn, hole Fiona, und wir alle sagen unserem Vater, Partner und Grossvater adieu ...
Unser Nachbar kommt zu dir auf Besuch. Er weiss nicht, dass du eben gestorben bist, sieht dich, bleibt stumm neben deinem Bett stehen, spricht letzte Worte und kondoliert uns. Wir waschen dich gemeinsam und ölen dich ein. Wir, deine Familie. Mein Bruder Stevie und ich führen dir dein Gebiss ein, binden dein Kinn

hoch, weinen, fluchen, dass du gegangen bist. Wir trösten uns gegenseitig. Unsere Mutter holt ihr Hochzeitskleid, deine Hochzeitskrawatte, dein Lieblingshemd, deine Hosen. Ich rufe Thomas und Anverwandte und Freunde an, um ihnen deinen Tod mitzuteilen.
Stunden später beginnt dein Genick zu erstarren. Fionas Vater Kurt bringt uns einen selbstgezimmerten Sarg, wir legen Mamas Hochzeitskleid hinein und betten dich darauf. Wir alle geben dir von uns Andenken mit auf deine Reise. Sprechen für uns bedeutungsvolle Worte dazu. Ein Ritual, das uns sehr geholfen hat, dich loszulassen. Fiona kommt in diesem Moment ins Zimmer und sagt voller Erstaunen: "Was, liegt Papi Herbert nun immer in dieser Kiste umher?" Obwohl wir alle sehr geweint haben, müssen wir in diesem Moment angesichts dieses kleinen Kindes und seiner Bemerkung wegen ganz furchtbar lachen. Du bleibst Gott sei Dank noch mit uns, wir wechseln uns weiterhin ab, oft sind mehrere von uns an deinem Sarg versammelt, der offen in eurem Ehezimmer steht.
Verwandte und Nachbarn nehmen von dir Abschied, wir blicken miteinander zurück. In all unsere Trauer mischt sich Freude, die Freude, mit dir gelebt zu haben, wohlwissend, es war nicht immer nur Honiglekken.
Ich ertrage schwer deinen erkaltenden Körper, deine wächserne Haut schmerzt mich, deine blauen Finger mahnen, es wird Zeit ...
Am Abend kommt Thomas vorbei. Er gibt dir eine selbstgedrehte Zigarette mit auf den letzten Weg, dazu ein Feuerzeug. Wir verabschieden uns gemeinsam von dir.
Montagmorgen gehen Mutter und ich auf das Zivilstandsamt, um deinen Tod anzumelden. Die Beamtin will dich unverzüglich abholen lassen. Wir sind dagegen, wir wollen dich noch zu Hause behalten, du sollst für uns noch erreichbar sein. Die Beamtin findet es

Ende März zu warm, um einen Toten im Hause behalten zu können. Da ich auf ihre Einwände nicht vorbereitet bin, reagiere ich ziemlich heftig: wir seien sehr entschieden, unseren Vater daheim zu behalten, und wir liessen daran nicht rütteln.
Es ist für uns alle sehr schön, den Abschied von dir so gestalten zu können, wie wir es brauchen. Jedes von uns legt dir eine Rose in den Sarg, drei Tage und zwei Nächte hatten wir Zeit, um dich loszulassen. Nun schliessen wir den Sarg und rufen den Leichenwagen. Es ist ein schwerer Moment, wissend, dass du hierhin nicht mehr zurückkehrst. Du fehlst uns schon jetzt.
Dann die Beerdigung, die wir aktiv prägen. Wir haben Gebet und Bitten geschrieben, mein Bruder Härri einen wundervollen Nachruf, Freunde spielen Trompetenlieder. Ja, du lebst weiter in uns, du bist bei uns, du gibst uns Kraft und Trost.
Vor deinem Tod hast du die Beerdigung mit deiner Frau besprochen. So wie du willst, halten wir es an diesem Tag. Wir haben die Menschen eingeladen, die du wünschtest, wir sitzen vor deinem Cheminée, an deinem Platz mein jüngster Bruder Adrian, euer Nachzügler.
Die Zuwendung unserer trauernden Freunde tut mir sehr wohl; die liebevollen Erinnerungen, die Anekdoten, die über dich erzählt werden, trösten mich. In mir bleibt eine Lücke, die ich nicht füllen will, dein Platz in mir, mein Schmerz, unsere gemeinsame Zeit:

Vergangenheit - Vergänglichkeit
Zukunft - Ewigkeit

Der Weggang meines Vaters, sein nun leerer Platz veränderte die Situation in meinem Elternhaus. Sie geriet aus ihrer stabilen, sicheren Bahn. Ich fühlte mich entwurzelt, wusste nicht mehr, wo mein Platz in diesem Haus und Garten war.

Von zweien meiner drei Brüder hörte und sah ich, dass sie dort, wo Vater bis zum Tod noch Herr und Meister gewesen war, in seinem Garten, sehr viel und sehr schnell veränderten. "Natürlich vermissen wir Vater oft", so sagten sie, "aber er hat uns eben auch Platz gemacht." Diese Veränderungen wären zu seinen Lebzeiten nicht möglich gewesen. Mein mittlerer Bruder, er hatte es mit Vater am schwierigsten, sagte, er hätte sich noch vor seinem Tod mit ihm ausgesöhnt. Die Zeit seiner Krankheit, seines Sterbens hätte ihm Gelegenheit gegeben, sich mit ihm zu besprechen, mitzuteilen, sich um ihn zu sorgen. Das sei eine Zeit gewesen, die er noch gebraucht habe und die ihm die Möglichkeit gegeben habe, mit Vater Versöhnung zu feiern.

In Gesprächen mit meiner Mutter schützte ich sehr oft meinen Vater, rückte ihn ins rechte Licht, identifizierte mich mit ihm, was bis heute ein zentraler Konfliktpunkt zwischen uns ist, der unsere Beziehung enorm belastet und den ich jetzt verändern will, aber eben auch jetzt erst richtig erkenne, so viele Jahre nach dem Tod meines Vaters. Doch hat mich mein Leben gelehrt, dass, wenn ich mir der Ursachen und auch der Mechanismen bewusst werde, neue Schritte in Richtung Veränderung möglich werden.

UNTERSCHIEDE UND GEMEINSAMKEITEN IM ERLEBEN DES TODES DER ELTERN AUS DER SICHT EINES GESCHWISTERPAARES

Maria Fässler-Weibel und Thomas Weibel

1. Das überraschende Sterben der Mutter

"Heute nacht wurde ganz plötzlich meine liebe Gattin, unsere liebe Mutter, Grossmutter, Schwester, Tante und Schwägerin ***Marie Weibel-Hollenstein*** *im 64. Lebensjahr aus unserer Mitte gerufen, unfassbar für uns, die wir sie liebten."* Mit diesem Text kündigten wir in der Todesanzeige an, dass wir alle von diesem Sterben überrumpelt waren.

1973 erlitt sie ihren ersten Herzinfarkt. Sie erholte sich sehr gut und niemand dachte, dass sich dieses Ereignis sieben Jahre später wiederholen könnte. An einem Novemberabend, sie hütete ihre Enkelkinder, die Kinder von Maria und Peter, erlitt sie einen folgenschweren zweiten Infarkt. Vater organisierte einen Arzt, der sie mit der Ambulanz ins Kantonsspital einlieferte. Gegen Mitternacht kam Vater wieder zu Maria und Peter zurück mit der beruhigenden Aussage, eine Schwester habe gesagt, es werde wieder gut, er solle nach Hause gehen und schlafen. Eine Stunde später erreichte uns das Telefon, dass es der Mutter sehr schlecht gehe und wir zu ihr kommen sollten. Vater, Thomas, Peter und Maria machten sich auf den Weg und erfuhren vor der Intensivstation, dass sie soeben verstorben sei.

2. Wie habe ich dieses Sterben erlebt?

Maria: Als meine Mutter starb, waren mein Mann Peter und ich bereits acht Jahre verheiratet. Vor kurzem waren wir in unser eigenes Haus eingezogen. Unsere älteste Tochter war 7 1/2, Beat 6- und Edith 3jährig. Peter arbeitete als Paar- und Familientherapeut in Zürich, und ich war total ausgefüllt und glücklich als Hausfrau und Mutter. Wir steckten mitten im lebendigen Leben und dachten mitnichten an den Tod.

Von den Geschwistern stand mir damals meine ältere Schwester, die auch drei Kinder hat, am nächsten. Wir wussten einander über das Wohl der Kinder viel zu erzählen. Meine jüngere Schwester war in Kalifornien verheiratet und hochschwanger. Kontakte waren nur über Briefe oder Tonbänder möglich. Mein ältester Bruder war mir weit weg und unnahbar. Thomas spürte ich kaum, obwohl wir einander öfters sahen. Mit 22 Jahren lebte er in einer anderen Welt. Die Geschwisterbeziehungen lebten wir nicht intensiv, doch wussten wir trotzdem, dank unserer Mutter, viel voneinander. Auch wir als Familie waren beschäftigt mit Haus, Familie, Beruf usw. Für mehr Kontakte bestand meinerseits weder ein Bedürfnis, noch vermisste ich sie.

Für mich war der Tod damals absolut überraschend, unverständlich. Er traf mich wie ein Schlag aus heiterem Himmel, tat körperlich weh, wie stechende Schmerzen. Obwohl sie schon einen Herzinfarkt überstanden hatte, dachte ich selten daran, es könnte sich wiederholen. Auch hatte ich wenig Angst, fühlte sie sich einmal nicht gut, denn tags darauf klagte sie nicht mehr. In dieser Zeit besuchte ich meine Eltern einmal wöchentlich mit unseren drei kleinen Kindern. Die Beziehung zu meiner Mutter war sehr eng und intensiv. Den Enkelkindern war sie eine aktive, lässige Grossmutter, die ihnen viel Freiraum liess. In dieser Zeit war für mich das Sterben der Eltern tabu. Ich dachte nicht einmal daran, dass es überhaupt einmal sein könnte. Mutter war immer zu Hause, auch früher, wenn ich von der Schule heimkam. Müsste ich den Begriff Urvertrauen umformulieren, so hiesse er Urdasein. Ich wiegte mich in Sicherheit, dachte selten über das Thema Tod nach und verdrängte ihn. Mit 32 Jahren steckte ich mitten im aufbauenden Leben.

Am Sterbeabend meiner Mutter besuchte ich einen Brotbackkurs, und Peter hielt einen Vortrag in Altendorf. Meine Mutter hütete unsere drei Kinder. Mitten im Spiel sei es ihr schlecht gegangen, erzählte Claudia. Sie habe sich hingelegt und Grossvater telefoniert, damit dieser die Herztabletten bringe. Alles sei schnell gegangen, sagte Claudia. Der herbeigerufene Arzt avisierte die Ambulanz, welche die Mutter in die Intensivstation brachte. Gegen 23 Uhr kam Vater nach Hause mit der beruhigenden Auskunft einer Schwester, er könne nach Hause gehen, es werde schon wieder gut. Leider glaubten wir damals an solche Aussagen. Peter und ich gingen gegen Mitternacht nach einer telefonischen Auskunft auch zu Bett. Kurze Zeit später stand ich wieder auf und wollte ins Spital, ob ich durfte oder nicht. Minuten später klingelte das Telefon mit der vernichtenden Aussage der Ärztin, dass es der Mutter sehr schlecht gehe und wir sofort kommen sollten. Vater, Thomas, Peter und ich trafen uns vor der klinisch toten Mutter. Traurig, weinend, stumm nahm ich Abschied. Ich streichelte viele Male die Hände, die so viel geleistet hatten, auch für mich. Es machte mich ganz verzweifelt, als ich wahrnahm, dass diese Hände langsam kalt wurden.

Ich weinte viel, war wie gelähmt und war unendlich dankbar um Peter, der mich in seinen Armen ebenfalls weinen liess. Auch um die Aussagen der Kinder war ich froh, die mir immer wieder erzählten, was an diesem Abend geschehen war und dass Grossmutter ihnen Adieu gesagt hätte. Ich kümmerte mich um nichts, was die Beerdigung anging, und wusste auch erst lange Zeit später, wer die Mutter auf dem Bestattungsamt anmeldete, das Essen und die Blumen bestellte. Mir war es egal. Auch nahm ich mich nicht zusammen. Ich liess meine Trauer einfach fliessen. Wütend machten mich die Anspielungen einiger Verwandten: Kinderhüten sei für Herzkranke eben zu streng!

Die geschwisterlichen Beziehungen wurden nach dem Tod der Mutter noch lockerer. Wir hörten voneinander und sahen uns, aber die Zentrale der Familie verband uns nicht mehr. Jedes stand im Aufbau seiner Familie oder Karriere. Wir lebten in Frieden und Harmonie, wussten aber wenig voneinander. Der Kontakt zu meinem ältesten Bruder bestand im alljährlichen Geburtstags- oder Weihnachtsbesuch seines Patenkindes. Mit ihm sprach ich überhaupt nie über den Tod der Mutter. Zur älteren Schwester bestanden gute Kontakte, vorwiegend durch die Kinder. Die jüngere Schwester war inzwischen aus Kalifornien zurückgekehrt. Es tat mir leid, dass ihre Kinder die Grossmutter nicht mehr kannten. Thomas besuchte uns öfters. Seine Lebensauffassung war von unserer sehr verschieden. Trost gaben mir meine Geschwister wenig.

Thomas: Gedankenverloren und ziellos fuhr ich am Abend des 4. Novembers 1980 mit einem Auto im Schneegestöber durch kleine Weiler rund um Winterthur. Es war nachts gegen 23 Uhr, als ich aus meiner Welt wieder zurückkam ins Elternhaus. Ich hatte das beklemmende Gefühl einer überwältigenden Angst, meine Mutter nach ihrem zweiten Herzinfarkt endgültig zu verlieren. Knapp eine Stunde vorher hatte ich von meiner mittleren Schwester Maria erfahren, dass meine Mutter beim Kinderhüten plötzlich eine Herzschwäche erlitten hatte. In Begleitung meines Vaters wurde sie in die Intensivstation eingeliefert. Nach der Rückkehr von meiner nächtlichen Irrfahrt berichtete mein Vater, dass ihr Zustand stabil sei und dass sie medikamentös ruhig gestellt wurde.

Ich war damals fast 24 und lebte nach einem Auslandaufenthalt vorübergehend wieder bei meinen Eltern. Während meiner Kindheit genoss ich die Privilegien des Jüngsten. Meine Eltern mussten sich nicht mehr in ihrer Erziehungskompetenz beweisen, um so mehr als die ältesten beiden Geschwister elterliche Funktionen mir gegenüber übernahmen. Bis ins Jugendlichenalter hatte ich eine enge

Bindung zu meiner Mutter und wuchs auf mit dem Gefühl, das besonders geliebte Kind zu sein. Der Auszug meiner älteren drei Geschwister und deren Familiengründung sowie der Wegzug meiner nächstälteren Schwester Margrit ins Ausland machte mich plötzlich zu einem Einzelkind, als ich 17jährig war. Die Berufsaufgabe meines Vaters wegen Alterspensionierung erschütterte zusätzlich unser lange Zeit wenig verändertes Familiengefüge. Einerseits genoss ich es, von meiner Mutter als ernst zu nehmender Gesprächspartner geschätzt zu werden, andererseits verunsicherten mich ihre Einsamkeit und ihre melancholischen Stimmungen.

Am 15. März 1973 hatte meine Mutter ihren ersten Herzinfarkt. Während einer Woche ging ich sie jeden Tag in der Intensivstation besuchen. Ich hatte schon damals grosse Angst, sie zu verlieren. In den folgenden Jahren machte ich mir oftmals Sorgen um den Gesundheitszustand meiner Mutter. Ich fühlte mich ihr gegenüber verantwortlich, dass sie sich wenigstens psychisch wohl fühlte. Die einzige Möglichkeit, die ich sah, aus meiner Überforderung auszubrechen, war ein Aufenthalt im Welschland, als ich zwanzig Jahre alt war. Nach drei Jahren Welschlandaufenthalt und einem einjährigen Aufenthalt in Kalifornien bei meiner dort verheirateten Schwester Margrit wohnte ich im November 1980 vorübergehend wieder bei meinen Eltern.

Ich sehe noch meinen Vater vor mir, wie er an jenem Abend hilflos in seinem Nachthemd vor mir stand, so als würde er sich auf einen ganz gewöhnlichen Nachtschlaf einrichten. Aus diesem Gefühl der inneren Dumpfheit schreckte uns die schrille Glocke des Telefons auf und rüttelte uns wach mit der Botschaft, dass es meiner Mutter schlechter gehe und dass wir sofort ins Spital kommen sollten. Wortlos, die grausam anmutende innere Ahnung abwehrend, machten wir uns bereit und holten meine Schwester Maria und ihren Mann Peter auf dem Weg zum Spital ab. In der Intensivstation wurden wir aufgefordert, die Schuhüberzüge aus Plastik und einen sterilen Mantel überzuziehen. Der Blick der Pflegeperson und der Gesichtsausdruck, mit dem sie uns mitteilte, dass es Mama gar nicht gut gehe, lösten in mir erste Tränen der Verzweiflung aus.

In der Intensivstation lag sie auf dem Rücken in einem weissen Bett, ihre Augen geschlossen. Mein Vater wollte das Unfassbare prüfen und stellte ihren Tod fest. Ich schaute einen Moment lang dem Geschehen rund um das Bett mit angestrengter innerer Distanz zu, bevor ich mich bewusst zum letzten Mal meiner Mutter zuwandte. Ich legte meinen Kopf auf ihren noch warmen Bauch, mir wurde bewusst, dass dort meine erste Heimat war. Ich wollte sie noch ein letztes Mal mit meinen Händen berühren, küsste sie auf ihre Wangen und griff ihr in das lange schwarze Haar. Ich fühlte mich alleine und verlassen. Ich habe keine Erinnerung mehr, wie lange ich in diesem Todeszimmer verweilte. Alleine, ohne Mutter, kehrte ich mit meinem Vater zurück nach Hause. Am Morgen darauf telefonierte ich mit meiner Schwester Margrit in Amerika, die mir in diesem Moment als Schwester sehr fehlte. Ich sah meinen Bruder Alois zum ersten Mal weinen, als ich ihn persönlich über den Tod unserer Mutter benachrichtigte. Es tat gut, die enge Verbindung im gemeinsamen Verlust zu spüren.

Mein Vater war in tiefer Verzweiflung, so dass ich die Meldung beim Bestattungsamt machte, wo mir auch die persönlichen Effekten meiner Mutter aus dem Spital formell mitgegeben wurden. Ich weinte viel für mich alleine und trug als Erinnerung an meine Mutter während Jahren einige Haarsträhnen bei mir, die sich in ihrem Kamm verfangen hatten. Die Beerdigungsvorbereitung konnte ich funktional bewältigen und fühlte mich durch die anwesenden Geschwister getragen, vermisste aber Margrit, die kurz vor der Geburt ihres ersten Kindes die Reise in die Schweiz nicht antreten konnte. Ich freute mich über jede Person, die wegen meiner Mutter oder auch aus Mitgefühl mit mir an der Beerdigung teilnahm.

Im nächsten halben Jahr lebte ich allein mit meinem Vater, bis ich auf eine weitere Reise ging. Oft war ich überfordert mit seiner Verzweiflung, seinen Schuldgefühlen und seiner Trauer. Er war zu sehr mit sich alleine beschäftigt, als dass er mir hätte Trost geben können. Meine in der Schweiz lebenden Geschwister waren alle in einer anderen Lebensphase als ich, hatten ihre eigenen Familien und waren selbst Eltern. Ich nahm sie in dieser Zeit wenig wahr, noch suchte ich aktiv Kontakt zu ihnen. Vom Lebensstil her und aufgrund der gemeinsam erlebten Zeit war mir meine in Amerika lebende Schwester Margrit am nächsten. Zu ihr pflegte ich auch regelmässig Kontakt mit Briefen oder Tonbändern.

Ein halbes Jahr nach dem Tod meiner Mutter machte ich eine Reise auf einem Floss den Mississippi hinunter. Ich träumte in dieser Zeit oft von meiner Mutter, sah, wie sie blühend und mitten im Leben vor mir stand. Schmerzlich realisierte ich kurz darauf oder am Morgen danach, dass ich sie nie mehr sehen würde. Noch Jahre danach haderte ich damit, dass ich ihr niemals mehr als erwachsener Sohn gegenüberstehen konnte, ohne mich innerlich ihrer Nähe erwehren zu müssen.

"Liebe Mama, Dir liebevoll zu begegnen, mit dem Respekt für Dein Leben und für den Menschen, der Du warst, und Dir die Verantwortung für Dein Wohlbefinden zurückzugeben, habe ich alleine erarbeiten müssen. Du bist zu früh gegangen."

3. Das langsame Sterben des Vaters

"Heute morgen, nach einem erfüllten und zufriedenen Leben, starb unser lieber ***Alois Weibel-Hollenstein,*** *kurz nach seinem 85. Geburtstag. Wir durften mit ihm älter werden. Nach einem halbjährigen Aufenthalt im Pflegeheim verstarb er daheim, wo wir in seinem geliebten Haus von ihm Abschied nahmen."* Mit diesen Worten kündigten wir an, dass wir alle dieses Sterben erwartet hatten.

Nach dem Tod seiner Frau, unserer Mutter, fühlte sich unser Vater sehr verlassen und hilflos. Er litt unter starken Schuldgefühlen. In den folgenden Jahren führte er jedoch seinen Haushalt selbständig weiter, und er war viel unterwegs mit seinem Mofa zu Besuchen bei Bekannten und Verwandten. Auch besorgte er weiterhin seinen Gemüsegarten. Mit zunehmendem Alter begann er vergesslich zu werden und wurde in seiner Mobilität eingeschränkt. Im Herbst 1990 stürzte er und riss sich das Knieband. Seitdem konnte er sein Leben nicht mehr autonom bewältigen. Den zusehends verwirrten und pflegebedürftigen Vater pflegten abwechslungsweise zwei der drei Töchter, bis er im Frühjahr 1993, körperlich und geistig schon sehr beeinträchtigt, in einem Pflegeheim Aufnahme fand. Einen Tag vor seinem Tod hat der jüngste Sohn mit seiner Partnerin und unterstützt durch seine Geschwister seinen Vater zum Sterben in sein früheres Wohnhaus genommen.

4. Wie habe ich dieses Sterben persönlich erlebt?

Thomas: Als mein Vater am 6. Oktober 1993 starb, war ich 36 Jahre alt, lebte mit meiner Partnerin, Helena, ihrer 9jährigen Tochter Fiona und unserer gemeinsamen einjährigen Tochter Gioja in meinem Elternhaus.

Bis zur Pflegebedürftigkeit meines Vaters hatte ich weder als Kind noch später als Jugendlicher und junger Erwachsener je das Gefühl, dass ich meinen Vater in einer Zeit verlieren könnte, in der ich ihn noch brauchte. Ich war als Kind und Jugendlicher so eng mit meiner Mutter verbunden, dass ich meinen Vater kaum wahrnahm, jedoch wohltuend bemerkte, dass er viel Freude an mir hatte. Über die Themen Religion, Sexualität und seine Herkunftsfamilie hatte er mir oft Angriffsfläche geboten, ohne dass ich mich damals ernsthaft mit ihm darüber auseinandergesetzt hatte. Ich genoss als Kind die körperlich ungleichen Kämpfe mit ihm, die ich jeweils sehr lustvoll geführt hatte. Mein Vater freute sich seinerseits über meine zunehmende Kraft.

Bis drei Jahre vor seinem Tod brauchte ich ernsthafte Streitgespräche mit ihm und rang um seine Anerkennung für den, der ich geworden war. Ich konfrontierte ihn in hohem Alter mit seinem Vatersein und Mannsein, zu einem

Zeitpunkt, als die anderen Geschwister ihm möglichst viel Schonraum zugestanden. Oft biss ich in den Gesprächen auf Granit, nur selten konnte er befreit von sich erzählen, vom Altwerden, von seinen Ängsten vor dem Sterben und von seinen Wünschen, wie er sterben möchte. In diesen späten Auseinandersetzungen zwischen mir, dem über 30jährigen Sohn, und ihm, dem bald 80jährigen Vater, lernte ich seinen Lebensweg und seine Haltung dem Leben gegenüber zu respektieren. Seine Handlungen und Äusserungen mir gegenüber nahm ich als Zeichen wahr, dass er mich und meine Lebensführung akzeptiert hatte. Er wurde zusehends vergesslich, unkonzentriert, und seine Schritte verlangsamten sich. Unsicher fragte er mich und seine anderen Kinder oft um Rat, ob er in ein religiös geführtes Altersheim zügeln sollte. Dazwischen fühlte er sich jedoch immer wieder vital, und es war zu früh für den Entscheid, aus seinem Haus zu gehen. Ich half ihm, seinen Garten zu besorgen, bemerkte, wie er älter wurde, erlebte mit, wie er Abschied von seinem Mofa, später von seinem Velo nahm. Ich lebte damals in Zürich und war froh darüber, dass meine Schwester Maria mehrmals wöchentlich mit unserem Vater Kontakt hatte und dass er täglich von seiner Nachbarin zum Kaffee eingeladen wurde.

Nach einem Sturz vor seinem Haus wurde er drei Jahre vor seinem Tod mit einer gravierenden Knieverletzung ins Spital eingewiesen. Da sich sein allgemeiner Gesundheitszustand in kurzer Zeit stark verschlechterte, entschieden meine Partnerin und ich, in Absprache mit meinen Geschwistern, ihn in seinem früheren Wohnhaus zu pflegen. In dieser Zeit waren tiefe und verbindende Begegnungen mit ihm möglich. Ich versöhnte mich mit ihm, und es wuchs bei mir eine Zärtlichkeit für ihn, die über seinen Tod hinaus anhält. Innerhalb einer Woche gesundete er. Zurück blieb die verletzungsbedingte, stark eingeschränkte Mobilität, die eine weitere autonome Lebensgestaltung verunmöglichte.

Nun waren plötzlich wir Geschwister für die künftige Lebensgestaltung unseres Vaters verantwortlich. Meine älteste Schwester Ursula war bereit, unseren Vater bei sich aufzunehmen, und die zwei Jahre nach dem Tode meiner Mutter in die Schweiz zurückgekehrte Schwester Margrit war bereit, Ursula jeweils für Ferienablösungen zu entlasten. Später pflegte auch sie ihn regelmässig und nahm ihn in ihrer Familie auf. Ich war sehr entlastet und dankbar, dass mein Vater abwechslungsweise bei meinen beiden Schwestern leben konnte. Unter uns Geschwistern vereinbarten wir eine finanzielle Abgeltung für die Betreuung und Pflege unseres Vaters. Wenn ich in jener Zeit mit ihm zusammen war, sah ich immer mehr einen alten Mann vor mir, über den ich mich freute, wenn er guter Dinge war, und dem ich von Herzen noch viele unbeschwerte Stunden wünschte.

Das inzwischen unbewohnte Elternhaus kaufte ich meinem Vater ab, was auch im Sinne meiner Geschwister war. Im August 1991 zog ich mit meiner Partnerin und deren Tochter in mein Elternhaus ein. Seitdem wir Geschwister die Verantwortung für das Wohlergehen unseres Vaters übernommen hatten, hatten wir uns öfters ohne die Ehepartner getroffen oder Telefonkonferenzgespräche geführt. Diese Form der Kommunikation ermöglichte die gleichzeitige Information aller und gemeinsame Entscheide, die von allen mitgetragen wurden. Der konsenswillige Kommunikationsstil unter uns Geschwistern kam dieser Gesprächskultur entgegen, verlangte andererseits eine jeweils zeitliche Verfügbarkeit. In diesem gemeinsamen Prozess fühlte ich mich eng verbunden mit all meinen Geschwistern und schätzte die Intimität unter uns. Ich war sehr berührt, wie unterschiedlich meine Geschwister ihren Vater erlebten.

Mein Vater begann, nun auch tagsüber einzunässen, er wurde zunehmend verwirrter und konnte seinen Stuhlgang nicht mehr ausreichend kontrollieren. Die Situation für meine beiden Schwestern, die beide einen Haushalt, Partner und Kinder hatten, wurde immer belastender, so dass wir nicht an der Pflege beteiligten Geschwister eine definitive Platzierung im Pflegeheim unterstützten. Als der definitive Entscheid anstand, habe ich mit meiner Partnerin ernsthaft überlegt, ob wir ihn nicht doch noch eine Weile bei uns haben wollten. In Anbetracht der zeitlichen Belastungen und der räumlichen Gegebenheiten entschied ich mich, ihm persönlich mitzuteilen, dass ich ihn nicht zu uns nehmen wollte. Ich fühlte mich zwar lieblos ihm gegenüber, doch innerlich befreit durch meinen Entscheid.

An die Zeit im Alters- und Pflegeheim denke ich nicht gerne zurück, mit Ausnahme der Besuche meines Vaters bei uns zu Hause, wo wir ihn im Rollstuhl hinführten. Auch möchte ich sein Lachen, seine freudige Anteilnahme und seinen Stolz über die Geburt unserer Tochter Gioja nie missen. Meinen Vater jedoch im Ghetto der alten, verwirrten und pflegebedürftigen Menschen zu sehen, bedrückte mich jeweils so, dass ich froh war um den gemeinsam erarbeiteten Besuchsplan, der mich wenigstens zu einem regelmässigen Besuch aufforderte. Oft wusste mein Vater nicht recht, wo er war, einmal sagte er mir wutentbrannt, in was für einer schlechten "Beiz" er sich befinde.

Mit Schrecken malte ich mir aus, dass dieser Zustand von seinem Körper her möglicherweise noch Jahre andauern könnte und ich immer weniger Freude hätte, ihn zu sehen, da er mich zusehends weniger wahrnehmen würde. Ich war bereit, ihn gehenzulassen.

Als mein Vater Ende September 1993 für zehn Tage hohes Fieber hatte und kaum noch ass, entschieden wir Geschwister, dass wir ihn nicht künstlich ernähren lassen wollten. Die Vorstellung, telefonisch über den Tod meines Vaters benachrichtigt zu werden oder meinen Vater in den anonymen Räumen des Pflegeheims beim Sterben begleiten zu müssen, veranlasste mich, unterstützt durch meine Geschwister und die Hilfe meiner Partnerin, meinen Vater zum Sterben zu uns nach Hause zu nehmen. Der Gesundheitszustand verschlechterte sich drastisch, so dass am Dienstagabend, dem 5. Oktober 1993, mein Vater, unansprechbar seit einigen Tagen, im Rettungswagen zu uns kam.

Ausser meinem Bruder, der ferienhalber abwesend war, kamen alle Geschwister und Angehörigen zu uns und sahen, wie mein Vater schwer atmend auf dem Bett lag, im Zimmer, das er früher mit seiner Frau geteilt hatte.

In der ersten Wachperiode, die meine Schwester Maria machte, stockte sein Atem, als der Morgen anbrach. Sie holte mich aus meinem Schlafzimmer, und wir erlebten, zusammen mit meiner Partnerin Helena, wie unser Vater noch zwei-, dreimal tief und schwer durchatmete. Dann wurde es ruhig.

Trotz der langen Vorbereitung auf sein Sterben hin weinte ich in den Armen meiner Schwester. In den letzten Jahren, nachdem ich mich mit meinem Vater ausgesöhnt hatte, konnte ich ihm oft seine alten Hände halten oder ihm einen Kuss auf seine Wangen geben. Dies waren meine letzten, intensiven Begegnungen mit ihm, und etwas von diesem Verlust vermischte sich damals mit meiner Trauer.

Wir ölten ihn am ganzen Körper ein und zogen ihm seine Lieblingskleider an. Wir behielten ihn zwei Tage in unserem Haus, im Bett, in dem er gestorben war. Ich wachte viele Stunden bei ihm, sprach mit ihm und ging am Totenbett lebendige Erinnerungen von früher durch.

Durch die Erfahrung, mir für die Beziehung zu meinem Vater beim Sterben und die Tage danach viel Raum gegeben, meine tiefe Liebe für ihn empfunden zu haben, zusammen mit meinen Geschwistern unsere eigenen Erinnerungen mit dem Vater ausgetauscht und meine wohltuende Trauer und Freude gespürt zu haben, durch all diese Erfahrungen fühlte ich mich in dieser Zeit reich beschenkt.

"Dädä, ich danke Dir, dass Du mir so viel Zeit gegeben hast, Schritt für Schritt von Dir Abschied zu nehmen."

Der gemeinsame Prozess mit meinen Geschwistern intensivierte meine Beziehungen zu jedem einzelnen. Die Kinderrolle gegenüber meinen beiden ältesten Geschwistern veränderte sich, und ich fühlte mich stärker brüderlich mit ihnen verbunden. Zu meiner Schwester Maria spürte ich eine lebendige Rivalität. Mit Margrit fühlte ich mich durch die reaktivierte Trauer über den Verlust unserer Mutter verbunden und über den Teil, den ich mir bei meinem Vater anders gewünscht hatte.

Der Tod meines Vaters hat meine Neugierde geweckt, mehr von meinen Geschwistern zu erfahren und von ihnen über mich als Bruder zu hören.

Maria: Mein Vater starb für mich vorbereitet, alt, krank und verwirrt, vor fast genau einem Jahr, also 13 Jahre nach Mutters Tod. Unsere Kinder waren 20 1/2, 19 und 16 Jahre alt. Peter hatte inzwischen eine eigene Praxis eröffnet und leitete zusätzlich die Beratungsstelle der Stiftung "Begleitung in Leid und Trauer". Ich erlernte vor einigen Jahren die Kunst der Fussreflexzonenmassage und massierte etwa zwei Tage pro Woche in der Praxis von Peter.

Nach dem Tod meiner Mutter war mein Vater traurig, hilflos und mit Schuldgefühlen beladen. Er schloss sich einer extremen katholischen Gruppierung an. Dort fühlte er sich wieder wohl. Die Einstellung dieser Gruppe erinnerte ihn an seine Kindheit. Er veränderte sich. Anstelle von Frohbotschaften aus der Bibel las er die von der Gruppe verfassten Drohbotschaften. Bei mir entstand eine gegenteilige Entwicklung. Durch den Blick hinter die Kulissen der kirchlichen Strukturen begann ich, mich von ihnen eher zurückzuziehen. Darüber stritten wir uns oft, bis ich das Thema zu verschweigen begann. Aus meiner Sicht hat ihm diese Religiosität nur Angst vor dem Sterben, Angst, als Christ nicht zu genügen, eine Zunahme der Schuldgefühle und ein leeres Portemonnaie gebracht. Mit dieser Erfahrung begann für mich der erste Abschied von meinem Vater. Es tat weh zu realisieren, dass wir uns in diesem Punkte überhaupt nicht mehr verstanden. Immer wieder dachte ich mir, würde Mutter noch leben, hätte sich diese Entwicklung so nicht eingestellt.

Er begann zusehends, vergesslicher zu werden. Vereinbarungen hielt er nicht mehr ein, er ernährte sich schlecht und war rastlos unterwegs. Das abendliche Kontrolltelefon gab mir die Sicherheit, dass ihm nichts geschehen war. Leise kippte die Hierarchie. Nicht mehr *er* sorgte sich väterlich um mich, sondern *ich* fühlte mich in seiner Rolle. Ich war wie eine Art "Tochtermutter". Mit meinem Verstand begriff ich, was passierte. In meinem Herzen vermisste ich die für ihn und sein Leben typische Fürsorge mir gegenüber. Ein neuer Abschnitt von Abschied begann: ein Abschied vom sorgenden, behütenden und fürsorglichen Vater, wie ich ihn seit der Kindheit in Erinnerung hatte. Das machte mich unsäglich traurig.

Etwa drei Jahre vor seinem Tod stürzte er und musste hospitalisiert werden. Als Folge davon wurde er noch verwirrter, depressiver. Ich hatte Angst, er könnte sterben. Dazu war ich noch nicht bereit. Jetzt wurde klar, dass er nicht mehr alleine leben konnte. Nach vielen Gesprächen entschlossen sich meine beiden andern Schwestern, abwechslungsweise den Vater bei sich zu Hause zu pflegen. Ein Eintritt in ein Pflegeheim war für sie noch undenkbar. Diese Lösung war ideal. Bei Ferienaufenthalten im Pflegeheim genoss ich die täglichen Besuche bei ihm.

Ich war Vaters Lieblingstochter. Diese Tatsache erleichterte das Verhältnis unter uns Schwestern nicht. Ich war nicht bereit, Vater abwechslungsweise bei uns zu Hause zu pflegen. Wir hatten zwar nie darüber gesprochen, doch glaubte ich zu spüren, dass dieser Entscheid von den andern nie ganz verstanden wurde. Vater machte mir deswegen nie Vorwürfe. Der Entscheid, Vater nicht zu uns zu nehmen, hatte eine Vorgeschichte. Während eines Monats pflegten wir ihn bei uns. Für uns war das hart und schwierig. Peter erlebt sehr viele problembeladene Arbeitstage, und wir als Paar brauchen sehr viel Zeit zum Erzählen und Zeit der Musse. Die zusätzliche Pflege des Vaters überforderte uns. Selbst die Kinder begannen sich heimlich zurückzuziehen. Erst als mich Peter eines Abends anrief und mich zum Nachtessen in ein nahegelegenes Restaurant einlud, um alleine zu sein, wurde uns klar, dass wir diese Aufgabe nicht übernehmen konnten, ohne unsere Familie massiv zu gefährden. In Abwägung zwischen meiner jetzigen Familie und der Pflege des Vaters entschied ich mich gegen die Pflege zu Hause. Dieser Entscheid war keineswegs einfach, er schmerzte mich sehr, und trotzdem war ich überzeugt, das Richtige getan zu haben. Am meisten schmerzte mich der Umstand, dass ich meine beiden Schwestern nicht entlasten konnte. Ein weiterer Schritt hin zum Abschied war vollzogen.

Vier Monate vor dem Tod wurde Vater so extrem pflegebedürftig, dass er nun ins Pflegeheim, das ihm von seinen Ferienaufenthalten her vertraut war, übersiedelte. Ich weiss nicht, ob er realisierte, dass er diesmal für immer hier bleiben musste, jedenfalls ging er fröhlich und unbeschwert, ganz im Gegensatz zu uns Geschwistern, die wir uns mies und windig vorkamen. Die ersten Wochen war er meistens aufgestellt und voller Lob für die gute Pflege. Doch immer öfter war er abwesend und verwirrt, fragte nichts mehr und sass nur noch stumm da.

Dieser nächste Schritt war ein Abschied von jeder Selbständigkeit, fast jeder Selbstbestimmung. Fremde entschieden mit uns zusammen über ihn. Ich spürte, wie mir mein Vater aus den Händen glitt. Wohl gehörte er noch zu uns, er war aber nicht mehr bei uns. Das erste Mal hoffte ich, dass er so nicht mehr lange leben müsse. Und doch war ich auch unendlich dankbar und erleichtert, ihn im Altersheim in guter Pflege zu wissen. Ich genoss die angenehmen Seiten, die unappetitlichen und unsauberen Seiten konnten wir dem Pflegepersonal überlassen. Dies schätzte ich sehr.

Wir Geschwister vereinbarten einen Besuchsplan. Ich schob ihn im Rollstuhl dorthin, wo es ihm gefiel oder gefallen würde. Ich sah aber auch seine langsamen Verschlechterungen. Wir weinten in dieser Zeit auch öfters zusammen. Diese kleinen Abschiede, vor allem die Reduktion seiner geistigen Präsenz, machten mich unendlich traurig. Ich spürte je länger je mehr, keinen Vater mehr zu haben. Ich verlor ihn, als er noch lebte. Die Zeit des Trauerns war gekoppelt mit der Zeit der Begegnung mit ihm.

In der Todesnacht, als sein beschwerlicher Atem aufhörte, spürte ich eine wohlige Traurigkeit. Eigentlich war ich froh, ihn nicht mehr verwirrt, stumm, alt und krank erleben zu müssen.

Während der Krankheitszeit des Vaters sahen wir Geschwister uns oft. In vielen Gesprächen mussten Lösungen für das Haus, die Erbschaft usw. gefunden werden. Wir genossen die wiedergefundene Nähe. Der älteste Bruder suchte während seiner Trennung wieder vermehrte Kontakte.

Intensiv, aber auch beglückend waren die Tage nach dem Tod des Vaters. Er lag im Wohnzimmer, wir schrieben Karten, setzten die Todesanzeige auf und erzählten uns auch lustige Geschichten aus unserer Kindheit. Nachbarn, Freunde und Verwandte kamen vorbei. Das gemeinsame Einsargen, die Vorbereitung des Lebenslaufes (den ich in der Kirche vorlas) und die Gestaltung der Beerdigung brachten uns sehr nahe.

Ich konnte gut akzeptieren, dass meine beiden Schwestern im Trauergottesdienst nicht öffentlich wurden. Trotzdem war ich überrascht und fand es schade, dass sie es sich nicht zutrauten. Auch für mich war es nicht einfach, doch erfüllte mich nachträglich ein tiefes Gefühl der Befriedigung. Als mein ältester Bruder auf seiner Handharmonika das Lieblingslied von Vater erklingen liess, wollte ich am liebsten tanzen. Thomas spürte ich sehr engagiert. Es war gut so. Als Geschwister verbrachten wir eine sehr intensive, gute Zeit. Peter fehlte mir öfters. Auch er hatte eine über 25jährige Geschichte mit seinem Schwiegervater. Ein näheres Dabeisein wäre für mich sinnvoll gewesen. Wegen der engen Kontakte der Geschwister wurden die Angeheirateten fast wie vergessen.

Die Krankheit und das Sterben des Vaters haben uns wieder näher gebracht. Es liegt nun an uns Geschwistern, diese Nähe zu pflegen, auch ohne gemeinsame Aufgabe. Ich wünsche es mir.

5. Wo sehen wir Unterschiede im Erleben des Sterbens unserer Eltern?

Bei unserer Mutter lebte Thomas schon lange im Vorfeld ihres Todes mit dem ständigen Bewusstsein, dass sie sterben könnte. Für Maria schien dies unvorstellbar.

Im Gegensatz zu Maria, die sich in der Trauerzeit in ihre Familie zurückzog und dort Trost holte, brauchte Thomas unmittelbar nach dem Tod das Getragenwerden und die Mittrauer seiner Geschwister.

Beim Sterben unseres Vaters konnte Thomas, vielleicht von der männlichen Rollenerwartung her, frei entscheiden, ob er seinen Vater pflegen wollte. Maria hatte ihrerseits einen Loyalitätskonflikt mit ihren Geschwistern in bezug auf ihren Entscheid, ihren Vater nicht zu sich zu nehmen.

Im Gegensatz zu Thomas genoss Maria die Begegnungen mit dem Vater während der Zeit im Pflegeheim. Thomas beanspruchte viel Raum und Zeit für seinen Vater während des Sterbens und der Zeit unmittelbar nach dem Tod.

6. Wo fanden wir Gemeinsamkeiten beim Erleben des Sterbens unserer Eltern?

Thomas wohnte beim Tod der Mutter noch bei den Eltern und Maria in deren Nähe. Die kurze räumliche Distanz vereinfachte den Kontakt zu den Eltern.

Beide erlebten eine sehr enge und intensive, wenn auch sehr unterschiedliche Beziehung zur Mutter. Gemeinsam war auch das Abschiednehmen auf der Intensivstation mit Berührungen der toten Mutter.

Während Vaters Krankheit erlebten beide das Kippen der familiären Hierarchie.

Beim Eintritt ins Pflegeheim fühlten sich beide mies und lieblos. Beide hatten die Möglichkeit eines langsamen und langen Abschieds und nahmen diese auch wahr. Beide verspürten dabei eine wohlige Trauer. Thomas und Maria engagierten sich mit Alois zusammen aktiv am Beerdigungsgottesdienst.

WENN KEINE ANTWORT MEHR KOMMT - ERINNERUNGEN 31 RESP. 25 JAHRE DANACH

Ursula Angst-Vonwiller

Dass Trauer nie etwas Abgeschlossenes sein kann, wurde mir im Lauf der letzten Monate wieder ganz deutlich bewusst. Wie schon lange nicht mehr ist mir plötzlich längst Vergessenes, vielleicht auch Verdrängtes, wieder in den Sinn und in meine Träume gekommen. In Gesprächen mit meinen Geschwistern merkte ich, dass Trauer und Erinnerungen etwas Persönliches sind, dass meine Geschwister - obwohl die gleichen Personen starben - einen ganz andern Vater, eine ganz andere Mutter verloren haben. Und das Dritte, das mir bewusst wurde: Ich weiss nicht mehr, welche meiner Erinnerungen den tatsächlichen Geschehnissen genau entsprechen. Der Stellenwert meiner Erlebnisse und Erinnerungen ist notgedrungen ein sehr subjektiver.

Ich bin in der Ostschweiz als ältestes von zunächst drei, dann vier Kindern aufgewachsen. Mein Vater war Sekundarlehrer, meine Mutter kümmerte sich um Kindererziehung, Haushalt und Garten. Die Ehe meiner Eltern muss sehr glücklich gewesen sein - das schien mir als Kind so, das haben viele Leute so gespürt, und das habe ich auch aus Briefen herausgelesen, die ich vor einiger Zeit entdeckt habe. Aus heutiger Sicht muss ich sagen, dass mein Vater überbeschäftigt war, zu wenig Zeit für meine Mutter und uns Kinder hatte, weil er viele Interessen und Begabungen hatte, und weil Zusatzeinkünfte damals nötig waren. Ob meine kleine Schwester ein ersehntes Wunschkind oder eher ein "hereingeschneites", dann aber freudig erwartetes Kind war, gehört zu den Fragen, die ich meinen Eltern heute als erwachsene Frau gerne stellen würde. Meine Mutter hatte während dieser Schwangerschaft sehr oft Angst, das vierte Kind könnte behindert sein, weil sie schon mehr als 35 Jahre alt war, aber vor allem, weil sie nicht glauben konnte, dass man ungestraft so glücklich sein durfte.

Im November 1963 sprach alle Welt über die Ermordung von John F. Kennedy - auch meine Eltern. Jener Montag begann für mich - und auch für meine Geschwister - eher ungewöhnlich, ich merkte gleich beim Aufwachen, dass ich mich verschlafen hatte, oder besser, dass ich nicht wie üblich geweckt worden war. Dem ersten Schrecken folgte fast unmittelbar ein zweiter: was tat meine Tante im Schlafzimmer meiner Eltern, warum waren meine Mutter und sie so anders als sonst? Eigentlich ist es ja eher unwahrscheinlich, dass sie bereits da schwarz angezogen waren, vermutlich ist diese Erinnerung erst im Lauf der Zeit dazugekommen. Mit welchen Worten ich den plötzlichen Über-Nacht-Tod meines Vaters - er war damals gut 39 Jahre alt - erfahren habe, weiss ich nicht mehr. Aber ich erinnere mich, dass die Zeit in unserer Familie für mich einfach stillstand. Wir konnten nicht in die Schule gehen, zum Lesen oder Spielen fehlte die nötige Ruhe und Geborgenheit, und Streiten fanden wir sogar selbst unpassend. Die Erwachsenen waren total absorbiert von ihren Problemen - das sage ich heute. Damals hatte ich das Gefühl, dass sich niemand um mich kümmerte, ich wurde nicht gebraucht, niemand wusste so recht, wie mit ihr reden. Bei mir entstand sehr schnell das Gefühl, es sei wohl am besten, möglichst unauffällig und möglichst perfekt weiter zu funktionieren. Ich denke, dass alle davon ausgingen, dass wenigstens die Grösste alt genug war zu verstehen, was jetzt vor sich gehen musste.

Mit der Zeit erfuhren wir dann Näheres über Papas Tod. Nach dem Anhören des Berichtes von Heiner Gautschi aus Dallas, Texas, hatten meine Eltern über das Zufällige an solchen Ereignissen gesprochen - hätte Kennedy sich im entscheidenden Moment nicht schnell bücken können, um seine Schuhe zu binden? Mein Vater soll dann gesagt haben, dass Gott alleine wisse, wann es Zeit sei für jeden Menschen. Dann klagte er über eine plötzliche Übelkeit und sank zu Boden. Der sofort herbeigerufene Arzt konnte trotz Spritzen und Herzmassage nur noch den Tod feststellen.

Ich merke, wie wichtig die letzte Aussage für mich immer war. Zum einen tröstete es mich, dass mein Vater irgendwie gelassen oder getrost geblieben war, aber ich war auch stolz, dass seine letzten Worte nicht irgendeiner Nichtigkeit gegolten hatten. Obwohl ich überhaupt keinen Sinn in dieser Tragödie sehen konnte, half mir der Gedanke, dass mein Vater, der mir damals als vorpubertärem Mädchen ein fast fehlerloses Vorbild war, offensichtlich einen Sinn im Ganzen gespürt hatte.

An die erste Zeit danach habe ich nur ganz bruchstückhafte Erinnerungen: Schwarze Kleider wurden telefonisch im örtlichen Kleidergeschäft bestellt, für mich wurde mein schöner roter Mantel dunkel gefärbt. Jemand musste einkaufen gehen, und ich wollte der gedrückten Atmosphäre nicht ungern für einige Zeit entkommen. Das Unternehmen entpuppte sich als reinstes Spiessrutenlaufen; warum ich denn nicht in der Schule sei, wollten die Leute wissen. Einerseits waren alle so neugierig, andererseits wusste niemand, wie man sich in einem solchen Fall verhalten sollte. Ich fand es peinlich, wie ich weinen musste, aber fast noch mehr, wenn nicht, weil ich dachte, sie würden denken, ich sei nicht genug traurig. Ich merkte allerdings schon damals, dass ich nicht ungern als Erste Neuigkeiten verbreitete; einerseits um die Reaktion der Leute zu studieren, aber auch um mir selbst eine gewisse Wichtigkeit zu geben. Seit jener Zeit kenne ich die wenig hilfreiche Angewohnheit, immer zu überlegen, was die andern sich jetzt denken könnten.

Ich erinnere mich nicht mehr, ob wir gefragt wurden, ob wir Papa noch einmal sehen wollten, oder ob das die Erwachsenen für uns ablehnten. Ich weiss auch nicht mehr, wohin wir gehen durften oder mussten, als der Sarg gebracht und wieder weggeholt wurde. Was ich hingegen nie vergessen kann, ist die Stimme meiner damals zweijährigen Schwester, die fast pausenlos nach Papa fragte. Immer wieder wurde ihr erklärt, was von uns auch niemand begreifen konnte.

Bereits am nächsten Tag wollte ich unbedingt wieder in die Schule. Niemand hinderte mich daran, alle wussten, dass jedes von uns auf seine Weise mit diesem Tod fertigwerden musste. Kaum in der Schule angekommen, bereute ich meinen Entschluss beinahe wieder. Ich empfand die Lehrer als gehemmt, dazu kam, dass die andern Schüler ein Lied für die Beerdigung einübten und dass alle Lehrer unter Schock standen, weil sie einen guten Kollegen verloren hatten.

Die Beerdigung musste in der grossen Kirche stattfinden, die Abdankungskapelle bot nicht Platz für so viele Leute. Die widersprüchlichsten Gefühle begleiteten mich: ich war todunglücklich, fast gefühllos vor lauter Schreck, stolz, dass so viele Leute meinen Vater lobten und seinetwegen in die Kirche kamen. Ich schämte mich, weil ich es auch ein bisschen genoss, mitten im traurigen Mittelpunkt zu stehen, ich war hilflos, weil ich mir nicht vorstellen konnte, wie unsere Familie weiterleben sollte ohne Vater und ohne Einkommen, und ich fühlte mich sehr einsam. Schon damals fing es an, dass ich Angst hatte, jemanden zu fest gernzuhaben vor lauter Angst, ihn wieder zu verlieren, und gleichzeitig unbedingt jemanden gernhaben wollte, damit das grosse Loch, das mein Vater bei seinem Tod hinterlassen hatte, wieder ausgefüllt würde. Ich versprach mir auch, dass ein Mann später mindestens so gescheit, nett, gross und perfekt sein sollte, wie mein Vater es damals für mich gewesen war.

In der nächsten Zeit mussten wir fast ganz ohne Eltern leben lernen - so kam es mir wenigstens vor. Mein Vater war begraben und mit ihm die Fröhlichkeit meiner Mutter. Natürlich sorgte sie weiterhin für alles, was wir brauchten, doch war es für mich deutlich zu spüren, dass sie sich Sorgen machte, ob das Geld und vor allem ihre Kraft ausreichten. Richtig fröhlich war sie nur, wenn sie mit der kleinen Schwester beschäftigt war. Ich erlebte auch, wie einige, wahrscheinlich mehr unüberlegte als bösartige Bemerkungen mehr schmerzen, als viele herzliche und grosszügige Hilfsangebote trösten können. Warum sonst würde ich mich erinnern an die lieblosen bis giftigen Bemerkungen über den Trauermantel meiner Mutter (War das jetzt wirklich nötig, dass sie schon wieder in Erwartung war? - nur weil damals ganz weite Mäntel Mode waren), über den Lebenswandel meines Vaters (im Zigarrengeschäft: Seht Ihr, der meinte, als Nichtraucher und Abstinent lebe man länger) oder in der Metzgerei (So gut lässt es sich also von unsern Steuern leben!).

Im Buch "Abschied nehmen von den Eltern" von Lois F. Akner habe ich folgenden Satz gelesen: "Sehr lange glaubte ich, dass das einzige wichtige Ereignis in meiner Familie der Tod meines Vaters gewesen sei. Sein Tod beeinflusste alles, was ich tat, und entschuldigte alles, was ich nicht tun konnte." Genauer hätte ich es nicht formulieren können. Von aussen, von meiner Mutter und den Verwandten, wurde mir zu verstehen gegeben, wie froh man doch sei, wenn ich als Älteste Verantwortung übernähme. Das verlangte ich auch von mir selbst. Ich versuchte, mich verständig und erwachsen zu benehmen und etwas von Vaters Rolle zu übernehmen. Natürlich war das nicht sehr dankbar. Als problemlose Schülerin hoffte ich, genügend Anerkennung zu bekommen, und dies sogar von meinem Vater - so nach dem Motto: dein Vater wäre jetzt stolz auf dich. Heute glaube ich, dass mein Körper wegen dieser Überforderung streikte und deshalb auch meine körperliche Pubertät nicht stattfinden konnte. Ich gestattete mir selber eigentlich keine grosse Trauer, weil ich mir immer wieder sagte, dass es doch für meine Geschwister, vor allem für die kleinste Schwester, noch viel schlimmer sei, ich müsse doch eigentlich noch fast zufrieden sein. Bloss war ich das eben bei weitem nicht, und das gab mir ein schlechtes Gewissen.

Das Verhältnis zu meiner Mutter war nicht immer einfach. Vor einigen Jahren erst habe ich von meiner Patin erfahren, wie schwer es für sie war, dass die meisten Leute uns vier Kinder bedauerten, sie als knapp vierzigjährige Witwe aber irgendwie vergessen wurde. Zum Glück gab es auch Menschen, die spürten, wie man ihr und uns gut helfen konnte. Jahrelang hatten wir im Lädeli monatlich Einkäufe für 100 Franken zugute; bis heute wissen wir nicht, von wem. Wir wurden auch mehrmals alle fünf zusammen in die Ferien eingeladen.

Wahrscheinlich aus Angst vor der grossen Verantwortung oder aus Überforderung versuchte meine Mutter, mich an der kurzen Leine zu halten. Zwar hatten auch meine Kolleginnen Schwierigkeiten mit dem abendlichen Ausgang, aber mir fehlte entschieden die Möglichkeit, die Eltern auch einmal gegeneinander auszuspielen und so vielleicht etwas mehr Spielraum zu erhalten. Ich dachte damals wie heute, dass meine Mutter völlig überfordert war vom Gedanken, dass ihre Tochter ein eigenes Sexualleben beginnen könnte, wo ihr eigenes doch so früh und abrupt beendet worden war. Vielleicht bereitete ihr auch deshalb die sexuelle Aufklärung so viel Mühe. Dazu kam, dass sie mit meinem damaligen Freund überhaupt nicht einverstanden war - auch das an sich damals wie heute keine Seltenheit. Ich flüchtete mich oft in den Gedanken, dass mein Vater mich bestimmt viel besser verstehen könnte und sowieso alles viel einfacher wäre für mich, wenn er noch leben würde. Inzwischen hatte er in meiner Erinnerung jegliche Fehler oder Unzulänglichkeiten verloren.

Das hässlichste Erlebnis mit meiner Mutter - und leider auch beinahe das letzte - war eine Auseinandersetzung über die abendliche oder nächtliche Rückkehr. Ich war mehr als

19 Jahre alt, hatte das Gymnasium praktisch beendet und wollte nicht mehr so viele Vorschriften. Als ich meiner Mutter an den Kopf warf, ich könne ebensogut morgens um elf mit meinem Freund ins Bett, aber das wolle ich ja gar nicht, ich wolle nur harmlos ausgehen, da verlor sie alle Nerven und gab mir die letzte Ohrfeige meines Lebens. Der Rest spielte sich nach inzwischen bekanntem Schema ab. Es gab eine Diskussion, sie bekam eine schlimme Migräne, die sie stundenlang lahmlegte und mich wieder mit schlechtem Gewissen zurückliess.

Wiederholt litt ich auch unter so *verbotenen Gedanken* wie: wieviel besser wäre es doch gewesen, wenn nicht mein Vater, sondern meine Mutter gestorben wäre. Obwohl ich inzwischen einiges an Fachliteratur gelesen habe und weiss, dass solche Gedanken normal sind, habe ich immer noch sehr Mühe damit und schnell ein schlechtes Gewissen. Ich denke dann oft, dass es auch eine Gnade des günstigen Todeszeitpunktes geben kann. Für mich starb mein Vater zur Zeit meiner ungebrochenen Bewunderung. Bestimmt hätte ich auch mit ihm Reibungspunkte genug entdecken können, wenn wir beide zusammen älter geworden wären.

In einem Punkt hingegen verstand mich meine Mutter. Zwar wollte ich Sekundarlehrerin sprachlicher Richtung werden wie mein Vater, aber ich wollte weg von zu Hause, an die Uni. Zu sehr belasteten mich diejenigen Stimmen, die sich auf eine gleich tüchtige, gleich einsatzbereite Lehrkraft fürs Dorf freuten und mich bereits mit meinem Vater verglichen. Vielleicht fand meine Mutter auch einfach, ein bisschen Distanz tue uns beiden ganz gut. Unser Verhältnis wurde auch spürbar entlastet. Sie freute sich, wenn ich vom Studium erzählte, und ich kam jedes Wochenende gern nach Hause.

Für mich kam der Tod meiner Mutter deshalb völlig aus heiterem Himmel, in eine gute, neue Zeit hinein. Ich glaube mich zwar zu erinnern, dass sie etwas von einer ohnmachtsähnlichen Schwäche erzählt hatte, mir aber versprach, bald den Arzt aufzusuchen. Ich dachte keinen Augenblick an etwas Ernsthaftes. Im ersten Moment dachte ich eher an ein völlig unpassendes amouröses Abenteuer meiner Mutter, als der Pfarrer aus ihrem Zimmer kam. Allerdings sah ich seinem Gesicht bald an, dass es etwas Ernsteres sein musste. Er erzählte mir, dass meine Tante meine Mutter tot im Heizungskeller aufgefunden hatte. Todesursache vorerst unbekannt. Weil ein Unfalltod nicht ausgeschlossen werden konnte, gab es polizeiliche Abklärungen und uns wurde geraten, einer Obduktion zuzustimmen. So schlimm es tönt, ein Unfalltod wäre aus finanziellen Gründen viel besser gewesen. Wo sich zu diesem Zeitpunkt meine kleine Schwester aufhielt, kann ich nicht sagen. Vermutlich hatte sie sich da bereits in ihr Zimmer verkrochen, um allein zu sein, um nicht zu stören, um mit ihrem Schockerlebnis fertig zu werden. Wir Geschwister waren völlig überfordert, und ich habe heute noch das Gefühl, sie im Stich gelassen zu haben. Die genauen Todesumstände sind mir bis heute nicht ganz klar. Die Polizei und der Arzt kamen zu keiner schlüssigen Todeszeit, weil sich alle Angaben zu widersprechen schienen. Meine Mutter soll nach dem Essen noch mit einem Geschäft telefoniert haben, andererseits kam meine kleine Schwester weinend in die Schule, sagte aber nur, sie habe kein Mittagessen bekommen. Bei dieser Version blieb sie - vielleicht nur, weil wir Geschwister das Thema vom Tod unserer Mutter jahrelang vermieden und bis heute nicht richtig über diese Erlebnisse sprechen können. Erst nach dem überraschenden Tod meiner jüngeren Schwester mit 29 Jahren habe ich von ihrem Mann erfahren, dass sie jahrelang unter heftigen Alpträumen litt, weil sie die Mutter tot aufgefunden und nie darüber gesprochen hatte.

Was sollte jetzt aus uns vier werden? Ich studierte im ersten Semester, meine Schwester hatte kurz vorher die Aufnahmeprüfung ins Kindergartenseminar gemacht, mein Bruder war im vierten Gymnasialjahr und meine kleine Schwester in der 2. Klasse. Noch während den Vorbereitungen zur Beerdigung - diesmal wollte ich meine Mutter nicht sehen, aber es redete auch diesmal niemand mit mir darüber

- anerbot sich die älteste Schwester meiner Mutter, ganz zu uns zu ziehen. Nicht nur weil wir keine andere Möglichkeit sahen, waren wir froh über das Angebot. Sie war immer unsere umschwärmte Lieblingstante gewesen. Allerdings wusste ich jahrelang nicht recht, wie ich mit ihrem Opfer umgehen sollte - schliesslich verliess sie ihre geschmackvolle Wohnung, ihren guten Job, ihr ungebundenes Leben und übernahm mit 60 Jahren die Verantwortung für vier Kinder im Alter zwischen acht und 20 Jahren, dazu Haushalt und Garten. Und sie nahm uns für so voll, dass sie uns zwei Tage Bedenkzeit einräumte! Erst kurz vor ihrem Tod lernte ich die andere Seite der Medaille kennen; sie sprach nämlich vom Glück, noch einmal eine Aufgabe bekommen zu haben und dazu eine Familie. Das habe ihr ein einsames Alter als geduldete, ledige Tante erspart.

Ebenfalls vor der Beerdigung wurde ich mit der Aussage konfrontiert, ich als Älteste hätte doch besser zu meiner Mutter schauen sollen - wenn ich sie zum Arzt geschickt hätte, wäre es nie so weit gekommen. Ich bin froh, dass ich mich nach dem ersten Schock an unsern Hausarzt wandte, um Genaueres zu erfahren. Mit sehr guten Gefühlen und grosser Dankbarkeit denke ich an das lange Gespräch zurück. Er erklärte mir, dass Mamas Tod nicht zu verhindern gewesen wäre, weil eine so unglaubliche Verkettung von unwahrscheinlichen Spätfolgen einer Krankheit im Jugendalter schliesslich einen grossen Herzmuskel angegriffen hatte. Er würde eher sagen, dass ihr langsam die Kraft, ohne ihren Mann zu leben, ausgegangen sei. Eine ähnliche Ansicht vertrat dann auch eine ehemalige Schülerin meines Vaters. Meine Mutter hatte ihr kurz vor ihrem Tod gesagt, dass sie anfangs nur wegen uns Kindern weiterleben musste und wollte, aber jetzt sei ja die Kleinste bereits in der Schule...

Ein Erlebnis, das in seiner Symbolik für mich unvergessen bleibt, hatten wir ebenfalls in der Zeit vor der Beerdigung. Irgendetwas mussten wir Kinder, die wir uns total aneinander klammerten, ja am Sonntagnachmittag unternehmen. Wir beschlossen, auf einer verschneiten Strasse zu schlitteln. Alle waren alt genug, den Schlitten zu steuern, und trotzdem fuhren wir hilflos in eine Frau hinein, die wir schon von weitem gesehen hatten - sie uns allerdings auch, bloss wusste sie nicht, wie sie uns begegnen sollte. Der führungslose Schlitten war so typisch für unsere Verfassung.

Die Geschäftigkeit vor der Beerdigung half mir auch dieses Mal ein bisschen über die grosse Leere und die bohrenden Sinnfragen hinweg. An die Beerdigung selber - wieder in der grossen Kirche - habe ich nur bruchstückhafte Erinnerungen. Ich weiss noch, dass mich plötzlich ein absolut irrer Lachkrampf befiel, weil ich mir vorstellte, dass alle Leute vergeblich gekommen wären und meine Mutter gesund und munter zu Hause Wäsche bügelte. Schlimm war das Ende des Gottesdienstes: eingeklemmt von einer mitleidigen, zum Teil auch neugierigen Menschenmenge mussten wir als Trauerfamilie warten, bis man uns endlich Platz zum Hinausgehen schaffte.

Irgendwie musste nun noch die Zeit überbrückt werden, bis meine Tante zu uns ziehen konnte. Meine Schwester gab ihre Praktikumsstelle auf, um bis zum Beginn des Seminars zu Hause zu bleiben. Wie problematisch das für sie war, hat sie erst kürzlich erzählt. Heute habe ich das Gefühl, dass ich mich damals richtig aus der Verantwortung gestohlen habe. Irgendwann erklärte ich mich einverstanden, als Sprachaufenthalt drei Monate bei meiner Cousine in Amerika auszuhelfen. Dort war ich zwar wenigstens ein bisschen weg von allem, fühlte mich aber völlig "lahm" und profitierte wenig von meinem "Glück". Sicher wäre damals eine professionelle Betreuung hilfreicher gewesen.

Inzwischen war zu Hause meine Tante eingezogen, mein Studium ging weiter. Ich litt zwar weiterhin unter grosser innerer Einsamkeit, gab diesen Gefühlen aber nie einen Namen. Meine Pubertät holte ich nun gründlich nach - ausgelöst vielleicht auch durch eine überfällige Hormonbehandlung.

Das, was ich heute *depressive Phasen* nennen würde, folgte in unregelmässigen Abständen. Irgendwie wurstelte ich mich durch, nicht gerade fachmännisch ermutigt durch Kommentare wie "du musst dich nur etwas mehr zusammennehmen; das ergibt sich schon wieder". Zum Glück lernte ich dann meinen Mann kennen. Er brachte mich beim nächsten Absturz liebevoll zur Einsicht, dass so lange Dunkelzeiten behandelt werden müssen. In der nachfolgenden Psychotherapie lernte ich dann endlich, mir Schwächen zu gestatten, über meine Eltern auch kritisch nachzudenken - trotz des Satzes, dass man über Tote nur Gutes sagen solle. Ich erfuhr, dass man Beziehungen auch klären kann, wenn der oder die andere längst nicht mehr lebt.

Natürlich gibt es vieles, was mir immer noch Mühe macht. Immer noch habe ich Hemmungen, meine Geschwister genauer nach ihren Erlebnissen zu fragen. Habe ich Angst vor einer Korrektur meiner Erinnerungen, meiner Vater- und Mutterfigur, oder bloss vor meiner Hilflosigkeit bei Tränen? Manchmal leide ich unter meiner Stellung als älteste Schwester, die sich um vieles kümmern musste und die darum nicht immer so heiss geliebt war. Seit die jüngste Schwester auch plötzlich gestorben ist, hat sich die Distanz eher noch vergrössert. Alle Geschwister haben eine eigene Familie, und Familientreffen sind laut, fröhlich und hektisch, für traurige Themen bleibt da kaum Gelegenheit. Seit einiger Zeit treffen wir uns hin und wieder familienlos, und ich hoffe, dass wir einiges nachholen können.

Lange Zeit hatte ich das Bedürfnis, vor allem meinen Vater näher kennenzulernen. Ich überlegte mir, wen ich fragen könnte, fand aber nur selten den Mut dazu oder verschob den Zeitpunkt immer wieder - zum Teil, weil ich merkte, dass ich ohnehin nur Positives hören wollte und konnte, oder weil mein Vater inzwischen so etwas wie eine innere Figur geworden war, die etwas mit mir zu tun hatte. *Wie war er für mich?* schien mir lange Zeit wichtiger als: *Wie war er?* Leider sind in letzter Zeit so viele Leute gestorben, dass ich diese Fragen kaum mehr nachholen kann.

Schwierig finde ich nach wie vor die Tatsache, dass meine Eltern nicht mit mir älter wurden. Jetzt bin ich bereits älter als mein Vater und fast so alt wie meine Mutter. Darum fehlen mir Anhaltspunkte, wie sie gewisse Lebensabschnitte bewältigt hätten. Es fehlen mir auch ganz stark meine Eltern als Grosseltern unserer Kinder - und das nicht nur aus praktischen Gründen. Natürlich weiss mein Kopf, dass ich auch einige Probleme nicht habe - meine Eltern werden weder krank und hinfällig noch müssen sie ins Altersheim, noch muss überlegt werden, wer eine intensivere Betreuung übernehmen könnte. Und ich kenne genügend Beispiele von Frauen, die mit ihren Eltern nicht speziell gut zurechtkommen und so auch keine mütterlichen und väterlichen Ratschläge im besten Sinn bekommen. Aber eben: *Ihr Tod beeinflusste alles, was ich tat, und entschuldigte alles, was ich nicht tun konnte* - der Satz von Lois F. Akner stimmt auch bei mir.

NUN BIN ICH AN DER REIHE

Meiner Mutter in ihr Lebensbuch

Josef Duss-von Werdt

Die Frau war schon über 20 Jahre Witwe, als ihre älteste Tochter mit 58 Jahren starb. Wie beim Tod ihres Mannes verfiel sie auch diesmal wieder in die dunkle Seite des Lebens, fing an zu grübeln darüber, weshalb das sein musste, versuchte von der nicht ganz klaren Todesursache her eine Antwort zu finden, haderte mit ihrem Gott, dem sie sonst in grosser Ergebenheit vertraute. Was sie sich als die richtige Reihenfolge vorgestellt hatte, war durcheinander geraten. "*Ich* wäre doch jetzt an der Reihe gewesen." Zur Ordnung des Lebens gehörte für sie die richtige Reihenfolge des Sterbens. Und dabei hatte der Tod in ihrem Leben immer wieder zur Unzeit Ernte gehalten und die Reihenfolge nicht respektiert.

Als sie fünfjährig war, verlor sie ihre Mutter, die seit ihrer Geburt nie mehr recht gesunden konnte. Nach der ältesten Tochter gebar sie Zwillinge, eines der Mädchen wurde tot geboren, das andere starb einige Stunden später. Hier hatte sie zwar eine Erklärung: Während der Schwangerschaft erlitt sie einen Schock, als sie allein im Haus war und im Dachstock ein Feuer ausbrach, auf das sie von einem vorbeifahrenden Transportunternehmer, einem "Fuhrhalter", aufmerksam gemacht worden war.

Abschiednehmen und Loslassen verlangten zunächst die Ereignisse des Lebens. Gegen das Sterben zu wurde es zur immer vorsätzlicheren Lebensregel. Nach ihrem Tod schrieb der Sohn im Nekrolog: "Loslassen ist das Gegenteil von Festhalten, an sich binden, nicht verzeihen können, nachtragend sein, geizen. Wer loslassen kann, lässt anderen ihre Meinung gelten, ist nicht fanatisch und nicht selbstgerecht. Er lebt in der Weite innere Freiheit, hat ein offenes Herz und eine gebende Hand. Die Kinder freigeben, auch wenn sie Wege gehen, die man nur schwer versteht, Verluste annehmen und darob nicht verzweifeln - das alles ist loslassen und bedeutet Abschied." Und dazu hatte diese Frau wie gesagt immer wieder Anlass.

Ein letzter bot sich in einem entscheidenden Sinne mit dem Tod der ältesten Tochter. Als die Mutter die erste Verwirrung überwunden hatte, begann sie sich über lange Zeit bewusster mit dem eigenen Sterben zu befassen. "Wohl gerade deshalb gelang es ihr immer wieder loszulassen und für das jeden Tag neu Ankommende bereit und offen zu sein. Sie liebte das Leben, weil sie zum Sterben bereit war und konnte deshalb jeden neuen Tag aus der ewigen Quelle der Zeit wie ein Geschenk entgegennehmen. Sie pflegte Kontakte, machte kleine Tagesreisen und Besuche und liess sich gerne besuchen." (Nekrolog)

Jedesmal wenn ihr ältester Sohn zu ihr kam, bereitete sie mit ihm zusammen ein Stück ihres Weggangs und der Zeit danach vor. Sie bestellte in jeder Hinsicht ihr Haus, dachte an alle und alles, besprach mit ihm bis in die Einzelheiten den Ablauf der Beerdigung, einschliesslich der Dinge, die dabei über sie gesagt oder nicht gesagt werden sollten. Auf jeden Fall sollte es für *sie* stimmen.

Vor vier Jahren machte sie einen Spaziergang durch die erwachende Natur des Frühlings, ging über das Grab ihres Mannes zu ihrem Haus zurück, fühlte sich plötzlich müde, setzte sich auf eine Bank, bekam einen Herzanfall und war nach ein paar Minuten tot. Im 86. Lebensjahr. Ihr Sohn schrieb im Nachruf: "Sie starb so, wie sie es immer gewünscht - und herbeigebetet - hatte, nicht aus einer Krankheit heraus, sondern gesund, besonders an Geist und Seele, von den Engpässen des Alters verschont. Lautlos ist sie gegangen und hat nun selber von sich losgelassen in die grosse Freiheit ihres Himmels hinein."

Diese Frau war meine Mutter. Ich bin ihr ältester Sohn. Und nun bin ich an der Reihe, sofern der Tod sich an die Abfolge der Generationen hält. Doch das kann ich nicht wissen. Wenn es anders kommt, ist das wohl eher die Ausnahme von der Regel.

Einheit und Rhythmus von Leben und Sterben

Mit dem Tod der Eltern gelangen wir in die vorderste Reihe, werden zur nächsten Generation, die dran ist. Übrigens hat meine damals dreijährige Enkelin im Zusammenhang mit dem Tod meiner Mutter in etwa angedeutet, dass der nächste wohl ich sei. Die abtretende Generation ist in der Regel darum bemüht, Bleibendes an die nächste weiterzugeben. Aber was bleibt schon? Vordergründig Geld, Besitz, Name. Und über vieles davon bricht nachher Streit aus. Ich komme noch darauf zurück.

Meine Mutter hat mir etwas anderes weitergegeben: Sie hat mich das Sterben gelehrt. Wahrscheinlich werde ich, wenn es dann einmal so weit ist, fast alles wieder verlernt haben. Jetzt noch übe ich allerdings täglich. Sinngemäss meinte Tucholski, wenn er dann sehr unbeholfen sein werde beim Sterben, könne er zum Doktor immer noch sagen, es sei halt das erste Mal. Ich bin mir da nicht mehr so sicher...

Gehört es nicht auch zur richtigen Ordnung, dass eine Generation der anderen nicht nur das Leben weitergibt, sondern auch das Sterben? Denn dass das, was geboren wird, stirbt, ist eine täglich anschaubare Lebenserfahrung in der mitmenschlichen und natürlichen Umwelt. Nur schauen wir lieber weg - um vielleicht um so gieriger auf das hinzustarren, was uns über das Sterben in den Medien "vermittelt" wird, damit wir es nicht unvermittelt auf uns wirken lassen müssen. Wir bleiben schön auf Distanz, wenn die anderen sterben. Uns trifft es ja nie...

Es gibt eine Ökologie des Lebens und Sterbens, die in der Welt meiner Kindheit noch respektiert wurde. Daraus ziehe ich Schlüsse, zum Beispiel diesen: Die Abfolge der Generationen ist ein zyklischer Naturvorgang. Wir wollen es nur nicht wahrhaben, weil Sterben für uns nicht ein Teil des Lebens, sondern das Gegenteil davon ist. Leben und Sterben sind jedoch wie die beiden grossen Takte im Rhythmus des Lebens selber, wenn wir seinen natürlichen Gang betrachten. Leben ist immer schon da, schon vor der Geburt, durch die wir *ins Leben treten*. Meine Eltern schufen es nicht und haben kein Kind *gemacht*, sondern sich dem Leben zur Verfügung gestellt und durch sich mich wieder leben lassen. Was wir Leben und Sterben nennen, sind Oberflächenbewegungen des Grundstroms lebendiger Energie, welche *(ewig)* bleibt, das heisst Leben und Sterben über-lebt.

Als in diesem Rhythmus von Leben und Sterben Eingebundene und Bewegte sind wir als Menschen kein Sonderfall der Natur. Die Abfolge der Generationen entspricht deshalb der natürlichen Gesetzmässigkeit, gegen die sich nur aufbäumen kann, wer das normal-gestörte Verhältnis zur Natur hat. Von meiner Mutter habe ich gelernt, sowohl das Leben wie auch das Sterben als gegeben anzunehmen. Gegeben ohne mein Dazutun, gegeben, auch wenn ich es anders möchte, gegeben trotz einem fanatischen Gesundheitskult und ihm höriger Medizin, die gemeinsam gegen das Sterben Amok laufen. Betrachten wir das Sterben als naturhafte Bewegung, gehört es nicht nur zum Leben, sondern wird dessen Bedingung. Das Bild von zwei Takten stimmt darum insofern nicht, als musikalische Takte hintereinander folgen, während Leben und Sterben immer gleichzeitige Bewegungen im energetischen Feld des sich selber über-lebenden Lebens sind. Auf dessen Partitur im Längsschnitt abgebildet ist die Reihenfolge von *in dieses Leben treten/es durchlaufen/sterben* dennoch wieder richtig.

Was ich von meiner Mutter auch gelernt habe, ist jene Muttersprache, welche das Sterben betrifft. Sie hatte ihre Sprache dafür. Wenn wir Sterben und Tod oft genug verschweigen, drückt sich dabei eine Sprachlosigkeit im wörtlichen Sinn aus. Diese weist aber wiederum darauf hin, dass nur das, was wirklich zur Sprache kommt, *bewusst* wirkt in unserem Leben. Was keinen Namen hat, ist unheimlich, wir sind darin nicht heimisch. Das macht Angst, und diese wuchert dann krebsartig in alle möglichen Bereiche der Lebenswelt hinein, zum Beispiel in Form von Waffenherstellung, Grössen- und Verfolgungswahn als Antriebskräfte der Bildung von Armeen, (Ver-)Sicherungssüchten unterschiedlichster Art.

Es entwickelte sich in der letzten Zeit eine Fachsprache um Sterben und Tod herum. Fachsprachen sind Sache von Spezialisten. Das Vorhandensein von Spezialisten für etwas, das natürlicherweise alle betrifft - wie die allgemeine Sterblichkeit -, ist seinerseits ein Symptom dafür, dass es zu Abspaltungen und Ausgrenzungen elementarer Existenzprobleme gekommen ist. In unserer Zivilisation liegen bildlich gesprochen lauter Schubladen für alle möglichen Besonderheiten ungeordnet herum, und niemand weiss so recht, welches ihr Platz im Schrank ist, wie es auch den Schrank nicht gibt, der alle Schubladen zusammenhält. Unbildlich gesprochen fehlt jener zusammenhängende Lebensentwurf, welcher den Tod miteinschliesst.

Trauer vor dem Sterben

Eine gleiche Sache ist es mit der Trauer, deren sich die Psychotherapien bemächtigt haben. Sie spezialisieren sich durch methodisch ausgeklügelte *Trauerarbeit* vor allem darauf, wie die Hinterbliebenen mit dem Verlust *fertigwerden*, wie sie es *schaffen*. Arbeit muss sein. Beim Sterben und nach dem Tod der Eltern hat selbstverständlich Trauer ihren Platz und ihre Wichtigkeit, die vielfach unterschätzt werden. Insofern weisen die Psychotherapien zu Recht auf einen Mangel hin. Aber wenn die Trauer erst nachher einsetzt, ist es schon ziemlich spät. Wir haben doch schon vorher genügend Grund, sogar zusammen mit den noch lebenden Eltern, zu trauern. Und das ist jene Seite der Trauer, die ebenso bedeutungsvoll ist wie die nach dem Tod. Nennen wir sie einfach *Trauer vor dem Sterben. Ihr Inhalt sind wir selber*, nicht die Eltern. Der Tod der Eltern konfrontiert uns unausweichlich mit unserer eigenen Endlichkeit; diese ist allerdings in der Geburtlichkeit unseres Daseins enthalten. Und das ist kränkend, weil es uns als vorläufig entpuppt. Weil wir von einer Mutter geboren wurden, bekamen wir von ihr auch das Sterben. Über Geburt und Tod nachzusinnen kommt auf ein und dasselbe hinaus: loslassen können. Und das ist ein Kernpunkt der Trauer zu allen Zeiten, wo sie angesagt ist.

Trauer muss nicht unbedingt traurig sein. Erich Fried schrieb das eindrucksvolle Gedicht vom "Sterbeleben", welches Trauer auf die Ebene des alltäglichen Lebens bringt.

Ich sterbe immerzu
und immeroffen
Ich sterbe immeroffen
und immer hier
Ich sterbe immer einmal
und immer ein Mal

Ich sterbe immer wieder
Ich sterbe wie ich lebe
Ich lebe manchmal hinauf
und manchmal hinunter
Ich sterbe manchmal hinunter
und manchmal hinauf
Woran ich sterbe?
Am Hass

und an der Liebe
an der Gleichgültigkeit
an der Fülle
und an der Not

An der Leere einer Nacht
am Inhalt eines Tages
immer einmal an uns
und immer wieder an ihnen
Ich sterbe an dir
und ich sterbe an mir

Ich sterbe an einigen Kreuzen
Ich sterbe in einer Falle
Ich sterbe an der Arbeit
Ich sterbe am Weg
Ich sterbe am Zuvieltun
und am Zuwenigtun

Ich sterbe so lange
bis ich gestorben bin
Wer sagt, dass ich sterbe?
Ich sterbe nie
sondern lebe

Wir altern, wenn die Eltern sterben

Die Lebensphase, welche wir um den Tod unserer Eltern herum im allgemeinen erreichen, ist von Übergängen geprägt, weil sie regelhaft in unsere eigene Alterungsphase fällt. Viele altern sehr traurig und können nicht mit einer gewissen heiteren Gelassenheit darüber lächeln, auch nicht mehr die Jüngsten zu sein. Sie klammern sich an das Vergangene und kehren damit Künftigem den Rücken zu. So verpassen sie die Gegenwart, und diese ist schliesslich die einzig wirkliche Zeit, die wir zur Verfügung haben. Im

Angesicht des Sterbens leben, das, was Erich Fried "Sterbeleben" nennt, macht jeden Moment wertvoll. Doch Vorsicht: Was voll von Werten ist, hat mehrere Seiten. Es kann lebenswert und sterbenswert sein. Mindestens wird die Voraussicht des eigenen Sterbens zur Herausforderung, sich dem Leben im Sterben und dem Sterben im Leben zuzuwenden. Leben ist ganz konkret, ja es *ist* eigentlich nicht, sonst hielte es ja an, sondern es lebt *manchmal hinunter und manchmal hinauf.* Ich habe es immer nur vor, nie hinter mir.

Sich auf den Tod der Eltern einstellen

Alles, was wir um den Tod unserer Eltern herum organisieren, an Ritualen begehen, an Erinnerungen festhalten, tut ihnen vielleicht gut, was wissen wir schon darüber? Uns tut es sicher gut - aber weil und wenn es für uns einen Übergang zum Loslassen markiert. Das bringt uns näher an das Thema der Trauer vor dem Tod heran. Wie gehen wir mit unseren Eltern im Hinblick auf das Sterben um, solange sie noch leben? Allgemeines und dann erst noch für alle Gültiges dazu zu sagen ist unmöglich, ganz abgesehen davon, dass es vielfach gar nicht gelingt, damit überhaupt in aktiver Weise umzugehen. Es sei an einem Beispiel Konkretes, Singuläres verdeutlicht.

Ein Paar kam in die Beratung, als es bereits halb erwachsene Kinder hatte, obwohl sowohl der Mann als auch die Frau ihren eigenen Eltern gegenüber das noch nicht vollzogen hatten, was landläufig unter dem Stichwort *Ablösung* kursiert. Die Frau hatte sich erst gewaltsam von ihren Eltern losgerissen, als sie ihren Mann kennenlernte. Aber weder sie noch ihre Eltern pflegten je die beidseitigen Verwundungen, noch ordneten sie das Chaos. Der Mann behauptete von sich, mit seinen Eltern, besonders mit seinem Vater, nie Schwierigkeiten gehabt zu haben, obwohl sie seine Frau nie akzeptierten und er zum Teil ihretwegen die Hochzeit mehrmals verschob. Einmal stellte ich ihm die

Frage, wie es wohl für ihn sein werde, wenn sein Vater tot wäre. Der handfeste Anlass dazu war der, dass er als Juniorchef mit dem Vater zusammen ein Geschäft leitete. Meine Frage kam für ihn sehr überraschend, er wollte sie zunächst schlicht nicht wahrhaben und nahm sie denn auch gar nicht wahr. Ich blieb aber hartnäckig dabei, weil ich ahnte, es liege da zuviel an allen möglichen familiären, beruflichen und geschäftlichen Pendenzen herum, die sich nicht von selber erledigten. Weil er von klein auf gelernt hatte, Vaterfiguren gegenüber folgsam zu sein, kam auch ich in den Genuss davon, und schliesslich fing er doch an, sich mit meiner Frage zu beschäftigen. Wie es sich bald zeigte, hatte ich damit eine Lawine losgetreten. Gegen viel inneren Widerstand wurde ihm bewusst, sein Leben ganz auf den Vater eingerichtet zu haben und eigentlich all das gar nicht zu lieben, was er diesem zuliebe machte. Im Grunde seiner selbst wollte er etwas ganz anderes als in die Firma des Vaters eintreten, etwas, das mit Kunst zu tun hatte. Er merkte, dass er sich mit dem Vater nie auseinandergesetzt, sondern sich nur angepasst hatte. Den Tod des Vaters gleichsam vorwegnehmend, fing er an, zu überlegen, was er jetzt schon tun könnte, um sein Leben noch zu verändern.

Eines Tages war er soweit, dass er sich entschloss, aus der Firma auszutreten, seine Anteile zu verkaufen und sich ganz anders einzurichten. Es versteht sich von selbst, dass dadurch die früher übersprungenen Auseinandersetzungen mit dem Vater unausweichlich wurden. Sie dauerten über Jahre, und beide kamen mit der Zeit auch nur einigermassen miteinander ins reine. Alle Pendenzen werden sie nie abtragen können.

Mit den Eltern vor ihrem Ableben ins reine zu kommen ist nicht nur ein hoher, sondern ein unerreichbarer Anspruch. So mindestens glaube ich aus Erfahrung sagen zu müssen. Generationen lösen sich nicht einfach ab, so dass sie in ein zählbares Nacheinander aufzureihen wären. Sie schieben sich vielmehr in-, über- und untereinander. Mehr als nur eine der früheren ragt in die späteren hinein. Auch unsere Eltern bleiben zeitlebens Kinder ihrer Eltern. Die Vorlagen für die Muster im Generationenteppich sind alt und bleiben wirksam. *Aufarbeiten*, wie die ganz Fleissigen es so gern möchten, lassen sie sich nur zum kleinsten Teil. Auch jetzt nicht, wo Eltern auf den Tod zugehen. Es ist oft nicht bloss die Angstschwelle zur offenen Kommunikation, welche daran hindert, sondern die Angstschwelle vor dem Tod und der damit verbundenen Sprachlosigkeit. Es kann durchaus sein, dass das Ansprechen des Bevorstehenden durch die zweitletzte Generation wie ein erlösendes Wort wirkt. "Hast du Angst vor dem Tod?" fragte kürzlich ein Freund unvermittelt seinen Vater. "Ja", sagte dieser und fing an zu weinen. Die lange versperrten Schleusen waren offen, auch zum Sohn hin, nachdem seit dem Tod der Frau und Mutter die Beziehung der beiden Männer schwer geworden war. Aber auch das andere ist möglich, dass nämlich Ungehaltenheit, Vorwürfe, Verhärtung eintreten, wenn ein Kind es wagt, seine Eltern an den Tod zu erinnern. "Ach so, du möchtest, dass ich nicht mehr da bin." "Du kannst offenbar nicht warten, bis du mein Geld hast." Solche Reaktionen wären an sich Signale dafür, dass an einen wunden Punkt gerührt wurde. Statt das Wunde zu pflegen, wird oft gerade das Verkehrte gemacht, und das Gift breitet sich weiter aus. Der Angstpegel steigt. Weil ein neuer Anlauf noch schwieriger geworden ist, lässt man ihn am liebsten bleiben. Und schweigt wie ein Grab, obwohl noch keiner drin ist.

Leben und sterben lassen

Ich habe nun schon ein paar Male vom Loslassen gesprochen. Ob Eltern sterben können, kann auch davon abhängen, ob wir sie loslassen. Sie klammern sich vielleicht an uns, weil *sie* nicht loslassen können. Gleichzeitig sind *wir* es aber vielleicht, welche sie halten. Ein Mann beklagte sich einmal darüber, seine Mutter könne und könne nicht sterben. Als ich ihn fragte, ob *er* denn dazu bereit sei, überraschte ihn die Frage, und er meinte etwas floskelhaft: "Eine gute Frage." Als er kurz darauf in einer etwas überraschenden, unsanften Art zur Mutter sagte, sie hätte laut ärztlichen Prognosen noch so uns so viele Wochen, ging sie tatsächlich innerhalb dieser ihr scheinbar vom Sohn gesetzten (und erlaubten) Frist.

Seinen Tod muss jeder selber und alleine sterben, aber es geschieht dennoch in vielen Abhängigkeiten von der Umwelt und vom Beziehungsnetz. Verstrickungen halten gefangen. Unerfüllte Erwartungen lassen weiter hoffen. Nicht beglichene Rechnungen mobilisieren Racheenergien. Oder es bleibt die Sorge um Kinder, zum Beispiel um behinderte, die man nicht alleine zurücklassen möchte. Und so weiter. Einander leben lassen kann schon schwerfallen, sterben lassen oft noch mehr. Da nichts sich entwirrt und klärt, wird mit dem Ansprechen des Sterbens immer länger zugewartet. Plötzlich ist es zu spät, alles bleibt auf der Strecke und wirkt in der nächsten Generation in ganz unterschiedlicher Weise weiter.

An einem Punkt fällt das zum Beispiel häufig auf, dann nämlich, wenn es ums Erben geht. Der Streit darüber kann sich unter Umständen über Generationen hinweg fortsetzen und keiner scheint daran interessiert zu sein, ihn zu beenden. Lieber prozessiert man sich mit Hilfe von Anwälten und Gerichten bankrott. Ich denke jetzt an ein konkretes Beispiel, wo vor ca. 20 Jahren der Vater starb, ein Haus und offenbar noch einiges dazu hinterliess. Er war von seiner unverheirateten Tochter bis zum Tod betreut und begleitet worden. Sie lebte nachher allein im Haus, bis sie selber starb. Seither sind Jahre ins Land gegangen, das Haus bleibt leer und verkommt. Garten und Mauern zerfallen, und die Geschwister, die alle schon über 70 sind, vergällen sich gegenseitig das Leben mit Missgunst und Misstrauen. Ich kann über die Hintergründe nur phantasieren. Ich vermute, dass die endlose Geschichte zwischen den Geschwistern mit ihren Eltern zusammenhängt. Etwa so: Jeder will möglichst viel für sich herausholen und delegiert seinen Wunsch an

Anwälte und Gericht, an Elternsubstitute also, die ihn dafür kompensieren sollen, dass er zu kurz kam. Geschwisterrivalitäten haben etwas mit der Beziehung der Eltern zu den Kindern und umgekehrt zu tun. Was sich in Familien an ökonomischen Erbproblemen und -konflikten äussert, steht oft genug für Unausgeglichenheiten im Familienethischen. Um es bildlich zu sagen: Offene Rechnungen im Ethischen können dazu führen, dass es zu keinen Rechnungsabschlüssen im Erbgang kommt. Der Rhythmus des Gebens und Nehmens ist gestört, und so stellt jeder nur Schuldscheine, aber keine Quittungen aus.

Identitätskrisen

Es gibt jedoch nicht nur das materielle Erbe, welches eine abtretende Generation der anderen vermacht. Auch jene, die keine erbrechtlichen Anwartschaften haben, haben sich dauernd auseinanderzusetzen damit, welches ideelle Erbe an Zielen, Werten, Familiensinn sie antreten und welches sie verweigern wollen. Es geht oft um generationenübergreifende Vermächtnisse bzw. um Treue oder Verrat ihnen gegenüber. Wir kommen wieder in einen Bereich, der so facettenreich ist, dass nur dies und das angedeutet werden kann. Der Tod der Eltern kann persönliche Identitätskrisen auslösen. Bin ich jetzt einer von denen oder nicht? Soll ich dazu stehen oder es verweigern? Originaltöne aus Beratungsgesprächen hören sich etwa so an: "Ich habe mit meinen Eltern, mit meiner Familie, endgültig gebrochen." - "Ich gehe nicht an Mutters Beerdigung." - "Ich will mit denen nie mehr etwas zu tun haben." - "Ich habe meine Familie hinter mir." Dieser Satz ist mehrsinnig: Steht nun meine Familie als Schutz und Sicherheit hinter mir oder dient sie zur Entsorgung bereitgestellter Abfälle des Lebens, als Reserve oder als Last? Je nachdem wird sich beim Tod der Eltern zeigen, wie man die Familie *hinter sich* hat. Lasten können abfallen, und Befreiung kann sich einstellen. Oder ein schlechtes Gewissen fängt an zu nagen, Selbstvorwürfe entstehen mit dem Tod von Vater oder Mutter, als sei man dafür mitverantwortlich, weil man sie allein gelassen habe.

Sterben in der Familie Mozart

Anstelle weiterer Aufzählungen oder theoretischer Überlegungen möchte ich zum Schluss vom Leben und Sterben in der Familie Mozart berichten. Es ist das Jahr 1778. Am 23. März treffen Wolfgang Amadé und seine Mutter Maria Anna in Paris ein. "Fort mit dir nach Paris", hatte der Vater Leopold am 12. Februar brieflich nach Mannheim, wo die beiden noch bei den Weberschen, der künftigen Schwiegerfamilie Mozarts, waren, angeordnet. Am 3. Juli 1778 stirbt die Mutter mit knapp 58 Jahren in Paris. Gleichentags schreibt Wolfgang drei Briefe, einen an Abbé Bullinger in Salzburg, einen nach Mannheim und einen an seinen Vater. Im ersten und zweiten teilt er den Tod seiner Mutter mit. Dem Vater sagt er lediglich, die Mutter sei *sehr krank*. Ein paar Sätze aus dem Brief an Abbé Bullinger:

> *"Aller bester Freund! Für Sie ganz allein. Trauern Sie mit mir, mein Freund! - Dies war der traurigste Tag in meinem Leben. - Ich schreibe dies um 2 Uhr nachts. - Ich muss es Ihnen doch sagen, meine Mutter, meine liebe Mutter ist nicht mehr! - Gott hat sie zu sich berufen. - Er wollte sie haben, das sah ich klar. - Mithin habe ich mich in Willen Gottes gegeben. - Er hatte sie mir gegeben, er konnte sie mir auch nehmen. (...)*
>
> *Ich bitte Sie unterdessen nichts als um das Freund-Stück, dass Sie meinen armen Vater ganz sachte zu dieser traurigen Nachricht bereiten. - Ich habe ihm mit der nämlichen Post geschrieben, aber nur, dass sie schwer krank ist. - Warte dann nur auf eine Antwort, damit ich mich danach richten kann. Gott gebe ihm Stärke und Mut! (...)*
>
> *Ich bitte Sie also, bester Freund, erhalten Sie mir meinen Vater. Sprechen Sie ihm Mut zu, dass er es sich nicht gar zu schwer und hart tut, wenn er das*

Ärgste erst hören wird... Gehen Sie doch gleich hinaus zu ihm, ich bitte Sie! - Sagen Sie ihm noch nichts, dass sie tot ist, sondern präparieren Sie nur so dazu - tun Sie was Sie wollen - wenden Sie alles an - machen Sie nur, dass ich ruhig sein kann - und dass ich nicht etwa ein anderes Unglück noch zu erwarten habe. - (...)

Adieu, ich bin derer gehorsamster dankbarster Diener, Wolfgang Amadé Mozart"

Den wahren Sachverhalt schreibt er dem Vater erst sechs Tage später. War es Angst vor dem strengen Vater, waren es Gewissensbisse gegenüber beiden Eltern, die es ihm verunmöglichten, offen zu sein? Die geduldige und schweigsame Mutter hatte es sicher nicht leicht mit diesem Sohn allein in Paris.

Umständlich ist auch, was Wolfgang vor dessen Tod an den Vater schreibt. Beim Tod der Mutter war er 22jährig, beim Tod des Vaters 31. Leopold Mozart starb am 28. Mai 1787. Im letzten (erhaltenen) Brief an ihn schreibt Wolfgang am 4. April 1787:

"Mon très cher Père! Diesen Augenblick höre ich eine Nachricht, die mich sehr niederschlägt; umso mehr, als ich aus Ihrem Letzten vermuten konnte, dass Sie sich gottlob recht wohl befinden. Nun höre ich aber, dass Sie wirklich krank seien! - Wie sehr ich einer tröstenden Nachricht von Ihnen selbst entgegensehe, brauche ich Ihnen doch wohl nicht zu sagen. - Und ich hoffe es auch gewiss, - obwohl ich es mir zu Gewohnheit gemacht habe, mir immer in allen Dingen das Schlimmste vorzustellen. - Da der Tod (genau zu nehmen) der wahre Endzweck unseres Lebens ist, so habe ich mich seit ein paar Jahren mit diesem wahren, besten Freunde des Menschen so bekannt gemacht, dass sein Bild nicht alleine nichts Schreckendes mehr für mich hat, sondern recht viel Beruhigendes und Tröstendes! - Und ich danke meinem Gott, dass er mir das Glück gegönnt hat, mir die Gelegenheit (Sie ver-

stehen mich) zu schaffen, ihn als den Schlüssel zu unserer wahren Glückseligkeit kennen zu lernen. (...)

Ich hoffe und wünsche, dass Sie sich, während ich dies schreibe, besser befinden werden; sollten Sie aber wider alles Vermuten nicht besser sein, so bitte ich Sie bei ..., mir es nicht zu verhehlen, sondern mir die reine Wahrheit zu schreiben oder schreiben zu lassen, damit ich so geschwind als es menschenmöglich ist in Ihren Armen sein kann; ich beschwöre Sie bei allem, was uns heilig ist.

Doch hoffe ich, bald einen trostreicheren Brief von Ihnen zu erhalten und in dieser angenehmen Hoffnung küsse ich Ihnen tausendmal die Hände, und bin ewig Ihr gehorsamster Sohn W.A. Mozart."

Der Tod als *Schlüssel zu unserer wahren Glückseligkeit*. Ist das im Munde Mozarts nur *gut katholisch*, oder will er damit den Vater oder gar sich selber gleichsam *auf Vorschuss* trösten? Was steckt in der Klammer "Sie verstehen mich" im gleichen Satz?

Die Beziehung zwischen Vater und Sohn war schwierig geworden, seit Wolfgang in Wien lebte. Ins reine gekommen sind die beiden nicht mehr. Nach des Vaters Tod folgt der kurze letzte Abschnitt im Leben von Wolfgang Amadé voll von schöpferischer Kraft. Er schreibt vollkommene, ins Volle gekommene Werke: *Die kleine Nachtmusik*. Die Opern *Don Giovanni* und *Die Zauberflöte*. Streichquartette. Instrumentalkonzerte. Unter den Symphonien die in g-moll, KV 550. Die *Zensur* des Vaters entfällt jetzt. Es ist, als könne er sich jetzt ungehindert auskomponieren. Er ist jetzt selber ganz an der Reihe. Der Lebensrahmen jedoch wird brüchiger, die finanzielle Situation prekär, die nie robust gewesene Gesundheit zerbrechlich. Am 5. Dezember 1791 ist auch sein Leben erloschen. Mit knapp 36 Jahren war er ein Jahr jünger als sein Vater bei seiner Geburt. Von seinen sechs Kindern haben ihn zwei Söhne überlebt. Seine Frau Constanze lebte noch 51 Jahre weiter bis 1842.

Bei den Mozarts hielt sich der Tod nicht an eine ordentliche Reihenfolge. An Wolfgang Amadeus kommen andere Anblicke eines erfüllten Lebens zum Vorschein, die nicht daran gebunden sind. Das relativiert auch die Idee einer regelhaft mechanischen Abfolge der Generationen.

Es ist immer Zeit des Sterbens. Nochmals aus dem erwähnten Brief an den Vater vom 4. April 1787:

> *"Ich lege mich nie zu Bette ohne zu bedenken, dass ich vielleicht, so jung ich bin, den andern Tag nicht mehr sein werde."*

AUF DEM WEG...VON MENSCH ZU MENSCH

Magdalena Wenger

Was bedeutet *auf dem Weg sein* für mich? Als Gesundheitsschwester in der spitalexternen Kranken- und Gesundheitspflege fahre ich von Mensch zu Mensch, begegne den Menschen, erlebe Gemeinsames mit ihnen. Beschränkt sich nur meine tägliche Aufgabe darauf, auf dem Weg zu sein, um Begegnungen mit Menschen zu erfahren? - Nein! Wir alle sind auf dem Weg. Wir alle sind auf unserem individuellen Weg.

Ich begegne Menschen jeden Alters, erlebe Gemeinsames mit ihnen, fahre weiter - erlebe auch unterwegs in der Natur Einmaliges - und teile mit anderen Menschen wieder ein Stück Leben. Oftmals stehe ich an Kreuzungen, fragend: wie weiter? Ich muss mich neu orientieren.

Auf dem Weg sein bedeutet für mich aber auch, dass ich einen Menschen gedanklich begleite, indem ich versuche, zu verstehen, was er mir sagen will, wie er fühlt. *Auf dem Weg sein* bedeutet weiter, einen Menschen meine Nähe in Gedanken erfahren zu lassen. Ich erfahre mit Menschen Begegnung, Neuorientierung, Gemeinsames, Rückblick, Weitergehen.

Auf dem Weg sein heisst Bewegen - Erleben, sonst ist es kein Leben. Und dieses Leben wiederum bedeutet uns Selbstverständlichkeit. Wie aber halten wir es mit Sterben?

Sterben als Erleben der Jahreszeit? Gedeihen - wachsen - blühen - sterben. Auf dem Weg sein!

Es sind alles einmalige Lebensgeschichten, die ich bei der Begleitung sterbender Eltern erfahre. Und doch haftet ihnen etwas Gemeinsames an. Gemeinsam sind Menschen unterwegs, sie erleben gemeinsam.

Meine Arbeit im Kreise Sterbender vergleiche ich mit dem Additionszeichen: ein nicht wegzudenkendes Zeichen, um mit dem Betroffenen, mit der ganzen Familie ans Lebensziel zu gelangen. Als eine von weiteren Wegbegleiterinnen vermittle ich zwischen Patient und Familie, wenn Eltern zu Hause sterben, mit dem Ziel, den Tod als Verbündeten unseres Lebens anzunehmen. Wo stehen andere als Wegbegleiter? - Ich lade alle ein, mit mir unterwegs zu sein, mit mir einige ganz persönliche Erlebnisse zu teilen. Wir werden versuchen, das, was zwischen Leben und Sterben liegt, besser zu verstehen.

Wer von uns kennt nicht das freudige Gefühl, wenn eine Familie um ein Kind reicher wird? Geburt bedeutet allseits spürbare Glückseligkeit. Mit dem Eintritt ins Leben beginnt der Mensch seinen individuellen Weg, welcher seinen Abschluss im Sterben findet. Wie kann ich nun die Begriffe *Leben* und *Sterben* zu einem Teil meines eigenen Lebens machen? Erst wenn ich mich mit meinem eigenen Loslassen, meiner eigenen Vergänglichkeit befasse, also wenn ich mich mit meinen eigenen Stufen des Lebens intensiv auseinandersetze, werde ich fähig, mich in den Kreis Patient-Begleiterin vermittelnd einzuordnen. Werde ich als Begleiterin bei unerwarteter Krankheit oder plötzlich herannahendem Tod gerufen, erlebe ich vorerst Hilflosigkeit und Unvermögen, Worte zu finden. Für mich ist es dann wichtig zu erfahren, wie diese Familie lebt, was uns verbindet und vor allem, welche Bedürfnisse der Leidende im Moment empfindet. Hier setzt die eigentliche Begleitung, der gemeinsame Weg ein.

Meine Aufgabe als Begleiterin besteht darin, als Dazwischenstehende, als Additionszeichen zu vermitteln, mit

Patient und Familie Schritt für Schritt voranzukommen - und dabei niemals zu vergessen, dass es sich um ein Nebeneinander und Miteinander, einen Austausch auf individuellen Lebenswegen, handelt.

Wir stehen in einem Procedere, das bedeutet:
"pro" = für
"cedere" = abgeben, loslassen, weichen.
Also: Raum schaffen für etwas Neues.

Auf dem Weg sein...vom Leben zum Sterben!

Anhand dreier persönlich erlebter Beispiele verdeutliche ich das vielgestaltige Procedere, stelle ich dar, wie Raum geschaffen wird für das Neue.

Beispiel 1

Frau W. war seit zwei Jahren krank. Sie wurde über ihre unheilbare Krankheit informiert, sprach jedoch nicht darüber. Ihre Aussage dazu: "Ich will nicht über meine Krankheit sprechen, sonst werde ich hässig. Und hässig sein will ich nicht." Der Gatte unterstützte diesen Wunsch und bekräftigte, wie seine Frau eine gute, treue Mutter gewesen sei und wie schwierig es nun für sie sei, selber Hilfe anzunehmen, auf andere Menschen angewiesen zu sein. Die beiden hofften noch immer auf Genesung, weder über Krankheit noch über Tod wurden Worte verloren.

Bereits mein erster Besuch verriet mir, wie sehr Frau W. krank war. Da sie die morgendliche Körperpflege nicht mehr alleine bewältigen konnte, war sie gerne bereit, meine Hilfe anzunehmen. Sonst gehe es schon wieder, versicherte mir die Kranke.

Meine Beobachtungen liessen mich einen nahen Tod von Frau W. ahnen. Was will ich eigentlich hier? Meine eingangs erwähnte Aufgabe: Ein Stück Weg mit Frau W. gehen, sie auf ihrer letzten Wegstrecke begleiten. Aber: wie begleiten? Was geschieht durch meine Begleitung? Das Nebeneinander, Miteinander, der Austausch heisst in der Musik die harmonische Nebenstimme zur Melodie. Meine Stimme soll unterstützen, helfen. Keine Melodie ist wie die andere, also auch nicht die Nebenstimme. Vorerst ist es deshalb wichtig, etwas vom Leben zu erfahren. Kein einfacher Auftrag, denn ich bin nicht zum Plaudern gerufen worden, sondern zur Verrichtung der Körperpflege. Frau W. wollte dreimal wöchentlich frisch gewaschen werden. Mir verblieb vorderhand nur, mich auf das Waschen, Kämmen, Zähneputzen etc. zu beschränken - bis ich beim dritten Besuch schon bei der Begrüssung eine Veränderung spürte. Ich war daran, eine Körperlotion einzumassieren, als Frau W. plötzlich von ihrem vor drei Jahren verstorbenen Sohn zu erzählen begann. Frau W. trauerte noch immer um den Verlust. Sie vermochte nicht weiter zu reden, ich sass ruhig neben ihr. Plötzlich fasste sie meine Hand, drückte diese, als wollte sie sagen: Gut, dass ich weiss, dass Sie kommen, bei mir sind, mich verstehen - dass ich nicht allein gelassen werde! Zwischen uns war Wichtiges vorgefallen, die Bereitschaft war eingetreten, gemeinsam ein Stück Weg zu gehen, jedes auf seine Weise. Frau W. hatte nichts dagegen, wenn ich mich nach der Pflege noch ein wenig hinsetzte - den Gatten hatten wir hinter uns zurückgelassen. Er gab mir nämlich zu verstehen, dass ich meine Arbeit getan hätte und somit das Haus verlassen dürfte.

Eines Tages erzählte mir Frau W. von ihren Ängsten rund um das Leiden. Ich begleitete, teilte die Worte, ohne sichtbare Hilfe schenken zu können. Der Gatte brachte an, es gehe schon wieder, es sei ja nicht so schlimm. In mir stieg die Frage auf: Für wen ist es nicht so schlimm, respektive ist es so schlimm? Der Gatte fürchtete sich vor dem Leben ohne seine Frau. Dieser Gedanke schien ihm unerträglich. Ich war da, versuchte meinem Verständnis Ausdruck zu geben und sicherte zu, dass wir gemeinsam das Procedere vom Leben zum Sterben durchmachten. Zwei Tage später erzählte mir dann der Gatte, wie schön es sie beide zusammen gehabt hätten, und nun sei plötzlich alles furchtbar anders. Er fasste in Worte, dass er sich ein Leben allein nicht denken konnte. Frau W. hatte die Kraft gefunden, ihn zu trösten mit dem einfachen Sätzchen: "Es wird schon gehen."

Von nun an öffnete sich auch Herr W. Was wurde wohl im Anschluss an meine Besuche von den beiden durchbesprochen? Was lösten meine Fragen, mein Miterleben aus? Ich fühlte, dass ich wie ein Additionszeichen zwischen den beiden Menschen stand. Alle waren wir wichtig, um unser Ziel zu erreichen, das heisst dem Sterben von Frau W. näher zu kommen.

Nach einer Woche ging es Frau W. viel schlechter. Sie war froh, dass ich nun täglich kam und die Pflege dem Gesundheitszustand täglich anpasste. Selbstverständlich übernahmen auch die Kinder vermehrt Aufgaben, die früher Frau W. zustanden. Die sechsjährige Enkelin war begeistert dabei, als sie mir beim Waschen helfen durfte. Spontan flossen Fragen, es entstand ein ganz natürlicher Bezug zur Krankheit. Ich nahm mitten drin Anteil und blieb doch nur eine Person zwischendurch, das Additionszeichen. Innerhalb kurzer Zeit wuchs ein intensiver Kontakt zwischen allen Beteiligten. Das Neue im Leben durch die Veränderung von Frau W. fand Raum.

Zwei Wochen nach meinem ersten Besuch ist Frau W. im Kreise ihrer grossen Familie zu Hause und ohne Schmerzen ganz friedlich gestorben.

Die Begegnungen in Verdrängung, Hilflosigkeit, Trauer, Abschied und Fragen wiesen den Weg zum Tod, zum Sterben. Was in und um uns geschehen ist, lässt sich nicht in Worten ausdrücken. Für mich bleibt wahrhaftig: Die vielen echten Begegnungen zwischen Menschen im Sterben von Frau W. machten den Weg frei für ein Sterben, wie sie sich es gewünscht hatte - ein Sterben zu Hause!

Beispiel 2

Herr K. war seit drei Jahren krank. Er hegte grosse Hoffnung, Sieger über die Krankheit zu werden. Als nach unzähligen, nur vorübergehend helfenden Therapien der Zustand sich unausweichlich verschlimmerte und Herr K. seinen Tod erkannte, begehrte er nur noch eines: nach Hause zu gehen und dort zu sterben.

Zusammen mit seiner Gattin bereitete ich den Austritt aus dem Spital vor, indem ich die nötige Komfortpflege sicherte und ein elektrisches Bett sowie einen Sauerstoff-Konzentrator bereitstellte. Herr K. war ein Mensch, der wusste, was er wollte. In seiner Freizeit hatte er sich als Antiquitätenhändler betätigt und sich beim Fischen von den Alltagsstrapazen erholt. Einschränkungen anzunehmen war schwierig, und dies äusserte sich in Aggressivität. Für mich wirkte sich das Wissen hilfreich aus, dass Herr K. Mühe hatte, sich pflegen zu lassen - er kam sich wie ein Kind vor und war doch ein erwachsener Mensch, der dies sein und bleiben wollte!

Meine täglichen Besuche gestalteten sich nicht immer einfach. Wir waren von Tag zu Tag auf Neuorientierung angewiesen, Krankheit und Gemütsverfassung forderten dies.

Ausgerechnet als Herr K. wieder einmal aggressiv tat, fand ich im Gespräch heraus, dass sein grösster Wunsch lautete, nochmals fischen zu gehen. Wie nur konnte ich ihm diesen Wunsch erfüllen? Beim Versprechen, das Möglichste zu unternehmen, spürte ich das Unverständnis der Gattin. Sie konnte mein Vorhaben nicht unterstützen, benötigte Herr K. doch zu diesem Zeitpunkt dauernd Sauerstoffgaben, und er vermochte kaum mehr zu gehen. Nach vielen Tagen und gemeinsamen Planungen gelang es dann, den Gedanken in Tat umzusetzen. Herr K. durfte mit seinem Bruder an seinen geliebten Fischerplatz fahren.

Es brauchte nicht einen einzigen Fisch, um tags darauf einen glücklichen Herrn K. anzutreffen! Seine Augen, sein Händedruck sagten alles, was Worte nicht schaffen. Herr K. war glücklich, er hatte sein Leben nochmals erlebt.

Von nun an ging's bergab. Herr K. wurde vermehrt bettlägerig, sprach wenig, er akzeptierte seinen nahen Tod.

In den Armen seines Sohnes, im Kreise von Familie, Krankenschwester, Arzt und Pfarrer ist Herr K. ruhig und friedlich gestorben.

Viele Leute stellten sich gegen die Krankheit, bis diese schliesslich mächtig wurde, bis Herr K. sein Leben neu erlebte und gar Leben im Sterben akzeptierte. Das Procedere. Zwischen den Beteiligten hat sich viel ereignet. Auf dem Weg sein... ein Wegstück gemeinsam mit Herrn K.

Die Gattin verstand erst später, weshalb es für ihren Mann so wichtig gewesen war, nochmals fischen zu gehen. Sie umarmte mich, es war etwas geschehen zwischen uns, was der Worte entbehrt, denn es war Er-leben!

Beispiel 3

Herr A. wurde mit Diagnose *Krebs* aus dem Spital entlassen. Drei Monate Krankheitszeit lagen hinter ihm - zu kurz, um zu verstehen, dass eine Mitarbeit auf seinem Bauernhof nach einem arbeitsintensiven Leben nicht mehr möglich war.

Als ich Herrn A. das erstemal zu Hause in seiner Stöckliwohnung antraf, konnte er noch knapp sein Bett verlassen. Das Gesicht verriet Sorgen und Schmerzen. Bald stellte sich heraus, dass Patient und Gattin die Besuche der Krankenschwester dankbar hinnahmen, boten sie doch Gelegenheit, ihre Sorgen und Ängste mit jemandem zu teilen. Allerdings wurden Krankheit und Sterben aus dem Gespräch verbannt. Viel wichtiger war für Herrn A., die Übergabe seines Hofes zu besprechen. Fragen, an uns Begleiter gerichtet, zeigten, dass Herr A. um sein nahes Sterben wusste. Als er von uns die Zusicherung hatte, dass wir Schwestern ihn gerne zu Hause pflegen und begleiten wollten, setzten alle, selbst die bis anhin dem Schweigen verpflichtete Familie, alles daran, eine Spitaleinweisung zu vermeiden. Diese Gewissheit trug Herrn A., sie gab ihm Kraft und damit neues Leben. Trotz Schmerzen war er sehr zufrieden, wenn die ganze Familie versammelt war und Anteil nahm an diesen Lebenstagen. Die Hofüberschreibung vollzog sich an den Sohn; nun wusste Herr A., dass er Wichtiges hinter sich gebracht hatte. Die Schmerzen wurden zum täglichen Begleiter, trotzdem liebte Herr A. einen kleinen Spaziergang um sein Haus, eine Autofahrt oder die für seinen Geburtstag gebackene Lieblingstorte. Die verbleibenden Tage in ihrer ganzen Intensität, von der Familie und den Begleitern geteilt, liessen meinen, Herr A. sterbe nicht.

Eines Tages verschlimmerte sich sein Zustand erneut, und da Herr A. weder von Leiden noch von Sterben sprach, nahm ich die Aufgabe wahr, mit der Familie über das nahe Lebensende zu sprechen. Anfänglicher tiefer Erschütterung folgte Erleichterung. Von nun an wurden die Tage noch intensiver gelebt und erlebt.

Herr A. konnte das Bett bald nicht mehr verlassen, er benötigte intensivere Pflege und die Anwesenheit seiner Familie. Die Schmerzmittel mussten neu angepasst werden, vermehrt musste dem Patienten in kleinen Schlücken zu trinken gegeben werden, und die spezielle Mundpflege vermittelte, wenn auch nur für kurze Zeit, Linderung und Pflegeunterstützung. Herr A. konnte nicht mehr alleine gelassen werden, jeder Augenblick wurde zu einem besonderen Erleben. Wahrnehmungen des Augenblicks machten unsere Besuche zum gegenseitigen Erleben, zu einem Bestandteil des täglichen Lebens von Familie A. Nach und nach wurden die Gespräche über den Ist-Zustand offener. Das nahe Sterben vermittelte intensives Leben. Wir lernten, über Tabus zu sprechen, überquerten gemeinsam die hohe Brücke, gaben uns Halt, und jedes konnte seinen Weg weitergehen.

Im Wissen, dass Herr A. von seiner Familie auch im Sterben nicht verlassen wurde, verabschiedeten wir uns jeweils mit der leisen Frage, wann und wie unsere nächste Begegnung wohl stattfinden würde.

Eines Morgens starb Herr A. im Kreise seiner Familie. Die Krankenschwester brauchte es zu dieser Stunde nicht mehr, denn zwischen ihren Besuchen ereignete sich Wesentliches. Herr A. hatte Zeit, alles Unerledigte zu erledigen, sich dabei von der Familie begleiten und unterstützen zu lassen, sie führte aus, was er selber nicht mehr konnte. Die Zwischenzeit unserer Besuche hatte ihre Wichtigkeit, indem die Familie sich dem Gespräch hingeben konnte. Das Sterben konnte Schritt für Schritt als Erleben erfahren werden. Ein Sterben zu Hause, das in den Angehörigen von Herrn A. auch im nachhinein intensiv weiterlebt.

Ein Procedere löst das andere ab. Das neue Procedere für die Familie heisst Trauerarbeit, es verlangt seine Zeit, gilt es doch, neues Leben ohne Herrn A. finden und erleben zu lernen.

Ich wäre mühelos in der Lage, unzählige weitere Beispiele anzufügen. Alle würden zeigen, wie ich das Sterben in meinem Alltag, vor allem in den Familien zu Hause erlebe. Beispiele fordern wohl zum Nachdenken auf, sind aber ungeeignet, unser persönliches Leben und Sterben danach auszurichten, denn jedes Leben und Sterben hat sein besonderes Gepräge, ist ein ganz neues Erleben.

In einigen Sätzen möchte ich nochmals die Wichtigkeit der Gemeinsamkeit aufzeigen. Im Mittelpunkt steht der Patient, er wird von Familien und Freunden umgeben. Kein Ring in der Kette darf fehlen, jeder hat seine Wichtigkeit. In diesen Kreis ordnet sich der Begleiter von aussen stützend ein. Oft übernehmen die Familie und/oder andere Begleiter Aufgaben der Begleiterin, wiederum bin ich aber als Koordinatorin mitverantwortlich. Von Fall zu Fall versuche ich herauszufinden, wo und wieviel ich mit welchen Beiträgen unterstützen und koordinieren muss. Ich darf mich als Vermittlerin, als Brücke zwischen Patient, Familie und verschiedenen Intervenierenden wissen.

Was dies für die Betroffenen bedeutet, gebe ich anhand von Aussagen zurückgebliebener Angehöriger zu verstehen:

- Tabus werden angesprochen.
- Anregungen zu Erleichterung werden vermittelt.
- Die Familie fühlt sich sicherer.
- Der Rhythmus in Pflege und Begleitung ist wichtig.

- Angst und Hemmung werden von Vertrauen abgelöst.
- Probleme können ausgesprochen und gemeinsam mit der Begleiterin einer Lösung zugeführt werden.
- Erst einmal an die Hilfe von aussen gewöhnt, wird Entlastung spürbar.
- Kraft spenden ist wichtig, denn eigenes Selbstwertgefühl spendet auch dem Leidenden Kraft.

Solche und ähnliche Aussagen bestätigen die Wichtigkeit, dass wir als Begleiter dieselbe Sprache wie die Betroffenen sprechen müssen, um mit ihnen ein Stück Weg gemeinsam gehen zu können. Auf dem Weg sein, gemeinsames Erleben, stärkt alle Beteiligten. Auf solchem Fundament wächst das Vertrauen des Patienten und damit unsere menschliche Nähe. Mehr und mehr bewegen wir uns in der Balance von Vertrauen, Geben und Nehmen.

Die vielen Begleitungen über meine Berufsjahre hinweg lehrten mich, dass ich mit Nähe und Liebe belohnt werde; es sind unvergessliche Erinnerungen, die auch mir mein eigenes Leben und Sterben bewusst machen, mir den Weg ebnen, mein Leben und Sterben zu leben.

Die Erfahrung zeigt, dass das Sterben der Eltern zu Hause für den Begleiterkreis zu einer Bereicherung werden kann. Anfängliche Überforderung wird durch Genugtuung und Bestätigung abgelöst. In der Begleitung wächst die Bereitschaft, das Sterben des lieben Angehörigen besser anzunehmen. Die Begleitung, der Einbezug in das Procedere, leitet gleichzeitig den Trauerprozess, das neue Procedere, positiv ein. So verwundert es nicht, dass viele Angehörige später feststellen, dass sie trotz dunkler Stunden des Abschiedes viele positive Erfahrungen gesammelt haben und dass für sie ein Zugang zur eigenen Sterbevorbereitung geschaffen wurde. Ich glaube, dass allein die persönliche Auseinandersetzung unsere Begleitungen zu einem neuen Erleben macht.

TRAUERBEGLEITUNG IN DER GEMEINDEKRANKENPFLEGE

Lucia Achermann

Bei unserer Arbeit in der Gemeindekrankenpflege stellten wir uns öfters die Frage, ob mit dem Tod eines Patienten, den wir über längere Zeit zusammen mit seinen Angehörigen beraten, gepflegt und begleitet haben, unsere Arbeit wirklich getan sei. Ich will das mit einem Verlauf aufzeigen: Wenn wir einen Pflegeauftrag übernehmen, sind wir nicht von einer Stunde zur anderen mit allem Material da. Es beginnt mit einem Gespräch, einem wöchentlichen Besuch, wenig Pflegematerial, vielleicht ein Bettbügel, ein Nachtstuhl, ein Infusionsständer. Die Pflege wird dann immer intensiver. Unsere Betreuung beinhaltet tägliche Besuche bis zu mehreren Besuchen pro Tag. Nach dem Tod eines Patienten räumen wir das Feld, fahren weg mit überladenem Auto, das Material wird geputzt und für den nächsten Einsatz bereitgestellt; die Rechnung wird geschickt und "der Fall" abgeschlossen. Ist der Fall wirklich abgeschlossen für mich, das Team, für die Angehörigen?

Äusserlich ist alles vorbei - und doch noch so nah. Plötzlich haben wir wieder so viel Zeit; Gedanken, Ideen und zurückgestellte Arbeiten füllen die Lücke. Im Dorf trifft man die Hinterbliebenen hie und da. Oft habe ich schon eine halbe Stunde neben einem Gestell jemandem zugehört, obwohl ich nur schnell etwas einkaufen wollte, und dabei gespürt, wie wichtig dieses Zuhören und Mitfühlen ist. So ist die Idee entstanden, Hinterbliebene bei der Bewältigung der Trauerarbeit zu unterstützen.

Aufgrund der einleitenden Überlegungen entschied ich mich, im Zusammenhang mit der interdisziplinären Weiterbildung "Palliative Care" das Bedürfnis einer gewissen Trauerbegleitung durch die Gemeindekrankenpflege abzuklären und daraus Konsequenzen für unser Pflegeteam abzuleiten. Dazu führte ich einerseits Gespräche mit Angehörigen von Patienten, die durch uns betreut wurden, andererseits mit Pfarrer und Ärzten der Gemeinde. Der Inhalt dieser Gespräche ist hier in Kurzform zusammengefasst und kommentiert. Die Trauerverarbeitung des Pflegeteams ist angesprochen, und Konsequenzen dieser Arbeit für unseren Gemeindepflegedienst werden aufgezeichnet.

1. Gespräche mit Hinterbliebenen

Die erste Kontaktaufnahme machte mir Mühe. Erleichtert stellte ich aber fest, dass mein Anliegen auch dasjenige der Hinterbliebenen ist, denn schon der erste telefonische Kontakt erwies sich als sehr positiv. Alle Beteiligten waren sofort für ein Gespräch bereit und äusserten sich, so froh zu sein, wieder einmal mit jemandem über das Sterben und den Tod ihrer Nächsten sprechen zu können. Innerhalb einer guten Stunde konnte ich mit allen Beteiligten einen Gesprächstermin vereinbaren. Vorgesehen war ein zweistündiges Gespräch. Ich merkte aber bald, dass für einen solchen Austausch drei Stunden nötig waren. Alle Gespräche wurden anhand eines Leitfadens von 15 Fragen/Themen geführt. Die Äusserungen der Befragten sind im folgenden Text thematisch zusammengefasst und kurz kommentiert.

2. Wohlergehen nach einer gewissen Trauerzeit

Nach nur eineinhalb Jahren fühlen sich viele psychisch noch hin- und hergerissen. Wenn die Zeitspanne seit dem Tod grösser ist, zum Beispiel vier bis fünf Jahre, scheint es den

Hinterbliebenen besser zu gehen. Persönliche Rückfrage nach dem Wohlergehen geschieht direkt und indirekt oft auch durch Bekannte, von welchen dies nicht erwartet wurde. Für Hinterbliebene signalisierten solche Fragen Interesse an ihrer Person. Sie machen deutlich, dass sie kein Mitleid wollen, sondern dass ihnen mit konkreten Hilfestellungen besser geholfen wäre (zum Beispiel Fenster putzen, Steuererklärungen ausfüllen, usw.). Familienangehörige scheinen weniger oft nachzufragen als Bekannte.

3. Tägliche Besuche von Schwestern, Arzt und weiteren Diensten während der Krankheitszeit

Ohne das Angebot der Gemeindekrankenpflege wäre die Betreuung der Patienten zuhause gar nicht möglich gewesen. Die Angebote aller Dienste wurden als sehr positiv empfunden.

Aus der Sicht der Hinterbliebenen wird die Betreuung positiv gewertet und geschätzt, obwohl aus unserer Sicht die Koordination der verschiedenen Dienste oft als belastend empfunden wird. Meine Befürchtungen, die Privatsphäre könnte verletzt werden, waren ungerechtfertigt.

4. Daheim sterben

Es war der ausdrückliche Wunsch der Patienten, beim Sterben zuhause zu sein. Damit verbunden war auch die Erwartung an die Angehörigen, für sie da zu sein. Für die Angehörigen wäre die Belastung des Spitalbesuchsstresses grösser gewesen.

Wenn die Angehörigen Beratung und Unterstützung bekommen, fällt es ihnen leichter, diesen Wunsch zu erfüllen. Diese Phase des Abschiednehmens kann dann auch Bereicherung bedeuten.

5. Reden über Sterben und Tod

Offene Gespräche über das bevorstehende Sterben sind selten. Jedoch äusserten sich mehrere Patienten gegenüber Drittpersonen. Bei genauerem Hinhören stellen wir versteckte Botschaften fest, wie zum Beispiel die nachfolgenden:

- "Du hast es einmal schön, für dich ist gesorgt, es ist genügend Geld vorhanden, wenn ich nicht mehr da bin."
- Er ging ein halbes Jahr vor dem Tod zum Fotograf, "damit ihr ein anständiges Foto von mir habt, wenn ich nicht mehr da bin."
- Besuch beim Anwalt nach der Diagnosestellung

Es hat mich sehr traurig und nachdenklich gestimmt, wie Tod und Sterben auch heute noch Tabuthemen sind, vor allem bei Angehörigen. Von mehreren Frauen wurde es als sehr schmerzhaft empfunden, dass der Patient mit dem Arzt oder mit uns über seinen bevorstehenden Tod gesprochen hatte und nicht mit ihnen.

6. Wünsche und Erinnerungen an die letzte Zeit

Im Gegensatz zu den Gesprächen ist mir aufgefallen, dass es für alle Beteiligten einfacher war, Wünsche zu äussern und zu erfüllen. Beispiele erfüllter Wünsche:

- Daheim gepflegt werden, sterben.
- Ich schenkte ihm alle Zeit, die ich hatte. Er äusserte sich: "Ich bin so glücklich, wir haben es noch so schön zusammen."
- Ich habe für ihn in seinem Sinn beim Arzt gekämpft, keine Medikamente mehr zu geben, da keine Lebensqualität mehr da war.
- Aussage einer Patientin: "Mein Mann lässt mich nicht mehr alleine auf Spaziergänge, ins Dorf, zum Arzt; er ist so besorgt um mich, das tut so gut." (Patientin hatte oft Atemnot.)
- Geschenke, Ferien, gemeinsame Reisen und Stärkung sind Erinnerungen, die noch sehr präsent sind.

Es hat sich gezeigt, dass das nicht immer einfache Erfüllen von Wünschen viel Befriedigung gab. Erinnerungen sind äusserst wichtig und beinhalten alles: vom Hochgefühl bis zum Verletztsein. Schmerzliche Erinnerungen verblassen mit der Zeit und schöne behalten ihren Wert oder werden etwas glorifiziert. Es war für mich eindrücklich, trotz der leidvollen Zeit die mehrheitlich positiven Erinnerungen zu hören.

7. Abschiednehmen, Beerdigung, Friedhofbesuch

Für die Befragten stand die Erleichterung nach der langen Leidenszeit im Vordergrund. Erlöst von Schmerzen - ausgelitten - Stein vom Herzen.

Eine Person zog in diesen Minuten Bilanz, was alles verpasst wurde und nicht mehr nachgeholt werden konnte. Alle Befragten gaben an, die Beerdigung wie durch einen Nebelschleier erlebt zu haben. Das Bewusstsein des Unwiderruflichen kam am Abend nach der Beerdigung, als alle Leute gegangen waren. Bei allen Hinterbliebenen ist eine gewisse Regelmässigkeit beim Friedhofbesuch festzustellen. Die Motivation dazu hat verschiedene Gründe, wie gepflegtes Grab, Gedenkstätte, Treffpunkt.

Mir wurde bewusst, dass der Akt des Einsargens und aus dem Haus Tragens für uns schmerzlicher ist als für die Angehörigen. Auch wenn wir viel da waren, hatten sie die schwerste Arbeit zu leisten. Aus dieser Sicht ist auch die momentane Erleichterung zu verstehen.

Die Leere, das Alleinsein, der Verlust, die Trauer werden erst spürbar, wenn vermehrt Ruhe eingekehrt ist. Grabbesuche können anfänglich als Ritual zur Verarbeitung der Trauer dienen. Zu einem späteren Zeitpunkt kann das Grab zur Begegnungsstätte werden.

8. Personen, die sich nach dem Tod um die Hinterbliebenen kümmern

Dort, wo jüngere, erwachsene Kinder da waren, spielten diese eine wichtige Rolle. Vieles aus der zusammen erlebten Zeit kam wieder hervor - es wurde darüber gesprochen. In diesen Fällen halfen auch die Kinder bei der Regelung aller im Zusammenhang mit Tod und Begräbnis anfallenden Sachen. Bis auf eine Person waren es bei allen Menschen, zu denen vorher schon eine gute Beziehung bestand. Die eine Person lebte schon immer ohne soziales Beziehungsnetz.

Wie auch bei der Frage um das Wohlergehen während der Trauerzeit stellte ich fest, dass nicht nur psychische Hilfe notwendig ist, sondern auch konkrete Hilfeleistungen, je nach Bedarf. Menschen mit einem guten sozialen Beziehungsfeld haben zudem bessere Möglichkeiten, Hilfe anzufordern und zu erhalten.

9. Wo wurde Hilfe beansprucht?

Es zeigte sich, dass im Umgang mit schriftlichen Dingen Frauen eher Hilfe anforderten, da sie sich gewisse Sachen nicht zutrauten und zum Teil auch Angst hatten, es könnte sie jemand hintergehen.

Im Bereich Haushalt wiederum war die Stärke der Frauen ersichtlich. Es waren alles Männer, die über eine gewisse Zeit Hilfe und Anleitungen im Haushalt brauchten oder sich organisieren mussten. Männer wurden häufiger spontan zum Essen eingeladen.

Auch die finanzielle Belastung wird erwähnt: "Alles ist teurer geworden dadurch, dass eine Person weniger ist" (Mann mit minderjährigem Sohn).

Die Feststellung, dass das Rollenverhältnis in der heutigen Gesellschaft noch so stark verwurzelt ist, hat mich sehr erstaunt. Sobald die Partnerschaft nicht mehr vollständig ist, werden diese Defizite spürbar.

Grossen Eindruck machen auch die finanziellen Belastungen, die vorher durch die von der Ehefrau geleisteten Hausarbeiten nicht zum Tragen kamen.

10. Medikamente zur Beruhigung oder zum Ertragen der Trauer

Oft wird davon gesprochen, dass Menschen in schwierigen Zeiten Medikamente zur Unterstützung brauchen. Von den neun Befragten erlaubten sich nur zwei, Medikamente zu nehmen. Fünf bevorzugten ein Glas Rotwein.

Es ist erstaunlich, dass so viele den Medikamenten gegenüber ablehnend waren (Angst vor Abhängigkeit), obwohl sie vom Arzt ein Beruhigungsmittel angeboten bekamen. Rotwein wird bevorzugt, aber im Bewusstsein, dass es auch hier eine Gewöhnung geben könnte.

11. Weggeben von Kleidern und Utensilien

Die Empfindungen dabei, sich von persönlichen und materiellen Dingen des Verstorbenen zu trennen, sind recht unterschiedlich. Bei vier der Befragten hat sich das sehr schnell abgespielt, andere brauchten dafür viel Zeit (mehrere Jahre). Ein Mann zum Beispiel erklärte mir, der Mantel, die Schuhe, alles sei noch am gleichen Ort, wo seine Frau sie beim letzten Heimkommen ausgezogen habe (vor einem Jahr).

Es fällt auf, dass dort, wo nicht relativ schnell Veränderung herbeigeführt wird, es immer schwieriger wird, sich von Erinnerungsstücken zu trennen (Zeichnungen, Pläne, Briefe usw.). Möglicherweise spielt das ungute Gefühl eine Rolle, das nicht erlaubt, die persönlichen Utensilien schon kurz nach dem Tod wegzuräumen.

12. Wichtige Veränderungen nach dem Tod

Aussagen:

- Es ist niemand mehr da, wenn ich am Abend heimkomme; der Gesprächspartner fehlt.
- Ich bin nicht mehr an feste Zeiten gebunden, kann kommen und gehen, wann ich will. Das Essen muss nicht mehr pünktlich auf dem Tisch sein.
- Jetzt bin ich für alles verantwortlich, auch alleine für den Sohn.
- Allein in die Ferien zu fahren ist für mich unvorstellbar.
- Wir haben einfach alles zusammen gemacht, darum fehlt er überall.

Es müssen bewusst Begegnungen gesucht und, wenn sich die Möglichkeit ergibt, auch wahrgenommen werden. Die Angst, alleine in die Ferien zu gehen, ist sehr gross. Oft sind hier am Anfang noch die Kinder, durch die man verpflichtet ist, etwas zu unternehmen. Den Hinterbliebenen müsste vermehrt bewusst werden, dass sie die eigene Zukunft gestalten lernen müssen.

13. Erleben von Zeiteinteilung

Diejenigen, welche die Frage nach einer veränderten täglichen Zeiteinteilung mit "nein" beantworteten, betonten, wie alles "im gleichen Tramp" weiterlaufe. Zum Beispiel: "Wir haben immer am Samstagmorgen um 8 Uhr eingekauft; das mache ich genauso weiter." Die anderen mussten eine andere Einteilung finden, da mehr gearbeitet wurde oder es feste Zeiten brauchte für die Kinder (zum Beispiel für Hausaufgaben).

Wo die eingetretene Veränderung Mehrarbeit mit sich bringt, wird es zur Notwendigkeit, sich zu organisieren und zu planen. Eine sinnvolle Zeiteinteilung kann helfen, dem Alleinsein und eventuellen Depressionen vorzubeugen.

14. Essgewohnheiten

Die Essgewohnheiten unverändert gelassen haben die Befragten, die schon vorher mit mehreren Personen zusammen gegessen haben. In zwei Fällen wird jetzt mehr auf die gesunde und ausgewogene Ernährung geachtet, was vorher nicht möglich war, da die Partner üppige Mahlzeiten wünschten. Ein Mann, der im Dorf sehr bekannt ist, isst jetzt bewusst im Restaurant, um Kontakte zu pflegen.

Wie wichtig das soziale Beziehungsfeld ist, zeigt sich bei den verschiedenen Esskulturen. Personen, die in eine Familie eingebunden sind, haben keinen Grund, ihre Essgewohnheiten zu verändern. Für die Einzelpersonen wird der Aufwand grösser, und gegen eine Vereinsamung muss bewusst etwas unternommen werden.

15. Aussagen und Feststellungen von Hinterbliebenen

- Verschiebe nichts, was du mit deinem Partner tun willst, mache es, solange du ihn hast.
- Betroffenes Schweigen hilft oft mehr als viele nutzlose Worte.
- Ich würde anderen Mut zusprechen, die Pflege daheim mit Hilfe von Drittpersonen zu bewältigen.
- Ich spüre einfach, dass ich jetzt mitfühlender trösten kann.
- Der Verlust machte mich mitfühlender; ich kann mir jetzt besser vorstellen, was in anderen vorgeht.

Dort, wo eine Auseinandersetzung mit dem Verlust des Partners und mit sich selber passiert, bewirkt es einen Prozess - auf den Nächsten zuzugehen und ihn besser zu verstehen.

16. Wunsch nach Begleitung in der Trauerzeit durch die Gemeindekrankenpflege

Die Nachfrage hat ergeben, dass fast alle der Befragten eine gewisse Begleitung wünschen und schätzen würden. Nur zwei finden dies nicht notwendig, da sie dafür ihre Familie haben. Was wiederum nicht heisst, dass sie sich über eine spontane Begegnung mit kurzem Austausch nicht freuen würden.

Nur eine Person würde selbst die Initiative für ein Gespräch ergreifen. Alle anderen würden die Kontaktaufnahme von unserer Seite her begrüssen.

Anhand dieser abschliessenden Frage erhielten wir im Team die Bestätigung, nun konkrete Schritte zur Begleitung von Hinterbliebenen zu unternehmen (siehe Teamentscheid).

17. Trauerbegleitung anderer Dienste

Pfarrer: Die Gespräche mit den vier Pfarrern aus der Landeskirche zeigten alle in bezug auf die Begleitung Hinterbliebener eine ähnliche Form. Zwei bis drei Wochen nach der Beerdigung meldet sich der zuständige Pfarrer für einen Besuch bei den Hinterbliebenen. Diese Besuche werden von vielen geschätzt, von einigen aber auch bewusst abgelehnt: "Keine Zeit".

Es wird nochmals über das Leben und Sterben des Verstorbenen gesprochen, auf Fragen der Hinterbliebenen eingegangen und, wenn der Wunsch besteht, ein weiterer Besuch vereinbart. Ältere Menschen sind für diese Kontakte offener als junge.

In unserem gemeinsamen Austausch kam zum Ausdruck, dass für uns die Türen zu den Hinterbliebenen offener sind als für die Pfarrer. Wir sind mit Sterbenden und Angehörigen zusammen eine intensive Wegstrecke gegangen, während viele den Pfarrer nur von Taufe, Hochzeit und Beerdigung her kennen.

Ärzte: Die Ärzte sehen Möglichkeiten zu Gesprächen in Sachen Trauerverarbeitung während der Sprechstunde, falls Hinterbliebene diese aufsuchen. Hinterbliebene werden auf ihre veränderte Situation angesprochen; die Ärzte sagen, dass sie die Hinterbliebenen spüren lassen, Zeit für sie zu haben. Bei diesen Gesprächen wurden oft nochmals Diagnosen und Todesursachen erklärt und offene Fragen beantwortet. In der Krankengeschichte wird der Todestag von Angehörigen vermerkt, damit auch nach einem oder mehreren Jahren die Möglichkeit zum Gespräch über den erlebten Verlust da ist.

Trauerverarbeitung im Team: Durch diese Projektarbeit und dem damit verbundenen Austausch im Team ist uns die Wichtigkeit und Notwendigkeit einer gemeinsamen Trauerarbeit klarer geworden. Auch wenn wir schon viele Patienten und ihre Angehörigen während der Krankheit und im Sterben begleitet haben, ist es jedesmal wieder ganz anders, so, wie die Lebensgeschichte des Menschen einmalig ist. Es ist immer wieder eine besondere Situation, auf die wir uns neu einstellen müssen und die uns ganz fordert.

Wichtig ist uns im Team, dass wir über all das, was wir mit dem Patienten und seinen Angehörigen erlebt haben, sprechen können. Oft erzählen wir uns kleinste Details sehr ausführlich und mehrmals. In diesem Mit-teilen, das auch ein gewisses Mit-leiden beinhaltet, passiert für uns Loslassen. In jedem Loslassen geschieht ein Stück Abschiednehmen. Wenn wir dies zulassen und dafür auch genügend Zeit einräumen, können wir uns Neuem öffnen. Verena Kast schreibt dies in ihrem Buch "Trauern" wie folgt:

> *"Da Tod wirklich eine Realität ist, geht es in unserem Leben immer auch um Trennung, um Abschiednehmen. Wir müssen nicht nur die anderen Menschen in den Tod hinein freigeben, wir müssen auch geliebte Menschen ins Leben hinein freigeben, freigeben für einen andern Menschen, wir müssen auch Aspekte von uns sterben lassen, wenn ihre Zeit um ist, wir müssen auf Liebgewordenes in unserem Leben verzichten, wenn die Zeit dafür vorbei ist. Wenn wir das nicht tun, dann bleiben wir an Vergangenem hängen, was bedeutet, dass wir uns vor der Zukunft verschliessen, dass wir nicht mehr wirklich weiterleben. Deshalb müssen wir lernen, ins Leben hineinzusterben und mit dieser Art von Sterben umzugehen."*

18. Zusammenfassung und Schlussfolgerung

Es wurde in den letzten zehn Jahren sehr viel zum Thema Trauer und Trauerverarbeitung geschrieben. Der Gesprächsinhalt lehnt sich im allgemeinen an beschriebene Erfahrungen aus dieser Literatur an. Sigmund Freud beschreibt die Bedeutung der Trauer wie folgt:

> *"Trauer ist die Arbeit der menschlichen Seele, einen erlittenen Verlust zu bewältigen, damit ein Mensch wieder leben, lieben und arbeiten kann. Trauern ist also keine Krankheit, sondern ein Heilungsvorgang. Wer nicht trauert, wird krank, starr oder melancholisch."*

Wir von der Gemeindekrankenpflege haben nach dem Abschluss einer Pflege mit den Angehörigen im Dorf einen oft sporadischen Kontakt (man trifft sich beim Einkaufen usw.). Dass jedoch so viele Angehörige einem Besuch und einer gewissen Begleitung in dieser Trauerphase so positiv gegenüberstehen, hat uns sehr überrascht. Nochmals alles gemeinsam Durchlebte mit einer kompetenten, verschwiegenen Person durchzubesprechen, nachfragen zu können, ob man alles richtig gemacht hat, ist vielen sehr wichtig. In diesen und oft auch ganz persönlichen Angelegenheiten (Familienstreit, Erbschaft) Unterstützung und Begleitung zu finden ist der Wunsch der befragten Hinterbliebenen. Es ist uns klar, dass wir keine Psychotherapie oder Ähnliches aufbauen wollen. Was wir anstreben, ist, den Menschen, mit denen wir ein sehr intensives Wegstück gegangen sind und die durch den Verlust eines Angehörigen ein Stück Boden unter den Füssen verloren haben, ein konkretes Angebot zu machen. Die Stütze, die sie von unserer Seite während der Krankheitszeit ihres Angehörigen hatten, soll nicht mehr so abrupt abgebrochen werden, wenn der Wunsch zum Gespräch besteht.

Wir werden ab sofort den Angehörigen eines Verstorbenen, den wir betreut haben, eine persönliche Trauerkarte schreiben. Darauf soll auch vermerkt sein, dass wir uns im nächsten Monat telefonisch melden werden. Anlässlich dieses Anrufes soll auch das weitere Vorgehen besprochen werden. So haben die Hinterbliebenen die Möglichkeit, einen Termin mit uns zu vereinbaren.

Im weiteren wollen wir den Todestag des Verstorbenen in unserer Büroagenda eintragen und in der Zeit um den Todestag nachfragen und die Hinterbliebenen spüren lassen, dass wir an sie denken. Es ist uns wichtig, ihnen zu zeigen, dass es auch Fragen gibt, auf die wir keine oder keine endgültige Antwort haben. So behalten wir uns offen, andere Dienste miteinzubeziehen (z.B. Pfarrer).

Wir sind uns bewusst, dass wir mit einer gewissen Nachbetreuung von Hinterbliebenen eine weitere Aufgabe übernehmen, die nicht zur Überbelastung führen darf. Andererseits wird diese Aufgabe dazu beitragen, dass wir auch als Pflegende unsere persönliche Trauerarbeit besser wahrnehmen und leisten können. Damit werden wir sicher offenere, gewissere und kompetentere Pflegende.

19. Rückblick

Seit gut eineinhalb Jahren ist für uns mit dem Tod eines Patienten "der Fall" nicht mehr abgeschlossen. Wir bleiben, wie beschrieben, mit den Angehörigen in Kontakt, wenn sie es wünschen.

Die Hinterbliebenen sind sehr offen, freuen sich über einen Besuch oder ein Telefon, schauen auch einmal schnell im Spitexzentrum vorbei oder schreiben eine Karte aus den Ferien. Mit vielen ist eine Verbundenheit entstanden, die wir nicht erwartet hätten. Auffallend ist, wie gerade auch jüngere Angehörige unserem Angebot positiv gegenüberstehen. Oft braucht es nur eine Ermutigung, ein Ernstgenommenwerden, das dem Betroffenen Mut gibt, weiterzugehen.

Kürzlich sagte mir eine junge Frau, dass ihr drei Wochen nach dem Tod des Ehemannes ihre Freunde geraten hätten, einen Psychiater aufzusuchen. Sie fanden es nicht normal, dass sie noch so traurig war. Die Frau wusste in ihrem Innersten, dass sie im Moment keinen Psychiater wollte und brauchte, wagte es aber nicht, das den Freunden mitzuteilen. Wir unterstützten sie, auf sich und nicht auf ihre Freunde zu hören und ihre Traurigkeit auch zuzulassen. Später bestätigte sie uns, wie wichtig diese Ermutigung für sie gewesen war.

Die ganze Auseinandersetzung mit dem Prozess von *Abschiednehmen - Loslassen - Weitergehen* war und ist für uns als Pflegeteam sehr bereichernd und zeigt uns, dass die Richtung, in die wir unterwegs sind, stimmt.

BEGLEITUNG, VERMITTLUNG, RITUALE - DIE CHANCEN DER SEELSORGE

Roman Angst-Vonwiller

Seit bald fünfzehn Jahren arbeite ich als reformierter Pfarrer in Landgemeinden im Kanton Zürich. Von den 2400 bis 2800 Einwohnern dieser Gemeinden sind jeweils etwas mehr als zwei Drittel Glieder der reformierten Kirchgemeinde. Es sind klassische Einzelpfarramtsgemeinden ohne weitere kirchliche Angestellte, dafür mit einer grossen Zahl von Laienmitarbeitern (Besucherkreise, Kreise für Kinder-, Jugend- und Erwachsenenarbeit, Frauen- und Männerkreise, Kreise zur Altenbetreuung). Zu meinem Aufgabenbereich gehört die ganze Arbeitspalette eines Pfarrers:

- Gottesdienst und Kasualien (Taufen, Konfirmationen, Trauungen, Abdankungen)
- Erteilung des Religionsunterrichtes an der Oberstufe
- Erteilung des Konfirmandenunterrichtes
- Hausbesuche und Seelsorge
- Erwachsenenbildung
- Jugend- und Altersarbeit
- Zusammenarbeit mit anderen Vereinen, die im sozialen Bereich tätig sind (Frauenverein, Altersverein, Jugendkommission etc.).

Durch dieses umfassende Tätigkeitsfeld lerne ich einen recht grossen Teil der Gemeindeglieder persönlich kennen, und viele Gemeindeglieder können eine Beziehung zu mir knüpfen. Die Schwelle, sich in irgendwelchen Situationen bei mir zu melden, wird so deutlich geringer. "Die Kirche ist im Dorf" - und ich gelte als ein Ansprechpartner. Das gilt natürlich auch für die sozialen Dienste der Politischen Gemeinde (Fürsorge, Friedensrichter/in etc.). Ein ausgebauter Besucherkreis, deren Mitglieder sich speziell für ihre Aufgabe weiterbilden liessen (ein Angebot der Kirchgemeinde), garantiert, dass ich sehr schnell mit denjenigen Menschen in Kontakt komme, die meine Hilfe in Anspruch nehmen wollen.

Aus meiner Praxis möchte ich von einer gelungenen seelsorgerlichen Begleitung berichten. Natürlich läuft es nicht immer so ideal ab. Aber gerade aus diesem Fallbeispiel lassen sich die Chancen der kirchlichen Seelsorge deutlich herausarbeiten (die Angaben über Personen und Umstände wurden zur Wahrung des Seelsorgergeheimnisses verändert).

Der Tod eines Vaters

Die Konfirmation der Tochter stand an. Also meldete ich mich bei der mir bereits bekannten Bäckersfamilie zum Elternbesuch an. Die Bäckersfamilie hatte drei Kinder. Das älteste Kind, einen Sohn, hatte ich vor vier Jahren konfirmiert. Inzwischen hatte er die Bäcker-Konditor-Lehre abgeschlossen und ass jetzt fremdes Brot in einem grösseren Bäckereibetrieb in der nahen Agglomeration. Dann kam die Tochter, die eben jetzt fünfzehnjährig im Konfirmandenunterricht war. Und dann war da noch ein um zwei Jahre jüngerer Sohn. Der Vater, 42jährig, führte zusammen mit seiner Frau eine der beiden Bäckereien im Dorf.

Während des abendfüllenden Konfirmandengespräches erfuhr ich, dass der Vater eine Krebsdiagnose hatte und in der Woche darauf eine grössere Operation anstand. Die ganze Familie war in Sorge. Die Mutter des Bäckers lebte auch noch im Dorf. Sie hatten ihr aber noch nichts gesagt. Sie fürchteten sich davor, war doch der Vater des Bäckers, ihr Mann, an Krebs gestorben. Auch mit der Schwester des kranken Bäckers, die nicht im Dorf lebte, wurde nicht gesprochen. Sie wollten sie nicht belasten, weil sie einen nach einem Unfall geistig invaliden Mann hatte, der ihr das Leben sehr schwer machte. Mit zwei befreundeten Ehepaaren aus dem Dorf hatte das Bäckerehepaar aber seine Sorgen besprochen. Diese Gespräche hatten ihnen sehr gut getan. Im Verlauf des Gespräches machte ich ihnen Mut, mit der Mutter und der Schwester das Gespräch zu suchen. Ich anerbot dabei auch meine Mithilfe. Und vom ältesten Sohn kam die Idee, dass sie doch auch die Patinnen und Paten der Kinder, mit denen sie einen regelmässigen Kontakt pflegten, informieren sollten.

Im Gespräch erfuhr ich, dass dem kranken Bäcker Gott sehr wichtig war, auch wenn er praktisch nie zur Kirche kam. Er erzählte mir, dass er während der Lehre ein aktives Mitglied der Jungen Kirche an seinem Lehrort gewesen war und dass er dort sehr viele religiöse Impulse mitbekommen hatte, die ihm in seinem Leben bis jetzt immer viel Zuversicht und Geborgenheit gegeben hätten. Am Schluss des Gespräches bat ich die Familie, mich über den weiteren Verlauf der Dinge zu informieren, und anerbot ihnen meine Begleitung.

In den Wochen darauf machte ich Besuche im Spital beim nun operierten Bäcker und bei seiner Mutter im Dorf. Auch hatte ich mehrere Telefongespräche mit der Schwester des Bäckers. Daneben hatte ich weiterhin Kontakte mit seiner Frau und den Kindern. In der Abwesenheit des Bäckers führte ein befreundeter frühzeitig pensionierter Bäcker die Bäckerei weiter, zusammen mit der Frau des Bäckers.

In den Erholungsaufenthalt fiel die Konfirmation seiner Tochter. Dafür kam er ins Dorf zurück. Dann, am zweitletzten Tag des Erholungsaufenthaltes nach der Operation musste der Bäcker wieder notfallmässig ins Spital. Ich wurde sofort informiert. Die Berichte der Ärzte waren niederschmetternd. Alle waren begreiflicherweise wie gelähmt. Ich hatte viele Gespräche mit dem Bäcker, seiner Frau, seinen Kindern, seiner Mutter, seiner Schwester. Inzwischen war nun natürlich auch das ganze Dorf auf dem laufenden. Es gab aber keine bösen oder unangenehmen Worte, sondern sehr viel still oder angenehm gezeigtes Mitgefühl.

Die Situation des kranken Bäckers verschlimmerte sich. Die Ärzte konnten ausser der Stillung des Schmerzes nichts mehr für ihn tun. Jede Woche war ich zwei- bis dreimal bei ihm, allein oder zusammen mit seiner Familie, seinen Freunden oder seinen Verwandten. Persönlich war er bereit für seinen Tod. Sein grösster Wunsch war, die Gestaltung eines aktiven Abschiedes von seiner Frau und seinen Kindern, seiner Mutter, seiner Schwester, seinen Freunden, Verwandten und Bekannten zu finden, der ihnen einen guten Start in die Zeit nach seinem Tod ermöglichen könnte. Dann bat mich seine Frau, mit ihr zu einem Gespräch zu gehen, zu dem sie vom leitenden Arzt zusammen mit mir eingeladen worden war. Dabei wurde ihr eröffnet, dass ihr Mann vielleicht noch zwei Tage, allerhöchstens eine Woche ansprechbar sein werde, danach werde er sehr schnell und - nach medizinischem Wissen - ruhig und schmerzfrei sterben. Sie hätten dies so auch dem Patienten mitgeteilt. Er habe darauf ihren und meinen Besuch verlangt. In diesem Gespräch zu dritt planten wir miteinander für den darauffolgenden Tag eine vom sterbenden Bäcker gewünschte Abendmahlsfeier mit seiner Familie, seinen Verwandten und Freunden. Ebenso besprachen wir miteinander, wie die Abdankung dann im Dorf aussehen sollte.

Am Tag darauf fand diese Feier in einem grösseren Zimmer des Spitals statt. Sämtliche Eingeladenen waren erschienen. Zu Beginn beherrschten Tränen und riesengrosse Trauer die Gemeinschaft - auch bei mir. Dann sprach der Sterbende mit erstaunlich kräftiger Stimme zu uns. Er begann uns regelrecht zu trösten, dankte uns allen für alles, was wir für ihn getan hätten, und machte uns Mut und Zuversicht für den Weg nach seinem Ableben. Nach seinen Worten feierten wir miteinander das Abendmahl. Danach verabschiedete er sich der Reihe nach von seinen Kindern, der Mutter, der Schwester, den Freunden, Paten und Patinnen und zuletzt von mir. Wirklich gestärkt und trotz allem aufgestellt verliessen wir das Spital. Seine Frau blieb bei ihm zurück.

Beim abgemachten Besuch am Tag darauf war er bereits nicht mehr ansprechbar. Drei Tage später starb er ruhig und ohne Schmerzen.

Die Abdankung konnte ich mit Hilfe seiner Familie und Freunde so durchführen, wie er sich das vorgestellt hatte. Die Kirche war überfüllt. Die Beileidsbezeugungen der Gemeinde waren überwältigend und haben der Bäckersfamilie gut getan.

Meine intensiven Kontakte mit der Familie, der Mutter und der Schwester des Verstorbenen gingen weiter. Natürlich kamen grosse Löcher danach: sein Geburtstag, das erste Weihnachtsfest ohne ihn, Fragen um die Zukunft der Bäckrei etc. Die Gemeinschaft aber, die über diese Zeit entstanden war, konnte zum grössten Teil diese Löcher und Probleme auffangen.

Die Thesen

Anhand meiner Erfahrungen und aus diesem Fallbeispiel möchte ich die folgenden Thesen ableiten:

1. Die Stärken und der Nutzen der Seelsorge für die Hinterbliebenen liegen:

in der Begleitung

- durch das einfache Da-Sein und Zeit-Haben
- beim zur Sprache Bringen von eigenen Gefühlen und Erinnerungen
- beim gemeinsamen Gestalten von letzten und ersten Wegen
- bei der Gestaltung der Zukunft

in der Vermittlung
- von Gesprächen zwischen den Generationen, den Geschwistern, den Verwandten
- von Mut zu den eigenen Gefühlen und Erinnerungen
- von Anstössen zum Anknüpfen und zum Loslassen
- eines sowohl die Verstorbenen wie die Hinterbliebenen tragenden Angebotes Gottes

und in den Ritualangeboten
- für das Erkennen des Verlustes
- für die Gestaltung des privaten sowie öffentlichen Abschiedes
- für die Gestaltung der Tage der schmerzlichen Erfahrung und Erinnerung
- für ein Leben mit offenen Fragen.

Die kirchliche Seelsorge in lebendigen Gemeinden kann einerseits auf ein recht grosses Reservoir an Traditionen, Bräuchen und Ritualen zurückgreifen; sie kann andererseits alte Rituale und Traditionen neu zum Leben erwecken, oder sie kann gar neue Traditionen und Rituale schaffen und einführen. Der Freiheit in der Gestaltung von letzten und ersten Wegen sind bei der Zusammenarbeit von Betroffenen mit dem Pfarramt praktisch keine Grenzen gesetzt! Die Chancen des Seelsorgers/der Seelsorgerin liegen in seiner/ihrer Vernetzung mit den Gemeindegliedern und gleichzeitig in seiner/ihrer Freiheit der Fokussierung auf das einzelne Schicksal. Wenn er/sie fähig ist, nicht den eigenen Glauben "zu verkaufen", sondern in glaubender Offenheit auf Betroffene zuzugehen und sie in der Findung ihres Weges zu beraten, zu begleiten und zu unterstützen, dann kann echte Seelsorge mit neuer Standortfindung der Betroffenen geschehen.

2. Die Chancen der Seelsorge steigen exponentiell mit der Beheimatung der Verstorbenen und/oder Hinterbliebenen in der jeweiligen Gemeinde und/oder mit der persönlichen Verbundenheit mit dem/der jeweiligen Seelsorger/Seelsor-

gerin. Gemeindeaufbau und gelebte Gemeinschaft, Vernetzung in einer Kirchgemeinde und Beziehungen zum Seelsorger/zur Seelsorgerin sind das Alpha und Omega eines Seelsorgeangebotes mit Nachfrage.

3. Trauer wird wesentlich leichter, wenn Verstorbene und/oder Hinterbliebene lebendiger und aktiver Teil einer (die Familie, Freundeskreis und Nachbarschaft übergreifenden) Kirchgemeinde (am Wohnort) waren bzw. sind.

4. Das Sterben, das Abschiednehmen, die Trauer und die Erinnerung gehören mitten in das Leben hinein. Das heisst:
- Seelsorge und Krankenpflege soll spitalextern möglich sein.
- Das Sterben zu Hause, in seinem nächsten Lebenskreis, soll möglich sein.
- Kühlräume für Verstorbene sollen im Dorf, im Wohnquartier vorhanden sein.
- Abschieds- und Abdankungsrituale gehören nicht an den Rand einer Stadt/eines Dorfes (Krematorium, Friedhofskirche), sondern dorthin, wo Verstorbene gewohnt und gelebt haben, also in ihr Quartier, ihr Dorf, in ihre Quartierkirche, in ihre Dorfkirche.
- Friedhöfe gehören nicht an den Rand einer Stadt oder eines Dorfes, vielmehr soll es im Quartier einen Friedhof geben und einen zentral gelegenen Friedhof im Dorf.

Ein grosses Problem im Bereich der kirchlichen Seelsorge liegt in der fehlenden Deckungsgleichheit von Quartier- und Wohnnachbarschaft und Gemeinschaft in der Kirchgemeinde, vorab in Städten und Agglomerationsgemeinden. Dazu kommt die zunehmende Zentralisierung vieler Dienste rund um das Sterben. Ich erachte es darum als dringend notwendig, wieder überschaubare und damit für das Kirchgemeindeglied erlebbare Kirchgemeindestrukturen in Agglomerationen und Städten zu schaffen. Quartierkirchgemeinden sind zu schaffen, in denen eine wirkliche Vernetzung der dazugehörigen Gemeindeglieder möglich ist. Und dazu gehört dann auch die nötige Infrastruktur, die im Bereich des Sterbens eben Spitex-Zentrum, Kühlräume, Kirche und Quartierfriedhof umfassen soll.

5. Der Pfarrer/die Pfarrerin sind vor Ort und gratis. Pfarrer und Pfarrerin haben sich für dieses Ansprechbarsein zu rüsten und immer weiterzubilden. Dazu gehört auch eine kontinuierliche Verarbeitung gemachter Erfahrungen.

Öffentliche oder stille Beerdigung?

Grundsätzlich liegt diese Entscheidung bei den Betroffenen. Jeder Tod aber betrifft auch das Beziehungsnetz, aus dem er herausgerissen hat. Dieses Beziehungsnetz ist von den Angehörigen nicht immer ganz zu überschauen. Betroffenheiten können nicht immer richtig gewichtet werden. Meiner Ansicht nach ist es Aufgabe des Pfarrers/der Pfarrerin, sich immer wieder für dieses Beziehungsnetz stark zu machen und zu schauen, dass das ganze Beziehungsnetz eine Chance zur guten Trauer bekommt. In der Regel votiere ich darum bei Angehörigen für eine öffentliche Beerdigung. Dazu gibt es viele Mischformen, damit wirklich auch ein Ritual gefunden werden kann, das möglichst vielen Bedürfnissen angepasst ist. Beispiele:

- stiller Abschied der Angehörigen auf dem Friedhof, danach öffentliche Abdankung in der Kirche,
- stiller Abschied der Angehörigen auf dem Friedhof, öffentliche Abdankungsfeier in der Kirche zu einem späteren Zeitpunkt,
- stiller Abschied der Angehörigen auf dem Friedhof, öffentlicher Abschied im ordentlichen Sonntagsgottesdienst usw.

Schlussgedanken

In den Dorfgemeinden herrscht keine heile Welt. Aber ich denke, vieles hat sich in einem gesunden Rahmen mit sicher notwendiger Anpassung an die Zeit bewahrt. Und dazu gehören viele Rituale rund um den Abschied von einem Menschen. Vernetzung und Nachbarschaft sind spürbarer und abrufbarer. Die Konfrontation mit dem Sterben ist direkt und sinnfällig: Kirchenglocken, Kühlräume und Friedhof im Dorf, Trauerzug (wo noch vorhanden), Besuch der Abdankungen (man erweist einem Gemeindeglied die letzte Ehre) etc. Als lebendige und vernetzte Kirchgemeinde können wir das fördern und unterstützen. Denn darin liegen immense Ressourcen für eine gelingende Seelsorge.

DAS LANGSAME STERBEN ODER DER PLÖTZLICHE TOD - AUS SEELSORGERLICHER SICHT

Matthias Brefin

Wenn ich heute Menschen frage, wie sie sterben möchten, antworten die meisten: "Möglichst rasch und schmerzlos" - oder wie kürzlich einer spontan meinte: "Am Abend gesund einschlafen und am Morgen tot erwachen." Diese Antworten scheinen die Meinung vieler heutiger Zeitgenossen widerzuspiegeln: nur nicht lange krank sein und leiden müssen. Dass das nicht immer so war, zeigen viele Gebete und Grabsprüche aus dem Mittelalter, wo noch inbrünstig gebetet wurde: "Herr, verschon mich vor dem gähen (= jähen, plötzlichen) Tod." Auf zahlreichen Gedenktafeln, den Epithelen in Kirchen und Kreuzgängen steht als Merkspruch an den Vorbeigehenden zu lesen: "Gedenk o Mensch oft an dein End, den gähen Tod Got von dir wend."

Wieso diese andere Sichtweise? Der rasche Tod, etwa durch Pest oder noch schlimmer durch Krieg, Blitzschlag, Unfall verunmöglichte es, dass der Sterbende noch die letzten Sakramente erhalten konnte, die ihm das gute Sterben erst ermöglicht hätten. Nach der damaligen Auffassung, die durch die katholische Kirche systematisch verbreitet wurde - nicht immer ohne handfeste eigene Interessen -, gab es drei Arten zu sterben: Wer im Stand der Gnade starb, also nachdem ihm alle Sünden vergeben worden waren, der kam direkt in den Himmel. Wem noch einige der üblichen Sünden anhafteten, der kam zur Reinigung ins Fegefeuer. Nach überstandener Läuterung durfte auch er in den Himmel eingehen. Wer aber in der Stunde seines Todes von schweren Sünden (sogenannten Todsünden) beladen war, der war in der Hölle für immer verloren. Vor dem Hintergrund dieser schematischen Auffassung lässt es sich auch erklären, weshalb mit der Spendung der Sakramente möglichst lange zugewartet wurde, damit sich der Mensch danach nicht erneut versündigen konnte.

Als Sakramente wurden damals in dieser Reihenfolge gespendet: die Beichte, die Kommunion (bei dieser Gelegenheit *Viatikum = Wegzehrung* genannt) und die letzte Ölung, heute wieder Krankensalbung genannt. Zur Vorbereitung auf den Tod war eine Lehre vom guten Tod weit verbreitet bis in die Volksfrömmigkeit hinein, bei den Gelehrteren unter der Bezeichnung *Euthanasie*. Täglich wurden vom des Lesens nicht kundigen Volk Gut-Tod-Bildchen betend betrachtet. Darauf waren die sogenannten Nothelfer abgebildet, wovon es zehn gab, meistens jedoch neben Barbara und Joseph Christophorus, wie er das Jesuskind (und im übertragenen Sinn die Seele des Verstorbenen) über das reissende Wasser ans andere Ufer trägt.

Schon Erasmus von Rotterdam nannte diese Praxis "töricht, aber beruhigend" (in "Lob der Torheit"). Auch das Betrachten der weitherum verbreiteten Totentanzdarstellungen diente der meditativen Vorbereitung auf das eigene Sterben, zugleich wohl auch der Verarbeitung der vielen Todesfälle in der Familie und Umgebung, etwa während Pestepidemien oder langen Kriegswirren. So entstand im Mittelalter aus Wurzeln der griechischen und römischen Klassik eine regelrechte Kunst des Sterbens, die "Ars Moriendi". Wo bei den Römern etwa Seneca lehren konnte: "Das Leben muss man ein ganzes Leben lang lernen, und was dich vielleicht noch mehr erstaunen mag: das ganze Leben lang muss man das Sterben lernen" (aus "Vita brevis"), konnte Johannes von Kempen im 15. Jahrhundert mahnen: "Wie glücklich ist, wer sich bemüht, jetzt im Leben zu sein, wie er wünscht, im Tode befunden zu werden." Ganz ähnlich lautet die folgende Grabinschrift: "Sterben ist kein Kinderspiel, drum wer im Herrn sterben will, der muss ernstlich danach streben wie man soll im Herren leben."

Zur Pflege dieser Sterbekunst bildeten sich die Bruderschaften vom guten Tod. Sie versammelten sich zum Gebet und zu gemeinsamen guten Taten. Dabei galt als Lebensregel zur Erlangung der Gottseligkeit: "Lerne alle Tage sterben - so stirbst du leicht und gut im wirklichen Tod."

Noch zu Luthers Zeit gehörte in jeden Haushalt gebildeter Menschen neben Bibel und Gesangbuch auch ein Exemplar der "Ars Moriendi". Luther selbst führte auf seinen Reisen immer ein solches Büchlein mit sich und studierte es regelmässig. In der Folgezeit kamen immer stärker moralisierende Töne hinein, Hölle, Teufel und Fegefeuer wurden mobilisiert und waren bald wichtiger als Gottes gütige Gnade und die gute Botschaft von Christi Erlöserwille.

Die Mystiker suchten einen anderen Zugang zum Rätsel von Tod und ewigem Leben zu finden: sie meditierten das Leben im Angesicht des Todes und versuchten schon im Leben, die Grenzen von Raum und Zeit und die Grenzen unserer logischen Sichtweise zu überwinden. So konnte Angelus Silesius schreiben: "Ich glaube keinen Tod: sterb ich gleich alle Stunden, so hab ich jedesmal ein besser Leben funden." Auch noch Rainer Maria Rilke kann in dieser Tradition gesehen werden mit seinem Gedicht: "O Herr, gib jedem seinen eigenen Tod. Das Sterben, das aus seinem Leben geht, darin er Liebe hatte, Sinn und Not. Denn wir sind nur die Schale und das Blatt - der grosse Tod, den jeder in sich hat, das ist die Frucht, um die sich alles dreht."

Leicht vergessen wir, wie rasch sich das Sterben innert weniger Generationen gewandelt hat. War es noch im letzten Jahrhundert die Regel, dass jemand nur wenige Tage krank lag, worauf sich sein Schicksal entschied, Tod oder

Leben, so hat sich im Durchschnitt die Zeit des Krankenlagers bis heute erheblich verlängert - oft dauert es mehrere Monate oder gar Jahre. Der Anblick eines über lange Zeit schwer kranken, leidenden und pflegebedürftigen Menschen kann zum Wunsch vieler Zeitgenossen beigetragen haben, möglichst rasch zu sterben.

Ein besonderes Dokument aus der Familie des Malers Albert Anker mag die Sicht früherer Generationen illustrieren: Der Grossvater des Malers, Rudolf Anker, war ein angesehener Tierarzt und hatte das stattliche Bauernhaus in Ins erbauen lassen. Im Atelier Ankers in diesem Haus fand sich ein Stock mit einem Bündel, darin ein paar Utensilien und der folgende Brief, geschrieben von Ankers Vater Samuel anlässlich des Todes von Grossvater Rudolf:

"Am Samstag, den 22 sten Novembris 1817, des Morgens beim Frühstüken, erkrankte der Vater Rudolf Anker Viecharzt, als verehrenswürdiger Greis im 67. Jahr seines Alters; eine grassierende Krankheit, ein gallichtes und vervöses Fieber war mit aller Heftigkeit in seinen durch Arbeit und Kummer schon geschwächten Körper eingeschlichen, und brachte ihn nach einem fünftägigen sanft und mit Geduld überstandenen Leiden in Gottes Schoss, Mittwoch Abends um halberneun uhr war es, als er hier im forderen Nebenzimmer umringt fon 4 hinterlassenen Kindern und seiner auf dem Krankenbette liegenden Frau getrennt wurde, und Samstag den 29 sten fon einer unzähligen Menge Menschen zu Grabe geleitet und beweint wurde.

Seine am Tage vorher noch verrichtete andenkenswürdige Arbeit war die Sezung eines luftseits nebem Haus gegen die Matte zu stehenden Birnbaum. Hier die beiliegenden Kleinigkeiten sind, was er noch hier zuletzt auf seinem kranken Körper hatte, theils aber auch sonst zur Erinnerung aufbewahrt wurden: Die Tabak-Dosen brauchte er noch kurz vor seinem Ende, die Kappen und Halstuch hatte er bis zum Tode auf seinem Haupt, das Messer und die Hosen-Schnal-

len besass es über 30 Jahre, in welchen er sich zweymal vor dem Altar Gottes mit seinen 2 gehabten Gattinnen einsegnen liess. Er führte diese Wohlfeilheit (= Sparsamkeit) in denen er wandelte oft seinen Kindern zum Exempel an. Der Stab war auf seiner Pilgerreise seit langen Jahren sein Reisegefährte und Stütze. Ins, den 4ten Decembris 1817, Sl Anker Sohn."

So ist es wohl wenig verwunderlich, wenn Albert Anker, der vor seiner Ausbildung zum Maler in Halle Theologie studiert hatte, sich zeit seines Lebens, welches von vielen Todesfällen in der Familie überschattet war, intensiv mit dem Gedanken an den Tod beschäftigt hat. In einem seiner frühen Bilder stellte er den Genius des Todes als schönen Jüngling dar, in einer frühen Studie gar als Knaben, der mit einem Böcklein spielt im sonnendurchfluteten Garten. In seinen unveröffentlichten Notizbüchlein findet sich wiederholt und deutlich markiert das Wort *Euthanasia* - als hätte er sich diese Kunst des Sterbens und des guten Todes vor Augen führen wollen - damals, noch lange vor dem schrecklichen Missbrauch dieses Wortes durch die Nationalsozialisten im Dritten Reich. So ist Albert Anker dann 1910 in seinem Schlafzimmer gestorben, mitten aus seinem arbeitsreichen Leben. Es erscheint als merkwürdiger Zufall, dass ich als sein Ururenkel 33 Jahre später am selben Datum geboren wurde und heute sein Haus und seinen Nachlass verwalten darf, woraus diese Zitate stammen.

Auf dem Nachttisch lag seine hebräische Bibel, in welcher er noch im Alter regelmässig zu lesen verstand. Sie war im Buch Hiob aufgeschlagen: "Ich aber weiss, dass mein Erlöser lebt, ein Anwalt mich aus dem Staub erhebt, und meine Augen werden ihn sehen - nicht als Feind." Und im Psalmenbuch hatte er unterstrichen: "Herr, lehre mich bedenken, dass ich sterben muss, damit ich ein weises Herz gewinne" (Psalm 90,12). Aus seinen Bildern scheint mir diese Weisheit und verständige Güte entgegenzukommen, stärker noch aus seinen unzähligen Briefen an Freunde und Verwandte.

Aus meiner Sicht als Seelsorger möchte ich noch einen weiteren Gedanken anfügen: Das rasche Sterben wird wohl vom sterbenden Menschen selbst und von seiner Umgebung völlig unterschiedlich erlebt. Es stimmt, dass der plötzliche Tod für die Angehörigen ein Schrecken ist: Es bleibt ihnen kaum Zeit zum Abschiednehmen, sie können mit dem Verstorbenen nicht mehr über wichtige Dinge reden, sein letzter Wille bleibt im dunkeln. Aus der Sicht des Sterbenden aber mag dies ganz anders aussehen: Aus Berichten von Menschen, welche dem Tod sehr nahe waren, welche gewissermassen mit einem Fuss schon *drüben* gestanden hatten und dann weiterleben durften, hören wir immer wieder, dass sie die kurzen Momente des Sterbens als lange, intensive Zeit erlebt haben. Wir kennen dieses veränderte Zeitbewusstsein auch aus unseren Träumen: Haben wir doch manchmal den Eindruck, stundenlang geträumt zu haben, aber aus der Traumforschung wissen wir, dass Träume nur wenige Sekunden dauern. Ähnlich, nur noch in sehr viel verstärktem Mass, scheint das Erleben beim Sterben nicht mehr unsern gewohnten Zeitstrukturen zu gehorchen. Und so nehme ich an, dass unser Nachdenken über den raschen oder den langsamen Tod letztlich an der Realität des Sterbens vorbeizielt, welche viel mehr durch die Qualität der Erlebnisse im Leben und im Sterben geprägt ist. Vielleicht gehört es zu unserer Sterbekunst heute, dass wir erkennen, dass im Sterben die gewohnten Dimensionen von Zeit und Raum überwunden werden, somit auch die Kriterien des raschen oder langsamen Sterbens.

Um so wichtiger scheint es, dass wir im Leben schon an den Tod denken, dass wir ihn nicht verdrängen, sondern ins Leben einbeziehen. "Wer keine Zeit hat für den Tod, der hat keine Zeit für das Leben" - in diesem Ausspruch mag die Weisheit liegen, wieder Zeit zum Leben zu finden. Nehmen wir uns also die Zeit zur Begegnung mit sterbenden Menschen - von ihnen können wir viel für unser Leben und Sterben lernen.

Literatur:

Rainer Rudolf:
Ars Moriendi - von der Kunst des heilsamen Lebens und Sterbens, Köln 1957

Albert Mauder:
Kunst des Sterbens, Regensburg 1973

Werner Stocker:
Rheinfelder Neujahrsblätter 1993: Vom "gähen" Tod der Maria Ursula Scharpf.

TRAUERN IN DER GRUPPE

Jeanine Kosch

Entstehung der Gesprächs- und Begegnungsgruppe:
In meiner Funktion als Pastoralassistentin in einer Zürcher Stadtpfarrei kam ich wöchentlich in Kontakt mit Menschen, die um Angehörige trauerten. Oft war es der Partner, die Partnerin der Verstorbenen, die im Pfarramt die Beerdigung anmeldete. Es war der Wunsch einer Witwe, sich auszutauschen mit Frauen und Männern, die in derselben Lebenslage waren. So entstand die Begegnungsgruppe für verwitwete Frauen und Männer, die sich regelmässig, alle zwei Wochen, im Pfarreizentrum trafen. Anfangs ohne bestimmtes Thema, wollten wir mit der Zeit etwas strukturierter über einzelne Aspekte des Witwendaseins austauschen. So etwa über das Feiern von Festen ohne Partner, den Wert der Erinnerungen, Bewältigung des Alltags usw. Meine Funktion als Theologin war es, die Frauen (es waren nur Frauen!) auf ihrem Weg des Trauerns zu begleiten und in der Gruppe eine Atmosphäre zu schaffen, die es den einzelnen ermöglichte, ihre Gefühle und Bedürfnisse wahrzunehmen und zu leben.

Es kommt nicht so sehr darauf an, ob ich um den Partner, die Partnerin, ein Kind oder um Eltern trauere. Der Trauerprozess ist in jedem Fall ähnlich. Gefühle können gelegentlich auch bedrohlich sein, vor allem dann, wenn es scheint, man sei ihnen ausgeliefert. Dies muss nicht so sein. Ein gesunder Mensch verfügt über genügend eigene Ressourcen, um auch mit schwierigen Situationen umgehen zu können.

Anhand von einigen Modellen aus der Transaktionsanalyse möchte ich den Zugang zu diesen Ressourcen aufzeigen.

Was ist eine Transaktionsanalyse?

Die Transaktionsanalyse (TA) wurde von Eric Berne (1910-1970) begründet. Sie geht davon aus, dass jeder Mensch OK, in Ordnung ist. Elternbotschaften können einen jedoch daran hindern, das Leben autonom, in Eigenverantwortung zu gestalten. So kann es zum Beispiel für einen Mann hinderlich sein zu weinen, wenn er die Botschaft mitbekommen hat: Männer weinen nicht. Ziel der TA ist es, die Autonomie des oder der einzelnen zu fördern und zu stärken, um so mehr in Eigenverantwortung handeln zu können. Dazu gehört auch das Zusammenspiel von Denken, Fühlen und Handeln. Ich brauche keines der drei zu unterdrücken, um leben zu können. Ich kann dem Gefühl der Trauer Raum lassen und dennoch fähig sein, über den nächsten Schritt nachzudenken und dementsprechend zu handeln.

Theorien aus der Transaktionsanalyse

1. Stress (Definition, Ursachen, Auswirkungen, Lösungen): Überlebenstreppe, Miniskript, Einschränkung der Funktionsfähigkeit
2. Symbiose - Autonomie
3. Bonding-Theorie: Trauerphasen
4. Trauern in der Gruppe: durch Stärkung des Erwachsenen-Ich mehr Autonomie

1. Stress

Der erste Schock beim Verlust eines nahestehenden Menschen bewirkt Stress, das heisst, "die Forderungen der Umgebung sind grösser als die Verarbeitung des Organismus" (definiert nach W. Lammers, Maienfeld). Aus der TA wissen wir, dass unter Stress das Skriptverhalten sichtbar wird, das heisst, die Botschaften aus der Vergangenheit überdekken das Hier und Jetzt, nicht mehr ich entscheide und handle, sondern frühere Autoritäten, zum Beispiel Eltern. Solche Botschaften nennen wir in der TA Einschärfungen oder Antreiber. Als Einschärfungen gelten folgende Sätze: Sei nicht wichtig. Sei kein Kind. Gehöre nicht dazu. Komm nicht nah. Tue nicht. Fühle nicht. Denke nicht. Hab keinen Erfolg. Sei nicht gesund. Werde nicht erwachsen. Sei nicht du. Dementsprechend heissen die Antreiber (oder Gegeneinschärfungen): Sei perfekt. Sei stark. Arbeite hart. Beeile dich. Mach's recht.

Die beiden Amerikaner Capers und Goodman haben 1983 in einem Aufsatz gezeigt, was bei zunehmendem Stress geschieht. Wir nennen diese Darstellung die Überlebenstreppe.

1.1. Die Überlebenstreppe

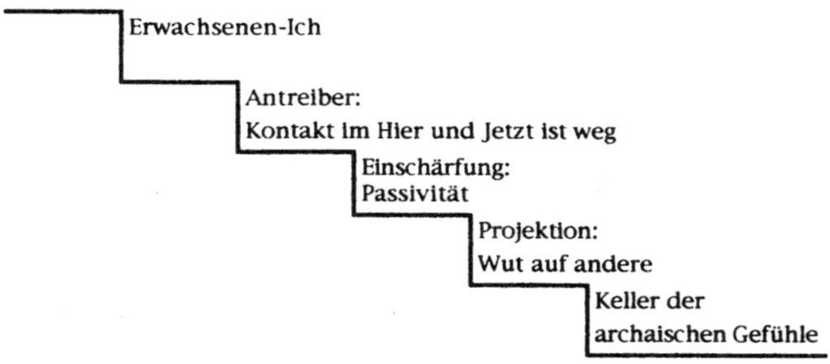

Wenn ich als gesunder, erwachsener Mensch meinen Alltag bewältige, bin ich in Kontakt mit dem Hier und Jetzt. Ein Beispiel: Ich sehe, dass der Brotvorrat zu Ende geht, schreibe dies vielleicht auf einen Zettel, den ich dann zum Einkaufen mitnehme und besorge mir schliesslich wieder Brot. In einer aussergewöhnlichen Stressituation ist dieser Kontakt mit dem Hier und Jetzt weg, ich komme in Kontakt mit meinen Antreibern. Zum Beispiel sehe ich, dass der Brotvorrat zu Ende ist, erschrecke, denke, ich hätte einen Fehler gemacht, fühle mich schuldig wegen der Nachlässigkeit und renne schnell in die Bäckerei, damit alles in Ordnung kommt.

Es kann aber auch sein, dass ich die Kraft nicht habe, in die Bäckerei zu gehen, dann bekommen die Einschärfungen ihre Bedeutung: Ich mache alles falsch, habe keinen Erfolg, gehöre nicht dazu und bin nicht wichtig, also bleibe ich ohne Brot zu Hause.

Schliesslich bleibt mir nur noch die Wut auf die anderen: Wenn mein Partner (oder meine Eltern) noch leben würde(n), hätte(n) er/sie daran gedacht, Brot zu kaufen, wenn die Nachbarin nicht gekommen wäre zum Schwatz, hätte das Brot gereicht.

Die Folge davon ist ein totales Gefühlschaos: Wut auf die Nachbarin, Trauer, dass der Partner tot ist, Gefühl des totalen Überfordertseins, keine Kraft mehr, um alltägliche Dinge zu erledigen. Diese Stufe nennen wir den Keller der archaischen Gefühle.

1.2. Das Miniskript

Wir kommen zurück auf die Antreiber und Einschärfungen. Wenn ein uns nahestehender Mensch stirbt, beschäftigen uns neben dem Gefühl der Trauer noch andere Gefühle: Wut, Schuld, Verzweiflung. Im Zustand einer solchen negativen Verstimmung sind wir besonders geneigt, unseren Antreibern zu folgen. Wenn der Vater oder die Mutter (oder der Partner) stirbt, fühle ich mich nicht OK, das heisst also, ich muss etwas tun, um wieder OK zu sein. Diese Abfolge von Verhaltensweisen, die ich an den Tag lege, um wieder OK zu werden, beschreibt T. Kahler 1977 in ihrem Aufsatz als das Miniskript. Dieser Miniskriptablauf hat vier Stufen:

1. Stufe

Antreiberverhalten; Sei stark, beeil dich, machs recht.	Ich bin OK, wenn ich jetzt nicht weine, wenn ich jetzt schnell in die Druckerei gehe und wenn ich die Beerdigung recht organisiere.

2. Stufe

Frustration; Gefühl, versagt zu haben	Ich hätte vielleicht doch den Arzt früher rufen sollen. Ich schaffe es doch nicht. Es ist mir alles zuviel. Ich bin nicht OK, die anderen sind OK.

3. Stufe

Aufbegehren; Gefühl des Ärgers	Im Spital haben sie Fehler gemacht. Wie konnte mich der Vater/ die Mutter nur allein zurücklassen. Ich bin OK, die anderen nicht.

4. Stufe

Verzweiflung; Gefühl der Hoffnungslosigkeit	Es hat alles keinen Sinn. Ich will allein nicht weiterleben. Ich bin nicht OK, die anderen sind aber auch nicht OK.

Das Miniskript bezeichnet eine Abfolge von Verhaltensweisen, die mit elterlichen Botschaften zu tun haben. Man spricht gelegentlich auch von einer Abfolge von Verstimmungen, die davon herrühren, dass jemand diesen Antreibern nicht gerecht wird. Es besteht durchaus die Möglichkeit, Stufe drei auszulassen - oder aber aus dem nicht OK-Miniskript ein OK-Miniskript zu machen, indem jemand auf das Antreiberverhalten verzichtet. Das heisst: Ich bin OK, auch wenn ich traurig bin, auch wenn ich weine, auch wenn nicht alles perfekt organisiert ist etc.

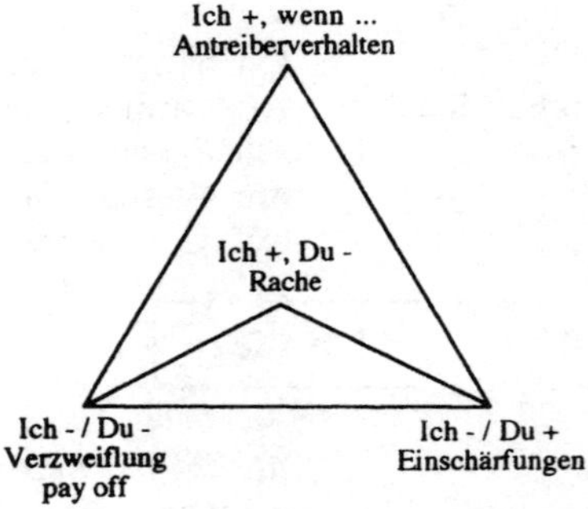

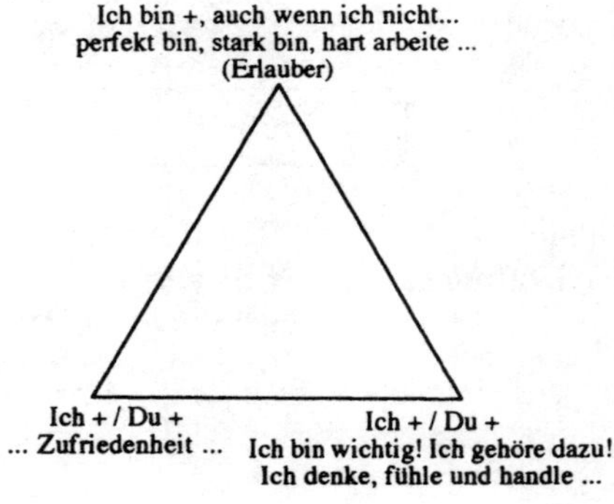

1.3. Einschränkung der Funktionsfähigkeit

Weitere Stressreaktionen sind: Einschränkung der Funktionsfähigkeit und Passivität: nichts tun, Überanpassung, Agitation, Selbstbeeinträchtigung oder Gewalt.

Der soziale Rahmen wird immer enger, bisher selbstverständliche Funktionen fallen weg, zuerst die Hobbys (1), dann der Freundes- und weitere Familienkreis (2), die näheren Familienmitglieder (3), die sozialen Kontakte am Arbeitsplatz (4), und was bleibt, ist das Überleben im Hier und Jetzt (5). (Zitiert nach W. Lammers, Maienfeld)

1	2	3	4	5	4	3	2	1

2. Symbiose

Mutter und Kind leben in der Frühphase des kindlichen Daseins in Symbiose. Ohne diese Symbiose ist ein Kind in den ersten neun Monaten nicht lebensfähig. Auch nach der Geburt hält diese Symbiose zur Mutter (oder zum Vater) an. Die Entwicklungspsychologie beschreibt die Loslösungsphasen eines Kindes aus dieser Symbiose. Nicht immer geschieht aber diese Loslösung nach dem Schema der Entwicklungspsychologen. Gelegentlich hält die Symbiose zwischen Eltern und Kindern bis ins Erwachsenenalter an. Gelegentlich wird sogar die symbiotische Beziehung zur Mutter oder zum Vater in der Partnerschaft weitergelebt. Auch Partner leben nicht selten in einer Symbiose. Die gegenseitige Unterstützung im Alter kann eine positive Form der Symbiose sein. Werden aber einzelne Teile der eigenen Persönlichkeit ausgeblendet und unterdrückt, ergibt sich eine negative, eine komplementär-ungelöste Symbiose, eine sogenannte Tandem-Beziehung.

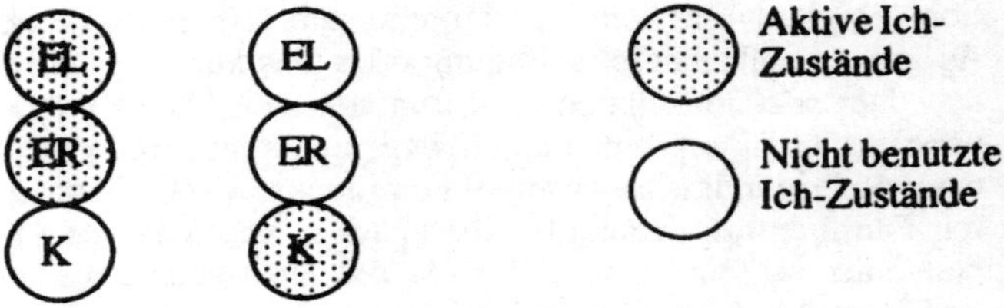

J. Schiff definiert Symbiose wie folgt: "Symbiose ist ein Verhältnis, bei dem zwei oder mehrere Individuen sich so verhalten, als wenn sie zusammen eine ganze Person wären, wobei keine der beteiligten Individuen alle seine Ich-Zustände aktiviert" (zitiert nach Schlegel 1993).
Wird die Symbiose durch den Tod aufgelöst, müssen die inaktiven Ich-Zustände beim zurückbleibenden Partner zuerst reaktiviert werden. ("Ich kann doch die Finanzen nicht regeln, wer macht mir jetzt die Wäsche etc.") Es besteht allerdings ein Unterschied zwischen sinnvoller Arbeitsteilung und Symbiose!

Das heisst also: "JedeR ist selbstverantwortlich, wie er seine Bedürfnisse im Einklang mit der Realität erfüllt und seine Probleme löst und dass jedeR seine Bedürfnisse am besten befriedigen und seine Probleme am besten lösen kann, wenn er autonom seinen eigenen Überlegungen folgt und sich entsprechend nach eigenem Entschluss entscheidet." (Zitat L. Schlegel)

Gerade in christlichen Kreisen muss immer wieder darauf hingewiesen werden, dass Autonomie und Egoismus nicht dasselbe sind. Autonomie schliesst die Hinwendung zum Nächsten (Beziehung) nicht aus, während Egoismus blosse Hinwendung zu sich selber bleibt.

Kommen wir aber noch einmal auf die gesunde Symbiose zurück: Ein Beispiel für eine gesunde Symbiose ist, wie oben bereits gesagt, die Symbiose zwischen Mutter und Kind. Ein Baby hat seine Fähigkeiten, Probleme zu lösen oder sich zu schützen, noch nicht entwickelt. Diese Funktionen müssen von Vater/Mutter übernommen werden. Bei dieser gesunden Abhängigkeit wird jedoch kein Ich-Zustand abgewertet. Wenn das Kind grösser wird, entwickelt es immer mehr die Fähigkeit, alle seine Ich-Zustände zu benutzen. Der ideale Prozess wäre die schrittweise Auflösung der Symbiose, bis jeder Teil autonom ist, das heisst selbständig entscheiden kann, wie mit Situationen im Hier und Jetzt umzugehen und daraus eine Handlungsstrategie zu entwerfen ist.

Das Problem liegt aber darin, dass es keine idealen (perfekten) Eltern gibt und so jedes Kind Situationen erlebt, wo seine Bedürfnisse unbefriedigt bleiben. Genau solche Erfahrungen sind es, die später zu symbiotischem Verhalten einladen: "Jede Symbiose stellt einen Versuch dar, die Entwicklungsbedürfnisse zu befriedigen, die während der Kindheit nicht befriedigt worden waren." (Stewart/Joines 1990)

Nicht selten leben Ehepaare in Symbiose. Wenn nun ein Teil stirbt, verstärkt sich das Gefühl von unbefriedigten Bedürfnissen ("Wer sorgt jetzt für mich?"). Gleichzeitig kommen Erinnerungen aus der Kindheit hoch, bewusst oder unbewusst, die es in einem solchen Moment auch noch zu verarbeiten gibt.

Ähnliches wird erlebt beim Tod eines Elternteils: Verpasste Chancen in der Eltern-Kind-Beziehung können nicht mehr nachgeholt werden. Die allenfalls noch bestehende ungelöste Symbiose zum Elternteil wird abrupt beendet durch den Tod der Mutter, des Vaters. Erst wenn die Trauer über den Verlust durchlebt wurde, entsteht die Fähigkeit zur Autonomie, die Fähigkeit, gesunde neue Bindungen einzugehen im Wissen um die eigenen Stärken und Schwächen. Wenden wir uns nun also etwas ausführlicher der Bonding-Theorie zu.

3. Die Bonding-Theorie (nach George Kohlrieser)

Jeder Mensch hat das Bedürfnis nach Nähe. Unserem Wunsch nach Ganzheit ist es zuzuschreiben, dass Nähe zu Bindung führt. Aber keine Bindung ist für immer (das wäre eben Symbiose), also ist nun die Frage, wie sich eine Bindung verändert, bzw. was geschieht, wenn durch Tod eine Bindung unterbrochen wird. Wenn Trauer im Moment des Verlustes zugelassen wird, ist es nach einer gewissen Zeit möglich, wieder Nähe und Bindung zuzulassen.

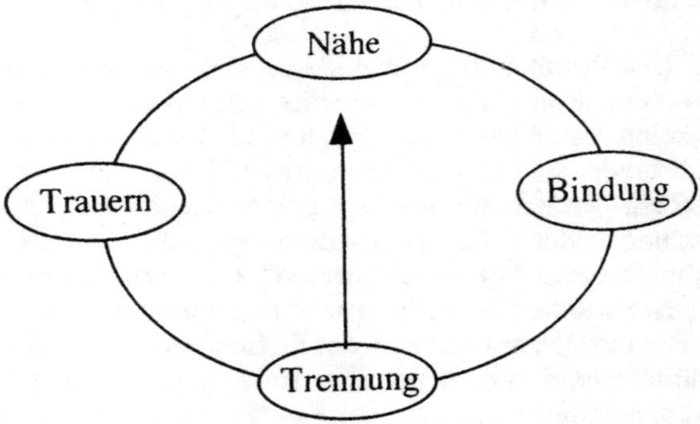

Ein Problem entsteht dann, wenn Menschen keine eigene Identität haben, symbiotisch sind und nur aus dem Kind-Ich- oder Eltern-Ich-Zustand heraus handeln, oder wenn kein Trauerprozess zustande kommt.

Wenn die Trauerphasen nicht durchlebt werden, blokkiert das neue Bindungen, ergeben sich innere Spannungen, die Ursachen von Konflikten werden können. Im folgenden sind Trauerphasen aufgezeichnet, die im Laufe des Trauerprozesses immer wieder durchlebt werden. Die Erfahrung hat gezeigt, dass es hilfreich ist, sich dieser Phasen immer wieder bewusst zu werden. Bildlich gesprochen können wir sagen, dass wir im Laufe des Trauerprozesses diese Phasen wie Jahrringe an einem Baum erfahren. Jeder Jahrring lässt den Baum stärker werden, es gibt auch dickere und dünnere Bäume. Deshalb gibt es keine allgemeingültigen Regeln, wann ein Trauerprozess abgeschlossen ist.

3.1. Trauerphasen

1. Verleugnung
2. Protest - Ärger
3. Trauer - Vermissen
4. Angst - Terror - Panik
5. Rationalisierung
6. Akzeptanz
7. Neue Bindung oder Erneuerung von Bindung
8. Vergeben
9. Dankbarkeit

Mehr als alle anderen Erfahrungen, welche Menschen blokkieren, blockiert ungelöste Trauer unseren Alltag. Menschen, die die Phasen der Trauer verstehen, haben das Bedürfnis zu protestieren, zu trauern, in Kontakt zu sein mit der eigenen Getrenntheit, die sich auch in Angst und Wut ausdrückt, schliesslich sich den Schuldgefühlen zu stellen, diese zu prüfen und zu integrieren. Trauer ist viel komplexer als nur Weinen. Auch mentale und emotionale Akzeptanz und die Fähigkeit, eine Bindung zu erneuern, gehören dazu. Schliesslich gehören auch das Vergeben und die Dankbarkeit zu einem solchen Prozess, damit wir wieder fähig sind, ein offenes Herz für andere Menschen zu haben. Erlauben wir uns nicht, uns Zeit zu nehmen für die einzelnen Trauerphasen, verdrängen wir die Gefühle, so brauchen wir im Laufe der Jahre immer mehr Kraft, diese verdrängten Gefühle zu unterdrücken. Diese Kraft fehlt uns beim Bewältigen des normalen Alltags. Die Folge davon ist, dass der Körper und die Seele mit Spannungen und Krankheit reagieren. Dies wiederum vermindert die Lebensqualität.

Aus diesem Grund ist es wünschenswert, dass wir, wo immer wir mit trauernden Menschen in Kontakt kommen, sie ermutigen, zu ihren vielfältigen Gefühlen von Trauer zu stehen und diese auch zu leben.

4. Trauern in der Gruppe

Es stellt sich nun die Frage: weshalb in der Gruppe trauern? In unserem Kulturkreis haben wir doch eher die Tendenz, uns mit unseren Gefühlen abzukapseln. Auch Trauer wird zur Privatsache. Aus der Erfahrung "Geteilte Freude, doppelte Freude und geteiltes Leid, halbes Leid" entstand die Idee einer Begegnungsgruppe für Trauernde. Die Erfahrung hat gezeigt, dass Trauerphasen auch in Gemeinschaft durchlebt werden können. Die Gruppe hat dabei verschiedene Funktionen: Die Gruppe gibt Erlaubnis: Du bist OK, auch wenn du trauerst, weinst etc. Die Gruppe gibt Schutz, einen Rahmen von emotionalem Gehaltensein. Die Gruppe kann sogar vorübergehend, im positiven Sinn, zu Symbiose einladen und die Funktion des Symbiosepartners übernehmen. Zum Beispiel dann, wenn die eigene Trauer blockiert ist, nicht gespürt wird und erst durch gelebte Trauer von aussen zum Durchbruch kommt. Die Gruppe kann dann den oder die Trauernde ermutigen, mit der Zeit diesen Anteil selber zu übernehmen.

Schliesslich ermöglicht eine Gruppe in der Pfarrei oder der Kirchgemeinde auch so etwas wie eine Transzendenzerfahrung: Der Tod hat nicht das letzte Wort. Als christliche Gemeinde haben wir Formen, mit unserer Trauer umzugehen: Rituale bei der Beerdigung, Zeichen, die das Abschiednehmen erleichtern (in der katholischen Tradition etwa Erde, Kreuz und Weihwasser).

Auch Gedächtnisgottesdienste und Friedhofbesuch sind Erfahrungen, die eine gemeinsame Basis für den Austausch in der Gruppe geben, auf dem Hintergrund des Gehaltenseins, der Geborgenheit in Gott. In einer solchen Umgebung hat auch eine Frage Platz, wie sie im Buchtitel von J. B.

Brantschen formuliert ist: "Warum lässt der gute Gott uns leiden?"

Jede Erfahrung, die jemand in der Gruppe teilt, spricht eine eigene Erfahrung an. Manchmal ist es weniger schmerzlich, über und mit den Erfahrungen der anderen an die eigenen Erlebnisse heranzukommen. Das Ziel einer Gruppe muss aber immer die Stärkung des Erwachsenen-Ich der einzelnen Teilnehmer/innen sein sowie das Einüben und Erlangen von Autonomie. Das Nachdenken und Sprechen über Gefühle und Erfahrungen bewirkt neue Verhaltens- bzw. Handlungsmuster. Diese wiederum fördern die Fähigkeit, neue Bindungen einzugehen und den Alltag, auch als Trauernde, mit mehr Lebensqualität zu gestalten.

Literaturliste:

J.B. Brantschen,
Warum lässt der gute Gott uns leiden?, Freiburg 1986

T. Kahler,
Das Miniskript, in Barnes, G. et. al., Transaktionsanalyse seit Eric Berne, Bd 2, Berlin 1977

J. Schiff,
Geschichte, Entwicklung und Aktivitäten der Schiff Familie in: Barnes, G. et al., Transaktionsanalyse seit Eric Berne, Bd 1, Berlin 1977

L. Schlegel,
Handwörterbuch der Transaktionsanalyse, Freiburg 1993

I. Stewart/ V. Joines,
Die Transaktionsanalyse, Freiburg 1990

G. Weber (Hrsg.),
Zweierlei Glück. Die systemische Psychotherapie Bert Hellingers. Heidelberg 1993

W. Lammers/ G. Kohlrieser,
Zitate sind unveröffentlichten Seminar-Manuskripten entnommen.

KREBS IN DER FAMILIE: WAS KÖNNEN DIE ANGEHÖRIGEN TUN?

Maya Andrey

Wenn jemand an einem Herzinfarkt stirbt, sagen viele: "So möchte ich auch einmal sterben, einfach Schluss und fertig." Ganz anders beim Krebs. Schon bei der Diagnose denken die meisten Menschen als erstes an den Tod, an ein langsames, qualvolles Ableben. Krebs löst bei den meisten Menschen negative Bilder aus, die stark geprägt sind von Angst: Angst vor Schmerzen, vor Verstümmelung, vor dem langsamen Dahinvegetieren, vor dem Verschwinden in den Mühlen der Medizin und dem Abtauchen in Morphiumschwaden. Krebs hat den Beigeschmack von hinterlistig, unheimlich, unberechenbar.

Die Diagnose Krebs erfordert von allem Anfang an die Auseinandersetzung mit dem Tod. Das ist einfach der grosse Schrecken, wenn es heisst: "Der hat Krebs..." Die Leute sind selbst hilflos. Sie treten irgendwie an einen heran und wissen nicht, was sagen. - "Ich wehre mich natürlich dagegen, dass ich todkrank bin. Ich bin wieder gesund." Oder: "Das sag ich mir jetzt einfach, weil man da nichts gefunden hat und so. Aber die sehen einen einfach als toten Menschen - quasi als Kandidaten für das Krematorium", beschreibt ein 55jähriger Darmkrebspatient seine Situation. Die in unserer Gesellschaft weit verbreitete Annahme, dass

Krebs unweigerlich zum Tod führt, macht es den Betroffenen schwer, Hoffnung auf Besserung wachsen zu lassen (Haller, 1994).

Die Vorstellung "Krebs gleich Tod" wird sofort aktiviert, wenn ein Elternteil an Krebs erkrankt. Die Angst, den Menschen, den man liebt, immer mehr leiden und verfallen zu sehen, ist eine enorme psychische Belastung. Anders als bei einem plötzlichen Tod müssen sich die Söhne und Töchter mit dem möglichen Verlust von Mutter oder Vater bewusst und über längere Zeit auseinandersetzen. Dies kann ein unsägliches Leiden, aber auch eine existentiell bereichernde Erfahrung für alle Beteiligten sein.

Die Familie rückt zusammen

Es gibt verschiedene Arten, als Familie auf die Krebserkrankung zu reagieren: Die Belastung, welche eine Krebserkrankung mit sich bringt, kann dazu führen, dass die Familienmitglieder (wieder) näher zusammenrücken, sich gegenseitig stützen und gegen aussen abschotten. Andere tendieren dazu, die Situation zu rationalisieren, ihre belastenden Gefühle zu "beherrschen", alle zusätzlichen Belastungen und Konflikte zu vermeiden. Laut Wirsching (1988) reagieren Familien eher selten mit offenen Konflikten und Spannungen auf eine Krebserkrankung. Dies kann beispielsweise passieren, wenn frühere Konflikte oder belastende Erlebnisse wie Scheidung oder Abtreibung nicht befriedigend verarbeitet und integriert werden konnten. Unverarbeitete Verlusterlebnisse können in der gegenwärtigen Krisensituation unbewusst wieder aktiviert werden und die Auseinandersetzung mit der momentanen Situation erschweren.

Plötzlich ist alles anders - Rollentausch

Das Rollengefüge innerhalb der Familie verändert sich. Die Söhne und Töchter springen ein und übernehmen Arbeiten, die zum Beispiel die erkrankte Mutter im Haushalt nicht mehr ausüben kann. Manchmal ist es auch nötig, den Vater oder die Mutter zu Hause zu pflegen oder ins Spital zur Chemotherapie zu fahren. Dies bedeutet, dass die Kinder zumindest vorübergehend sehr viel in die Hand nehmen. Vater oder Mutter tun sich manchmal schwer, von ihren Kindern abhängig zu sein und ihre aktive Rolle als ErnährerIn, Familienoberhaupt usw. abzugeben.

Krebskranke Eltern möchten ihren Familienangehörigen möglichst viel Leid ersparen. Sie getrauen sich nicht, über ihre Gefühle der Trauer, des Schmerzes, der Angst, der Wut, der Verzweiflung zu sprechen. Oft entsteht eine Barriere aus falsch verstandener Rücksichtsnahme, weil alle annehmen, über den Tod zu reden sei für den anderen zu belastend. Die eigentliche Sorge und Trauer über den bevorstehenden Verlust versucht jeder vor dem anderen zu verbergen. Das Thema "Tod" bleibt ausgeklammert. Gerade dieses Totschweigen des Todes ist es jedoch, das bei den Patientinnen und Patienten die Angst aufkommen lässt, im Sterben alleingelassen zu sein.

Wie sieht die Zukunft aus?

Damit die Belastung durch die Krankheit nicht noch zusätzlich durch eine stockende Kommunikation strapaziert wird, sollten alle Familienangehörigen versuchen, ihre Gedanken, Sorgen und Vorstellungen über die Zukunft auszutauschen: Wie stelle ich mir meine Zukunft vor? Was erwarte ich? Was möchte ich in meinem Leben verändern? Wie möchte ich mein Leben leben? Was möchte ich erreichen? Zu was bin ich bereit? Was gibt mir Kraft? Was gibt mir Hoffnung?

Schuldgefühle vergiften das Klima

Sehr belastend für einen krebskranken Elternteil kann der Gedanke sein, dass er die Krankheit an seine Kinder vererbt haben könnte. Dies trifft häufig bei Müttern mit Brustkrebs zu. Leider vergessen sie dabei, dass sie ihren Töchtern auch das Leben geschenkt haben. Nicht selten leiden auch die Töchter und Söhne unter Schuldgefühlen, weis sie sich hilflos fühlen und den Eindruck haben, zu wenig für die Eltern tun zu können. Um nicht völlig in diffusen Ohnmachtsgefühlen zu versinken, hilft es vielleicht schon, einmal ganz konkret aufzuschreiben, was man beispielsweise heute oder die vergangene Woche für die Eltern getan hat. Wieso nicht sich selbst einmal eine Belohnung gönnen für "getane Liebesdienste"? In einem zweiten Schritt könne man sich auch fragen: Was möchte ich denn noch mehr tun? Ganz konkret: morgen, nächste Woche?

Aber auch das Gegenteil kann eintreten: die Einschränkungen im eigenen Leben, das Mit-Leiden über längere Zeit können bei den Söhnen und Töchtern Wut und Hass erzeugen. Auch daraus erwachsen Schuldgefühle. Sie finden sich moralisch minderwertig, solche negativen Gefühle gegenüber einer todkranken Person in sich zu tragen. Wichtig ist, dass auch die Kinder sich erlauben, ihre Gefühle ernst zu nehmen und Gesprächspartnerinnen und -partner finden, denen sie sich voll und ganz anvertrauen können. Für die zeitliche und praktische Entlastung können sie Freunde, Nachbarn oder professionelle Helferinnen und Helfer einspannen. Personen aus dem näheren Umfeld helfen meistens gerne, wenn sie wissen, was sie konkret tun können.

Ausweiten statt einengen

Manchmal dreht sich alles nur noch um den Krebs. Die Krankheit ist jedoch immer nur ein Teil der betroffenen Person bzw. der betroffenen Familie. Es kann überaus entlastend, erfrischend und bereichernd sein, die gesunden Teile der Patientin oder des Patienten anzusprechen. Fotos aus früheren Zeiten oder die Lieblingsmusik oder Erinnerungen aus der Kindheit erleichtern den Zugang zu den vitalen Teilen der Patientin oder des Patienten.

Für die Kinder kann auch folgende Frage sehr spannend sein: Was möchte ich eigentlich noch wissen, erfahren über meine Mutter oder meinen Vater? Über ihr Leben? Über ihre Beziehung zu ihren Eltern?

Mit den eigenen Gefühlen ins reine kommen

Die Kinder können ihren krebskranken Eltern das Schicksal nicht abnehmen. Sie können sie allerdings sehr stützen, wenn sie ihre eigenen Gefühle wahrnehmen und mit ihren Eltern austauschen. Sie setzen sich so in Bezug zum Schicksal ihrer Eltern und beteiligen sich persönlich und direkt, ohne die Eltern zu Hilflosen zu degradieren. Vielleicht können sie selber durch die Krankheit ihrer Mutter oder ihres Vaters sogar eine Erfahrung machen, die ihr eigenes Leben existentiell bereichert.

Literatur:

Haller, D.,
Den Lebensfaden wiederfinden. Schweizerische Krebsliga, im Druck, 1994

Wirsching, M.,
Krebs im Kontext. Stuttgart: Klett-Cotta, 1988

STERBEN IN DER PFLEGEWOHNUNG

Die Geschichte des "Vereins für Pflegewohngruppen Winterthur"

Bettina Kuster, Verena Kleindienst

Im Mai 1989 traf sich eine Gruppe von Krankenschwestern und -pflegern das erste Mal. Es waren alles Leute, die einerseits Freude an ihrem Beruf und am Umgang mit Menschen hatten, andererseits aber auch in den bestehenden Institutionen wie Spital und Heim nicht glücklich waren.

In drei bis vier wöchentlichen Treffen, an denen zum Teil externe Fachpersonen beigezogen und andere Pflegewohngruppen - zum Beispiel Biel-Seeland und Luzern - besichtigt wurden, schauten wir die Situation der chronischkranken Menschen näher an. Diese ist bekanntlich so, dass pflege- und unterstützungsbedürftige Menschen aufgrund ihrer Krankheit auf längere Sicht hinaus nicht mehr in ihrer vertrauten Umgebung, nämlich zuhause bleiben können. Es bleibt ihnen keine andere Wahl, als ins Spital oder in ein Pflegeheim zu gehen. Für viele der Betroffenen ist aber die Anonymität einer so grossen Institution nicht das, was sie für sich möchten. Daraus wurde die Idee einer Pflegewohnung als Alternative zu den grossen Institutionen geboren.

Im März 1990 gründeten wir den "Verein für Pflegewohngruppen". Beim Erstellen des Konzeptes merkten wir, dass das Mitspracherecht der Bewohner/-innen und deren Angehörigen, immer, vor allem aber auch im ganzen Sterbeprozess, für uns von grosser Wichtigkeit ist. Den Betroffenen soll der Raum, den sie brauchen, zur Verfügung gestellt werden.

Ein wichtiger Grundsatz im Konzept ist auch, dass Sterbende und deren Angehörige nach ihren Wünschen und Bedürfnissen bis zu ihrem Tod begleitet werden. Ein anderer wichtiger Punkt ist, dass *alle* Menschen in der Pflegewohnung ein neues Zuhause bekommen können, nicht nur die finanziell besser Gestellten. Die Kosten dürfen also für die Bewohner/-innen nicht höher als in einem Pflegeheim sein. Nach Erstellen des Konzeptes machten wir uns auf die Suche nach Geldgebern. Als erstes nahmen wir Kontakt mit dem Sozialamtvorsteher auf und unterbreiteten ihm anhand des Konzeptes unsere Idee. Das Jahr nach der Gründung des Vereins war für uns sehr streng. Das Bilden des Unterstützungskomitees und des Fachgremiums stand an, Verhandlungen mit der Stadt und der Gesundheitsdirektion des Kantons Zürich mussten abgehalten werden. Wir stellten unser Projekt in der Öffentlichkeit vor, mussten Mitglieder werben und mit verschiedenen Geldgebern verhandeln. Damit die Pflegewohnung als Kleinheim gilt - das heisst, dass die Bewohner/-innen von den Krankenkassen den gleichen Unterstützungsbeitrag erhalten wie die Pflegeheimbewohner/-innen -, wurden Gespräche mit den Krankenkassen geführt. Leider sind die Bewohner/-innen der Pflegewohnung bis heute den Pflegeheimbewohner/-innen noch nicht gleichgestellt. Die Verhandlungen laufen immer noch.

Durch die starke ideologische Unterstützung durch den Leiter des Bereiches Spitex der Stadt Winterthur und die Aufforderung von verschiedenen anderen Seiten entschlossen wir uns anfangs 1992, eine erste Pflegewohnung zu wagen. Auf den 1. Juni 1992 fanden wir eine passende Wohnung und stellten auf den 1. Juli 1992 eine Koordinatorin ein. In nur zwei Monaten brachte sie es fertig, sechs Bewohnerinnen und das nötige Personal zusammenzustellen, so dass wir am 1. September 1992 die erste Wohnung eröffnen konnten. Die Hülfgesellschaft unterstützte uns mit einem Startkapital, wovon die eine Hälfte für Anschaffungen gebraucht wurde und die andere Hälfte, um die ersten Löhne zu bezahlen. Da unsere Tagestaxe mit den Pflegeheimtaxen identisch ist, ist sie nicht kostendeckend. Die Stadt Winterthur hat ab 1.1.1993 die Defizitgarantie übernommen.

Die erste Pflegewohnung befindet sich an der Lindstrasse 41 in Winterthur. Im zweiten Stock eines Mehrfamilienhauses leben sechs pflegebedürftige Bewohner/-innen. Sie werden rund um die Uhr von einem Pflegeteam betreut. Viele eigene Sachen und Möbel der Bewohner/-innen verleihen dieser grossen Fünfzimmerwohnung eine besondere Atmosphäre. Liebgewordenes darf nahe bleiben; Gewohnheiten können weiterhin gepflegt werden.

Die sechs bis anhin alten Bewohner/-innen leben in zwei Einerzimmern und in zwei Zweierzimmern. In der gemeinsamen grossen Stube verbringen wir die meiste Zeit des Tages. Der Tagesablauf ist stark von den Bewohner/innen mitgestaltet und mitbestimmt. Das heisst: aufstehen, wenn sie sich ausgeschlafen fühlen, und abends ins Bett gehen, wenn sie müde sind, bis hin zu den Massnahmen, die getroffen werden sollen, wenn ihr Leben zu Ende geht.

Das Betreuer/-innen-Team versucht sehr, auf die Bedürfnisse der Bewohner/-innen einzugehen. Es lässt ihnen viel Raum für Individualität, Selbständigkeit und Mitbestimmung. Kontakte mit Angehörigen sollen so natürlich wie möglich erhalten bleiben. Trotz allem ist auch das Umziehen in eine Pflegewohnung eine gewaltige Entwurzelung des alten oder pflegebedürftigen Menschen und mit vielen Ängsten und mit Trauer verbunden. Wir möchten die Bewohner/-innen in diesem Lebensabschnitt so begleiten, dass sie sich möglichst sicher wissen und sich geborgen fühlen.

Letzte Gedanken eines Sterbenden

"Eine ungeheure Erregung ist in mir - und ich kann sie nicht mehr äussern. Da ist nur das Gefühl, dass es nun gleich soweit ist. Diese Erregtheit ist ein unglaublicher Gegensatz zur erlebten Schwäche, die es mir nicht ermöglicht, meinen Arm zu heben, um den kalten Schweiss von der müden Stirn zu wischen. Ich höre die Stimme der Menschen, die sich um mich sorgen oder sorgen müssen.

Es ist alles gut. Ich hatte Zeit - und weiss, dass das gut ist. Meine Zeit ist vorbei. Diese innere, erregende Stimmung habe ich oft ähnlich gehabt: einmal, als ein Kind leichtfertig an einer steilen Burgwand kletterte, einmal, als wir in einem kleinen Flugzeug wegen gefährlicher Motorenunregelmässigkeiten sackten, wieder stiegen, sackten ... Es sind Momente gesammelter Stille und konzentrierter Ahnungen.

Es steht etwas bevor. Aber jetzt ist es anders: die Befürchtung hat als Gewissheit jegliche Hoffnung verdrängt. Lange habe ich mich aufgelehnt - wie es immer meine Art war: die gezogene Grenze der Willkür wurde nicht akzeptiert - ich habe dagegen angelebt! Irgendwann in dieser letzten Zeit habe ich, nach Kampf, nach intensivem Hadern mit diesem Schicksal, nach tiefer Resignation ... die Entscheidung akzeptiert: es geht dem Ende entgegen ... Die Schwäche hat aber nur meinen Körper befallen. Ich habe zugelassen, dass die Ärzte mir Schmerzmittel gaben - und damit wurde mein Kopf wieder klarer für die *letzten Ge-Danken*. Es wurde ein Danken.

Das Leben läuft lupenhaft vorbei. Ich nehme an, dass es sich dem Ende nähert. Die Ärzte sagten daraufhin, es würde erstaunlicherweise sehr viel bessergehen. Nein, nein - ich wusste es besser: das Annehmen setzte Verkrampfungen aus, und ich hatte vorübergehend mehr Lebensenergie. Dies, nur dies, hat den Sterbeprozess etwas verlängert. Aber auch dafür bin ich dankbar. Ich konnte mich besser einstellen auf das, was kommt.

Da waren andere Menschen. Am Sterbebett erlebt man hilflos die Hilflosigkeit, auch die tröstende Verlogenheit seiner "Lieben". Es wird geleugnet, verdreht gelobt, geheuchelt. Mein ganzes Leben wusste ich um menschliche Schwäche. Auch um meine. Jetzt, in der letzten grossen Schwäche, bin ich stark geworden, weiss (fast) als einziger, was zu tun, was zu lassen ist. Mir sind diese gesprochenen Worte dieser Menschen von da draussen so lästig. Ich habe viel Besuch gehabt; meine Tochter hat mir viele Briefe vorgelesen ...

Ich habe mit allen diesen freundlich-schwachen Menschen meinen Frieden gemacht. Irgendwie bedauren sie mich, und irgendwie habe ich sie auch beneidet. Ich erscheine ihnen gegenüber schweigsam, vielleicht knörig ... aber ich möchte nicht mehr reden! Ein alter, uralter Freund kam. Wir kennen uns schon steinlange. Wir schwiegen miteinander. Er ging ernst, mit leicht feuchten Augen. Ihm sagte ich nur: "Danke, mein Lieber!" Es war die intensivste Begegnung - und nun kann ich lächeln, wenn ich an diese letzte grosse Begegnung denke.

Meine Müdigkeit lässt mich immer wieder wegsacken. Realität da draussen, Vergangenheit und Fantasien verschwimmen. Ich höre Musik - sie tut gut - und ich weiss nicht, ob sie echt ist oder nur in meinem Kopf erzeugt wird. Es ist so egal.

Meine Beine liegen so schwer, so krumm, aber ich habe keine Kraft mehr, sie gegen die Decke zu heben, sie umzulegen. Ich kann nur noch ganz flach und hohl atmen. Ein Seufzer ist mir nicht möglich, oder vielleicht nur noch einer. Ich überlege, ob ich den Zeitpunkt meines Sterbens bestimme oder ob er mir bestimmt ist?! Ich kann mich nicht mehr verständlich machen - man flüstert um mich herum - mit dem Erfolg, dass ich alles nur um so besser höre.

Das Sterbende hört gut. Jemand kommt. Meine Tochter ergreift und hält meine schlaffe Hand. Ich schaue, wie so viele Jahre, in ihr Gesicht. Meine Frau ist ernst, gefasst - unsere Blicke verstehen sich, wir verstehen uns. Ich kann ihr ein sehr kleines, letztes Lächeln schenken ... sie streichelt mich in tiefer Geduld. Hoffentlich weiss sie, wie gut sie mir tut. So tiefer Friede ist in mir - und letztlich auch zwischen uns.

Es ist, als glitte ich in einen anderen Zustand hinüber, ohne zu wissen, mit welcher Geschwindigkeit dies geschieht. Ich kenne die Richtung, die neue Dimension nicht ... Es fällt mir so schwer ... wieder diese Erregung ... ich werde gehalten ... sanfte Stimmen ... den Klang verstehe ich, nicht die Worte ... ich kann nichts halten ... alles zerfliesst ... ich lasse los ... ich lasse ..."

HOSPICE LUGANO

Hans Neuenschwander, Bea Marx

Nach dem Ideengut der anglosächsischen Hospice-Bewegung wurde im Tessin das erste Hospice-Pilotprojekt gestartet. Im Gegensatz zu den englischen Vorbildern bestehen Hospice Mendrisio und Lugano nicht aus einem Gemäuer. Übernommen wurde vielmehr der Grundgedanke, schwerkranken Tumorpatienten die Möglichkeit zu geben, am Ort ihrer Wahl zu leben, auch in Augenblicken, in denen sie durch das fortgeschrittene Leiden in ihrer Aktivität stark eingeschränkt sind.

Bis 1990 starben im Tessin 70 bis 80 % aller Tumorpatienten im Spital. Aus Umfragen, auch im Ausland, ist bekannt, dass bei freier Wahl die meisten Menschen zu Hause in ihrer trauten Umgebung sterben möchten. Die häufigsten Hospitalisationsgründe sind auf Seite 208 zusammengestellt. Wollten wir die Selbstbestimmungsfreiheit in bezug auf Pflege- und Sterbeort erweitern, müsste also auf die häufigsten Ursachen der Hospitalisation eingegangen werden.

Aufgrund eines "über den Daumen geschlagenen Inventars" ist ersichtlich, dass eigentlich genügend Ressourcen vorhanden wären, um schwerkranke und sterbende Menschen zu Hause zu betreuen (Hausärzte, Gemeindeschwestern, Sozialdienste, Freiwilligenorganisationen, Physiotherapeuten, Seelsorger, Familienstrukturen usw.). Das Problem besteht vielmehr in der Koordination der einzelnen Kräfte. Es konnte also nicht die Absicht von Hospice sein, neue Einrichtungen zu schaffen, sondern die bestehenden zu koordinieren, eventuell zu ergänzen.

Folgende Figur stellt **das Konzept von Hospice Lugano** schematisch dar:

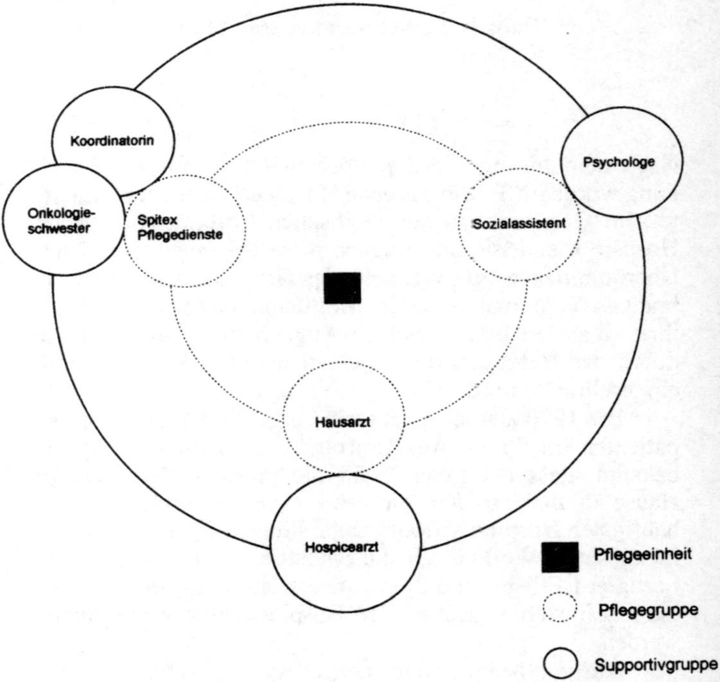

Im Zentrum steht die "Pflegeeinheit". Sie besteht aus dem Kranken und seiner/seinen Bezugsperson(en), seiner Familie im weitesten Sinn. Diese Bezugspersonen sind einerseits

Teil der Pflegegruppe, in der sie aktiv in die Betreuung integriert werden. Andrerseits werden sie aber auch von der Pflegegruppe und von der Supportivgruppe physisch (durch Entlastung) und moralisch mitbetreut. Besondere Bedeutung wird in dieser Hinsicht auch der Trauerarbeit beigemessen.

Die primäre Betreuung der Pflegeeinheit wird durch die "Pflegegruppe" gewährleistet. Diese beruht auf drei Hauptstützen: dem Hausarzt, den spitalexternen Pflegediensten und den Sozialdiensten (in unserem Fall von der Kantonalen Krebsliga zur Verfügung gestellt). Rund um die Pflegegruppe schart sich die "Supportivgruppe". Die wichtigsten Elemente sind:

- **die Koordinatorin**: Eine Krankenschwester, welche ein weitumfassendes Pflichtenheft hat: Abklärung von Ressourcen der Pflegeeinheit, Erhebung der Bedürfnisse, Organisation der materiellen Hilfsmittel (Mobiliar, Telefon, Rehabilitationsmittel usw.), Erstellen von Einsatzplänen, Sicherstellen des Informationsflusses, Leitung der wöchentlichen Versammlung und vieles mehr. In bezug auf fachliche Fragen wird sie von einer Onkologieschwester assistiert, welche ihr auch für Konsilien zugunsten der Gemeindeschwester zur Verfügung steht. Diese Onkologieschwester ist auch Bindeglied zum hospitalisierten Patienten.
- **der Hospicearzt**: Es handelt sich um einen Onkologen mit einer Zusatzausbildung in Palliativmedizin. Er steht dem Hausarzt konsiliarisch bei und besucht den Patienten zu Hause auf Anfrage.
- **der Psychologe**: In unserem Fall ist diese Stelle besetzt durch einen Psychiater mit langjähriger Erfahrung in Psychoonkologie. Er wird einerseits konsultiert bei besonderen psychischen Problemen der Pflegeeinheit, macht in der Regel keine Krankenbesuche, sondern berät hauptsächlich die Pflegegruppe. Seine zweite Aufgabe besteht in der Supervision der "Vollversammlung" (Pflegegruppe und Supportivgruppe).

Die häufigsten Hospitalisationsursachen:

- Asthenie
- Schmerzen
- Atemnot
- Verwirrungszustände
- Überlastung der Familie

Aufgrund einer retrospektiven Auswertung über mehrere Jahre konnten wir feststellen, dass im Prinzip fünf wichtige und häufige Ursachen zu Hospitalisation der schwerkranken und symptomativen Krebspatienten führen. Wollen wir also Hospitalisationen verhindern, gilt es, eine Struktur zu schaffen, welche im Stande ist, diesen fünf Symptomen/Zwischenfällen wirksam entgegenzutreten. Wir haben dazu folgende Strategie entwickelt:

- Für jeden Patienten wird eine Prognose formuliert, nicht nur in bezug auf die quantitative Lebenserwartung, sondern vor allem auch auf wahrscheinlich zu erwartende Symptome. Diese Prognose wird wöchentlich im Rahmen der interdisziplinären Sitzung der Entwicklung angepasst.
  Die Pflegegruppe erhält so die Möglichkeit, den Patienten und seine Familie auf mögliche Symptome vorzubereiten (zum Beispiel: Bereitstellen von Sauerstoff und Instruktion in der Handhabung bei zu erwartenden Atemschwierigkeiten).
- Durch obige Massnahme wird eine Prävention vor Ungewissheit und Angst gefördert. Es ist dies ein wichtiger Faktor in der Vermeidung der Überbelastung der Pflegenden.
- Der kontinuierlichen Information der Pflegeeinheit wird grosse Bedeutung beigemessen, in der Absicht, bei Komplikationen besser vorbereitet und gewappnet zu sein und "aushalten zu können".
- Die permanente Weiterbildung der Pflegegruppe hat vom Sachlichen her als Schwerpunkte die fünf Haupt-

symptome, welche normalerweise zu Hospitalisation führen. Es werden aber auch andere Themen aus dem ganzen Gebiet der palliativen Medizin behandelt. Im Rahmen der Supervision wird ausserdem eine Burn-out-Prophylaxe betrieben.

Die Ziele von Hospice müssen je nach Anwendungsstufe individuell formuliert werden. Für die Benützer (d.h. die Pflegeeinheit) steht die Lebensqualität im Vordergrund. Auf der Stufe der Zusammenarbeit sind vor allem die Koordination und die logistische Unterstützung wichtig. Innerhalb der Hospicegruppe wird der Fähigkeit und Förderung der Kommunikation und der Teamarbeit grosses Gewicht beigemessen. Wir glauben, dass unsere Arbeit auch auf gesellschaftlicher Ebene Wirkung haben könnte, indem sie mithilft, Krankheit und Tod weniger auszugrenzen, und die Möglichkeit unterstützt, eine Solidaritätserfahrung zu leben.

Ziele von Hospice:

1. **Benützer** (Pflegeeinheit)

- Lebensqualität ↗
- Familie
  - Überbelastung ↘
  - Krankheits- und Selbsterfahrung
  - Leben von Solidarität
- Vermeiden unnötiger Hospitalisation
- Begleitung auch während der Hospitalisation
- Unterstützung in der Trauerarbeit (vor und nach dem Tod)

2. **Partner** (Pflegegruppe)

- Koordination unter Berücksichtigung der Kompetenzen
- fachliche und logistische Unterstützung
  - Konsilien
  - Organisation von Vertretungen, Garantie von Kontinuität

3. **Hospice-Gruppe** (Pflege- und Supportivgruppe)
- gegenseitige Unterstützung
  - fachlich
  - Supervision / Teamarbeit / Burn-out-Prophylaxe
- Steigerung der Fähigkeit zur Teamarbeit
  - Anerkennung von Kompetenzen
  - Erkennen von Überlagerungen
  - Austragen von Konflikten
- kontinuierliche Weiterbildung
- Forschung / Qualitätskontrolle

4. **gesellschaftlich/politisch**
- Solidarität ↗
- Erleben von Krankheit/Tod
- Verbreitung der Palliativmedizin
- Zusammenarbeit der öffentlichen und privaten Sektoren ↗
- Kosten ↘

Hospice Lugano ist seit 1991 aktiv. Es betreut zusammen mit Hospice Mendrisio rund 60 Patienten pro Jahr. Nur noch ungefähr jeder dritte Patient muss während den letzten drei Monaten seines Lebens hospitalisiert werden. Die Hospitalisationsdauer hat sich ausserdem für diese Patienten im Verlauf dieser drei Jahre drastisch verkürzt.

Natürlich eignet sich nicht jeder schwerkranke Tumorpatient dazu, bis zum Ende zu Hause betreut zu werden. Ein Minimum an sozialem Netzwerk ist unabdingbar, da Hospice sich komplementär zur Familie versteht. Hospice kann und will nicht familiäre Strukturen ersetzen (da die Familie in einer Doppelrolle - pflegende und zu pflegende - fungiert) oder "das Spital nach Hause bringen".

Es scheint uns ausserdem wichtig, dass der Patient nicht "zu Hause" oder "im Spital" betreut wird, sondern am "Ort seiner Wahl". Diese Wahl kann sich im Verlauf der Krankheit verändern. Sie soll deshalb dauernd hinterfragt und allenfalls den Bedürfnissen angepasst werden.

DAS RECHT IN WÜRDE ZU STERBEN - DIE PATIENTENVERFÜGUNG

Eva Laufer

I. Rechtsansprüche des Todkranken und Sterbenden im allgemeinen

Ein Gesetz *über die Sterbehilfe* gibt es im schweizerischen Recht nicht. In der Schweiz beschäftigt sich vor allem die Schweizerische Akademie der medizinischen Wissenschaften mit juristisch-medizinischen Grenzfragen. Sie hat im Zusammenhang mit dem hier interessierenden Thema zwei Richtlinien veröffentlicht: die "Richtlinien für die Definition und die Diagnose des Todes" und die "Richtlinien für die Sterbehilfe". Diese *Kodifizierungen* sind zwar keine allgemeinverbindlichen Rechtssätze, doch werden sie sowohl vom Gesetzgeber wie auch von den Ärzten und Spitälern als Ausdruck der gegenwärtig in der Schweiz vorherrschenden medizinischen Lehre und Berufsethik anerkannt. Sie bietet eine gewisse Gewähr dafür, dass das *Recht, in Würde zu sterben,* vom Todkranken tatsächlich wahrgenommen werden kann. Diese Kodifizierungen in Gesetzesform zu kleiden erscheint nicht notwendig und auch nicht sinnvoll, da das Gesetz für die hier erforderlichen Neuerungen ungeeignet ist. Der mögliche Inhalt des *Rechts, in Würde zu sterben,* kann in folgende Teilinhalte gefasst werden:

1. Recht auf angemessene Information
Damit ein Todkranker sich überhaupt für oder gegen sein Sterben beeinflussende Medikamente, Operationen und Behandlungen entscheiden kann, muss ihn der Arzt über das Krankheitsbild, über die Symptome, über mögliche Therapien und chirurgische Eingriffe sowie über die mögliche medikamentöse Behandlung aufklären. Auch die Risiken und unerwünschte Nebenwirkungen müssen dem Patienten aufgezeigt werden. Schliesslich schliesst *das Recht auf Information* auch ein Einsichtsrecht in Befunde, Laborunterlagen, Gutachten und Berichte ein.

2. Recht auf Ablehnung lebensverlängernder Massnahmen bzw. auf passive Sterbehilfe
Ausgehend von dieser umfassenden *Aufklärungspflicht des Arztes,* hat der Sterbende das Recht zu entscheiden, welche Behandlungsmethoden angewandt werden sollen. Insbesondere hat er das Recht, lebensverlängernde Massnahmen, die den Tod gegen seinen Willen hinausschieben, abzulehnen. Diesem Abwehrrecht entspricht *das Recht auf passive (nicht aktive!) Sterbehilfe*, welches die "Unterlassung oder das Nichtfortsetzen von Medikationen sowie von technischen Massnahmen, wie zum Beispiel Beatmung, Sauerstoffzufuhr, Bluttransfusionen, Hämodialyse, künstliche Ernährung" umfasst.

3. Recht auf Bestimmung des Sterbeortes
Unter dem Gesichtspunkt der Menschenwürde als besonders gewichtig erscheint das Recht des Sterbenden, *den Ort seines Sterbens selber zu bestimmen.* Einerseits entspricht dieses Recht dem vorherrschenden Bedürfnis Sterbender, die Geborgenheit einer vertrauten Umgebung der Anonymität und Fremdheit einer Spitalumgebung vorzuziehen, andererseits bedeutet die Ablehnung einer Hospitalisation aber auch die Durchsetzung des Anspruches auf passive Sterbehilfe, indem der Patient zu Hause oder im Altersheim ausserhalb der Reichweite lebensverlängernder technischer Apparatur

bleibt. Ebenso entspricht es dem Selbstbestimmungsrecht bzw. dem Anspruch auf passive Sterbehilfe, dass der hospitalisierte Patient auf Wunsch aus dem Spital entlassen wird. Nicht selten wird er oder seine Angehörigen sich allerdings gegen Widerstände der Spitalärzte durchzusetzen haben, welche in Verkennung der ethischen oder der rechtlichen Situation eine Entlassung zu verweigern versuchen.

Exkurs

Ein *Recht auf Selbsttötung* gibt es nicht, auch wenn die Selbsttötung straflos bleibt. Hinsichtlich dieses Punktes festzuhalten ist aber, dass es mit Sicherheit den Geboten der Menschenwürde widersprechen würde, zum Beispiel einen schwer leidenden Krebskranken, der sich durch Schlaftabletten den Tod gesetzt hat, zu reanimieren - auch wenn die Angehörigen dies wünschen sollten. Ebenso unstatthaft wäre beispielsweise eine zwangsweise künstliche Ernährung bei einem sterbenden Patienten, der bei vollem Bewusstsein und ausdrücklich seinen Entschluss kundgetan hat, durch Nahrungsverweigerung eine Beschleunigung seines Todes herbeizuführen.

4. Recht auf angemessene Behandlung und Pflege

Der Sterbende hat ein Recht auf Hilfe bis zum Tode, welche Behandlung und Pflege umfasst. Diese Hilfeleistung entspricht bei Ärzten und Pflegepersonal der Berufspflicht. Auf Seite der Angehörigen kann der Anspruch auf Beistand im Sterben nur verwirklicht werden, wenn er als Appell an die aus der Menschenwürde fliessenden Gebote der Solidarität und Nächstenliebe verstanden und realisiert wird. Tatsächlich zeichnen sich heute Ansätze einer diesbezüglichen Neuorientierung ab, die auf eine Verbesserung der Pflegemöglichkeiten betagter Eltern im Familienkreis und gegen deren "Abschieben" in Alters- und Pflegeheime gerichtet ist.

Grundsätzlich ist der Arzt "beim Sterbenden, auf den Tod Kranken oder lebensgefährlich Verletzten, bei dem das Grundleiden mit infauster Prognose einen irreversiblen

Verlauf genommen hat und der kein bewusstes und umweltbezogenes Leben mit eigener Persönlichkeitsgestaltung wird führen können", zu einer lebensverlängernden Therapie nicht verpflichtet.

5. Recht auf bestmögliche Schmerz- und Leidenslinderung

Hingegen besteht ein *Anspruch des Sterbenden auf bestmögliche Schmerzbekämpfung.* Dieses Recht umfasst gemäss heutiger Lehre insbesondere den Anspruch auf die sogenannte *indirekte Euthanasie*, das heisst die Lebensverkürzung als Folge der Schmerzbekämpfung.

Erwiesenermassen bereiten die psychischen Belastungen, der emotionale Kummer - unter anderem Vereinsamung und Sprachlosigkeit - im Sterben oft mehr Qual als die physischen Schmerzen. Der Sterbende hat daher *Anspruch auf menschlichen Beistand.* Dementsprechend statuieren die Richtlinien für die Sterbehilfe eine Beistandspflicht des Arztes und des Pflegepersonals. Im übrigen sollte im kollektiven Bewusstsein der Gesellschaft eine gewisse sittliche, moralische Verpflichtung zu Beistand gegenüber Angehörigen, Verwandten und Freunden verankert sein bzw. zum Tragen kommen. Doch wird dieser Beistand, der dem Helfenden Subtilität und Mitgefühl abverlangt, sich nicht erzwingen lassen. Eine echte Anteilnahme wird immer auf Freiwilligkeit beruhen und sollte einem echten Bedürfnis entspringen. So gesehen ist Sterbebeistand letztlich als mitmenschlicher Auftrag zu verstehen. Dass Sterbebeistandschaft in der Praxis sehr viele Schwierigkeiten und Fragen auslöst, dürfte klar sein. Diese sind aber nicht unüberwindlich. Der Anspruch auf Beistand ist in seiner praktischen, echt gelebten Konsequenz letztlich nur aus der Menschenwürde, aus ihrem vielleicht vornehmsten und in seiner Tragweite wichtigsten Gebot der Solidarität mit dem Mitmenschen abzuleiten.

6. Recht auf menschlichen Sterbebeistand

Schliesslich haben Sterbende *Anspruch auf* die ihren Umständen entsprechende und in der gegebenen Situation mögliche *Pflege*. Auch der Patient, der ununterbrochen schwer bewusstseinsgestört bleibt und keinerlei Kommunikation mit seiner Umwelt hat (apallisches Syndrom), hat zumindest und auf jeden Fall Anspruch auf pflegerische Hilfe.

II. Das Selbstbestimmungsrecht des Sterbenden und die Garantenpflicht des Arztes

1. Die Garantenpflicht des Arztes

Wie die Richtlinien für Sterbehilfe festhalten, beruht Sterbehilfe auf der Verpflichtung des Arztes (und zwar des Hausarztes und des Spitalarztes), bei der Übernahme der Behandlung eines Patienten alles in seinen Kräften Stehende zu unternehmen, um Gesundheit und Leben des Kranken zu bewahren. Diese Pflicht wird als *Garantenpflicht des Arztes* bezeichnet. Sie wird in der Regel vertraglich begründet sein, indem der Patient (oder beim Sterbenden seine Angehörigen) dem Arzt den Auftrag erteilen, ihn zu behandeln.

Der Arzt, welcher *passive Sterbehilfe durch Unterlassen* leistet, könnte zivil- oder strafrechtlich verantwortlich werden (in Frage kommen die Straftatbestände vorsätzliche Tötung, Mord, Totschlag, Tötung auf Verlangen, Verleitung und Beihilfe zum Selbstmord, fahrlässige Tötung), wenn er dadurch seine Garantenpflicht verletzt. Deshalb muss der Arzt wissen, in welcher Weise diese Pflicht einerseits dem urteilsfähigen, bei vollem Bewusstsein befindlichen Patienten und andererseits dem bewusstlosen Patienten gegenüber besteht.

2. Der Wille des urteilsfähigen Patienten

Der Wille des urteilsfähigen Patienten, der über die Erkrankung, deren Behandlung und die damit verbundenen Risiken aufgeklärt worden ist, bindet den Arzt. Weil der urteilsfähige Patient darüber zu entscheiden hat, ob er behandelt werden will oder nicht, kann er die Behandlung abbrechen lassen. Unter diesen Umständen entfällt die Grundlage zur Behandlung mit denjenigen Massnahmen, welche der Patient nicht mehr wünscht. In diesem Fall darf sich der Arzt - dem Wunsch des Patienten entsprechend - darauf beschränken, nur noch leidensmildernde Mittel zu geben oder eine in anderer Weise beschränkte Behandlung durchzuführen, ohne dass er deswegen rechtlich verantwortlich ist.

3. Der Wille des urteilsunfähigen Patienten

Ist der tödlich erkrankte Patient *nicht mehr urteilsfähig* und deswegen nicht in der Lage, seinen Willen zu äussern, so wird die Pflicht des Arztes zivilrechtlich nach den Regeln der Geschäftsführung ohne Auftrag bestimmt. Die Heilbemühungen sind dann entsprechend dem mutmasslichen Willen des Patienten auszuführen. Dieser Wille ist nicht einfach als auf blosse Verlängerung des Lebens und damit von Schmerzen und Leiden zielend anzusehen. Vielmehr kann der Respekt vor der Persönlichkeit des Sterbenden die Anwendung medizinischer Massnahmen als nicht mehr angezeigt erscheinen lassen. Ist diese Voraussetzung gegeben, so kann sich der Arzt strafrechtlich auf einen der Geschäftsführung ohne Auftrag entsprechenden Rechtfertigungsgrund berufen. Grundsätzlich wird der Arzt aber wohl davon ausgehen müssen, dass ein Wille zum Leben besteht: nie ist der Tod ein ganz willkommener Gast.

4. Die Patientenverfügung

Eine vom Sterbenden früher verfasste schriftliche Erklärung, eine sogenannte *Patientenverfügung,* worin der Patient auf jede künstliche Lebensverlängerung verzichtet, kann für die Ermittlung seines Willens ein gewichtiges Indiz abgeben. Entscheidend ist jedoch der gegenwärtige mutmassliche Wille, der nur aufgrund einer sorgfältigen Abwägung aller Umstände des Falles gefunden werden kann. Verbindlich ist die frühere Erklärung schon deshalb nicht, weil sie zu jeder

Zeit rückgängig gemacht werden kann. Somit muss stets danach gefragt werden, ob der Patient die Erklärung im gegenwärtigen Augenblick vernünftigerweise widerrufen würde oder nicht.

Jeder Arzt, der vor dem Problem der Lebensverlängerung steht, sollte wenn möglich die nächsten Verwandten, Bekannten und Freunde des Patienten anhören. Diese sind in der Lage, ihm Einblick in die ganze Lebenssituation des Patienten zu geben, woraus sich dann eventuell Hinweise auf dessen mutmasslichen Willen ergeben. Die rechtliche Verantwortung des Entscheides kann der Arzt jedoch niemandem übertragen, denn er allein wurde aufgrund seiner Fachkenntnisse vom Patienten zur medizinischen Betreuung beauftragt. Nur bei unmündigen oder entmündigten Patienten darf die Behandlung nicht gegen den Willen der Eltern oder des Vormundes eingeschränkt oder abgebrochen werden.

(Der Text basiert auf der Dissertation "Das Recht, in Würde zu sterben - Ein Menschenrecht" von Monika Burkart, 1983)

ERNÄHRUNG VON GESUNDEN UND KRANKEN ALTEN MENSCHEN

Christine Römer-Lüthi

1. Welche körperlichen Veränderungen, die sich auf den Nahrungsbedarf und die Ernährung auswirken, treten im Alter bei gesunden Personen auf?

Ein typisches Zeichen für das letzte Drittel des Lebens sind die allmählich auftretenden Abbauerscheinungen. Sie betreffen nahezu alle wichtigen Bereiche unseres Lebens: die Wahrnehmung, die Beweglichkeit, die Sensitivität, die Steuerungsfunktionen, aber auch viele Funktionen im Innern des Körpers, die wir normalerweise kaum wahrnehmen. Durch diese Abbauvorgänge am stärksten betroffen sind stets *Funktionen, die wenig zum Einsatz kommen.* Wer sich gerne und vielseitig bewegt, kann seine Muskulatur bis ins höchste Alter leistungsfähig und beweglich erhalten. Einige im Hinblick auf die Ernährung wichtige Veränderungen sollen etwas detaillierter besprochen werden: Mit zunehmendem Alter nimmt die *Empfindlichkeit der Sinne* ab. Sehr gut kann das bemerkt werden am verminderten Durstempfinden, aber auch an einem Verlust der Vielfältigkeit der Geschmacksempfindungen. Für jüngere Leute schmekken darum oftmals die von ihrer Mutter liebevoll zubereiteten Lieblingsgerichte in späteren Jahren versalzen oder überwürzt.

Auch das *Hungergefühl* wird mit dem Alter nicht mehr richtig wahrgenommen, so dass sich bei alten Menschen, ohne dass sie es selber merken, langsam ein Zustand von Unterernährung entwickeln kann, vor allem dort, wo jemand ständig alleine essen muss.

Steuerungsvorgänge sind häufig betroffen vom allgemeinen Abbau. Das kann heissen, dass das Essen wegen unkontrollierter Bewegungen oder Zittern nur mehr mit grossen Schwierigkeiten eingenommen werden kann. Das bedeutet aber oft auch ein labileres emotionales Gleichgewicht verglichen mit früheren Lebensjahren. Auch die altersbedingte Inkontinenz ist zurückzuführen auf die verminderte Empfindung des Harndrangs und die nicht mehr kontrollierbare Schliessmuskulatur.

Die eingeschränkte Kraft und Beweglichkeit betrifft nicht nur den Bewegungsapparat, sondern auch die *Kaumuskulatur.* Vielfältige Probleme mit den eigenen verbliebenen *Zähnen* oder mit Zahnprothesen verschärfen häufig noch die Situation. Im Alter wird es zunehmend schwieriger, grosse Speisestücke zu zerteilen, sie zum Mund zu führen und sie genügend zu kauen. Harte oder zähe Speisen werden darum zum vornherein gemieden. Ebenso gemieden werden Speisen, bei denen sich Körnchen oder Fasern unter dem Gebiss oder zwischen den Zähnen verstecken können.

Ein verminderter *Speichelfluss,* besonders ausgeprägt bei zu geringer Trinkmenge, kann das Schlucken zur Qual werden lassen. Da die *Sekretion* aller Körpersäfte im Alter nachlässt, werden auch weniger Verdauungssekrete in den Magen-Darm-Trakt ausgeschüttet. Das hat eine Verlangsamung der Verdauung, eine längere Verweilzeit im Magen und unter Umständen eine unvollständige Resorption der Nahrungs-Inhaltsstoffe aus dem Darm ins Blut zur Folge.

Folgerungen:
Alte Menschen weisen aufgrund ihrer abnehmenden körperlichen Aktivität einen *verminderten Gesamtenergiebedarf* auf. Wegen der eingeschränkten Leistungsfähigkeit ihrer

Verdauungsorgane vermutet man jedoch gleichzeitig einen erhöhten Bedarf für Vitamine, Mineralstoffe, Spurenelemente und zum Teil auch für Eiweiss. Da grosse Mengen an Nahrung nur schlecht verdaut werden können, empfiehlt sich eine Verteilung der Gesamtnahrungsmenge auf *vier bis sechs kleinere Mahlzeiten*, regelmässig über den Tag verteilt. Solche Essgewohnheiten garantieren einen gleichmässigen Blutzuckerspiegel und fördern dadurch das Wohlbefinden. Dem verminderten Energiebedarf sollte möglichst durch *Verminderung des sichtbaren Fettes* (zum Beispiel in Form von Bratfett) Rechnung getragen werden. Nach Möglichkeit nicht verzichtet werden sollte auf (geeignete) Salate, die mit dem Speiseöl essentielle Fettsäuren liefern, mit dem Salat jedoch auch Fasern, Mineralstoffe und Vitamine. Auch Früchte, roh oder gekocht, und Fruchtsäfte sind wichtige Lieferanten für Vitamine und Mineralien.

Milch und Milchprodukte gehören im Alter unbedingt und regelmässig auf den Speiseplan, sofern keine Milchunverträglichkeit besteht. Milch eignet sich zum Beispiel sehr gut als Zwischenmahlzeit. Milchprodukte liefern namhafte Mengen an Calcium, dem wichtigsten Mineralstoff des Knochens, dessen Bedarf im Alter massiv ansteigt.

Da das Durstgefühl abnimmt, der Flüssigkeitsbedarf wegen einer oft verminderten Konzentrationsfähigkeit der Niere aber eher zunimmt, lohnt es sich, bereits in jüngeren Jahren nicht nur nach Durst zu trinken, sondern sich für jeden Tag eine bestimmte Flüssigkeitsmenge zuzuteilen. Eine *Mindestmenge von einem Liter Flüssigkeit pro Tag* ist das absolute Minimum für gesunde Personen. An heissen Tagen oder bei sehr trockener Luft sollte diese Menge sogar verdoppelt werden. Ob die Flüssigkeit in Form von Tee, Mineral- oder Brunnenwasser, als Suppe (nicht zu stark gesalzen) oder in Form von Milch getrunken wird, spielt keine Rolle, solange die Gesamtenergiemenge stimmt.

Erfahrungsgemäss ist es einfacher, die erforderliche Menge täglich zu trinken, wenn dies in Portionen zu zwei bis drei Deziliter auf einmal erfolgt und nicht schluckweise über den ganzen Tag verteilt. Das Trinken in grösseren Portionen führt zu einem grösseren Blasendruck, der leichter wahrgenommen werden kann und zudem den Blasenschliessmuskel trainiert. Eine beginnende Blasenschwäche kann manchmal allein durch das Umstellen der Trinkgewohnheiten in der oben beschriebenen Weise gebessert werden. Je nach Ernährungs- und Lebensgewohnheiten kann die Supplementierung mit gewissen Vitaminen (vor allem D, E, B6, Folsäure) und Mineralstoffen (vor allem Ca Zn) sinnvoll sein. Auch im Alter soll Essen nicht nur abwechslungsreich und gesund sein, sondern vor allem auch mit Freude genossen werden.

2. Welche Faktoren bestimmen (im Alter) das Ernährungsverhalten?

Essen beinhaltet eine sehr wichtige gesellschaftliche Komponente. Brauchtum und religiöse Feste werden begleitet von bestimmten Speisen. Anlässlich von Taufen, Hochzeiten oder Beerdigungen wird zum Essen geladen. Man lädt Freunde zum Essen ein, feiert Erfolge mit einem Essen, pflegt die gemeinsame Mahlzeit innerhalb der Familie. Alleinstehende Personen empfinden diese fehlende gesellschaftliche Dimension häufig sehr schmerzlich. In der Folge verpflegen sie sich nur, anstatt zu essen. Unter Paaren oder innerhalb einer Familie kann die gemeinsame Mahlzeit auch zum täglichen Kleinkrieg ausarten, der im Extremfall mit dem Hungertod eines Beteiligten endet. Wenn eine alleinstehende ältere Person gut eingebettet ist in ein soziales Netz aus Verwandten, Bekannten und Nachbar/innen (!), wird sie auch regelmässiger essen, denn es kann jederzeit jemand um Hilfe gebeten werden, wenn an gewissen Tagen die Nahrungsmittelbeschaffung oder -zubereitung die eigenen Kräfte übersteigt.

Das körperliche und seelische Befinden einer Person hat einen sehr direkten Einfluss auf ihren Appetit und die Bekömmlichkeit von Speisen. Wie stark sich Emotionen auf das Essverhalten auswirken können, haben wir alle schon am eigenen Leib erfahren. Dass sich Gemütsbewegungen bei alten Menschen eher noch stärker auf ihr (Ernährungs-) Verhalten auswirken, liegt an der begrenzten Kontrollierbarkeit auch von Emotionen im Alter (vgl. unter 1).

Essgewohnheiten werden von frühester Kindheit an erworben und sind damit wichtiger Bestandteil der eigenen Biographie. Sie im Alter noch ändern zu wollen scheint weder sinnvoll noch wünschenswert. Wer es nicht fertigbringt, im Verlauf seines Lebens als falsch erkannte Essgewohnheiten von sich aus abzulegen oder zu ändern, sollte nicht im Alter dazu gezwungen werden. (Eine Ausnahme bilden selbstverständlich zwingende medizinische und therapeutische Gründe.)

In Alters- und Pflegeheimen kann vielfach zuwenig Rücksicht genommen werden auf individuelle Vorlieben und Abneigungen. Das könnte eine Erklärung sein für den immer wieder festgestellten schlechten Ernährungszustand gewisser Pensionäre in solchen Institutionen.

Die finanzielle Situation entscheidet, ob vorhandene Möglichkeiten für eine genussvolle und bedarfsdeckende Ernährung auch ausgeschöpft werden können. Die Teilnahme an einer Senioren-Tafelrunde im Quartier oder Dorf ersetzt zumindest zeitweilig die fehlende Gesellschaft beim Essen. Auch ein Restaurantbesuch verschafft Gesellschaft. Die ins Haus gelieferten Fertigmahlzeiten oder industriell gefertigten Tiefkühlmenus bringen Abwechslung auf den Tisch, erleichtern den Einkauf und ermöglichen die Zubereitung von warmen Mahlzeiten innert kürzester Zeit und ohne grosse körperliche Anstrengung. Mit einem eingeschränkten Budget (zum Beispiel einer einfachen AHV-Rente) bleiben aber die meisten dieser Erleichterungen unerschwinglich.

Auch die Einkaufsmöglichkeiten in der unmittelbaren Wohnumgebung können ausschlaggebend werden für die Qualität der Ernährung im Alter. Eine kurze Wegstrecke bis zum Laden kann täglich bewältigt werden und führt auch dazu, dass jedesmal nur kleine Mengen nach Hause transportiert werden müssen. Somit ist für ein Minimum an Bewegung gesorgt. Die Breite des Angebots und der Preis sind wichtige Faktoren. Ebenso wichtig ist jedoch die Möglichkeit, nur Kleinstmengen einkaufen zu können, die innert nützlicher Zeit auch konsumiert werden können. Besteht die Möglichkeit, beim Einkaufen zwischenmenschliche Kontakte in Form eines Schwatzes zu pflegen, wenn jemand beim Einpacken der Ware hilft und eventuell sogar schwer gewordene Taschen nach Hause bringt, ist der Anreiz, regelmässig einkaufen zu gehen und sich infolgedessen auch regelmässig und abwechslungsreich zu ernähren, wesentlich grösser, als wenn all diese Annehmlichkeiten fehlen.

Eine ungünstige Wohnsituation kann sich, ähnlich wie mangelnde Einkaufsmöglichkeiten, sehr negativ auf die Ernährungssituation auswirken. Wenn bei jedem Ausgang eine Treppe nur mit Mühe erstiegen werden kann, die Distanzen zu Läden und Postschalter, zur nächsten Bushaltestelle oder zum Bahnhof zu gross sind, wird diese Mühe nur in den dringendsten Fällen auf sich genommen.

3. Wie verändert sich die Ernährungssituation durch (schwere) Krankheit?

Wenn alte Menschen krank werden, verschärfen sich schlagartig alle im ersten Kapitel beschriebenen Probleme. Bei schweren Erkrankungen können zentral gesteuerte Fähigkeiten (vorübergehend) sogar vollständig ausfallen. Das kann heissen, dass diese Personen nicht mehr kommunizieren können, dass sie ihr Gedächtnis verlieren, dass sie wegen starkem Händezittern oder Lähmungserscheinungen nicht mehr in der Lage sind, selbständig zu essen, oder wegen starken Schluckbeschwerden nicht einmal mehr schlucken können. Häufig wird dadurch die Einweisung in ein Spital oder eine Pflegeabteilung unumgänglich.

Der Verlust der Selbständigkeit wiegt bei vormals autonomen Personen in einem solchen Fall sehr schwer und kann zusätzliche psychische Probleme verursachen. Durch Infektionen oder Krebs verursachte Erkrankungen steigern teilweise ganz massiv den Bedarf an einzelnen Nahrungsinhaltsstoffen. Da gleichzeitig durch die Krankheit jedoch das Bedürfnis zu essen abnimmt und die Zufuhr von Nahrung erschwert ist, besteht in solchen Situationen eine grosse Gefahr, dass sich ein Zustand von Unter- oder Mangelernährung entwickelt. In den Spitälern wird normalerweise darauf geachtet, wieviel der Nahrungsportion nach dem Essen wieder abgeräumt werden muss. Selten jedoch wissen die Pflegerinnen und Schwestern, wieviel wirklich gegessen worden ist und wieviel auf dem Weg vom Teller zum Mund in der Bettwäsche gelandet ist. Im Spital und Pflegeheim kann auch nur sehr beschränkt auf persönliche Vorlieben und Gewohnheiten eingegangen werden, was wiederum das Nichtessen fördert. Bei fiebrigen Erkrankungen ist der Flüssigkeitsbedarf stark erhöht. Wenn eine genügende Flüssigkeitszufuhr durch Trinken nicht erreicht werden kann, muss sie durch Infusionen ergänzt werden, denn der Allgemeinzustand und allfällige Heilungsaussichten hängen stark vom Flüssigkeitshaushalt ab.

Folgerungen:
Bei den servierten Speisen sollte wenn immer möglich Rücksicht auf Vorlieben und Essgewohnheiten genommen werden. Legen Sie den Besuch bei alten, kranken Menschen auf die Essenszeit, damit Sie Hilfe beim Essen und Trinken leisten können. Eine genügende Nahrungsaufnahme beschleunigt den Heilungsprozess (zum Beispiel bei Knochenbrüchen) oder trägt zumindest zu einem besseren Allgemeinzustand und damit einem verbesserten Wohlbefinden bei. Heute existieren auf dem Markt verschiedene vitamin- und eiweisshaltige Zusatzpräparate in flüssiger Form und den verschiedensten Geschmacksrichtungen, die sich zur Deckung des krankheitsbedingten Mehrbedarfs gut eignen. Solche Präparate sollten möglichst abends verabreicht werden, damit sie nicht die sonstige Nahrungsaufnahme tags-

über beeinträchtigen. Sie decken gleichzeitig auch einen Teil des Mehrbedarfs an Flüssigkeit.

4. Zusammenfassung

Im Alter treten eine ganze Reihe von körperlichen Veränderungen auf, die sich erschwerend auf das Ernährungsverhalten auswirken können. Der Bedarf für verschiedene Nahrungs-Inhaltsstoffe steigt, obwohl gleichzeitig der Energiebedarf abnimmt. Alte Menschen benötigen also eine qualitativ hochwertigere Nahrung als jüngere. Ob sie sich bedarfsdeckend ernähren, hängt von vielen, auch wirtschaftlichen und sozialen Faktoren ab, zur Hauptsache aber wohl davon, wieviel Freude und Genuss sie dem Essen noch abgewinnen können.

Ich plädiere darum dafür, soweit als möglich auf die Esswünsche alter Menschen einzugehen, sie mit ihren Lieblingsspeisen zu verwöhnen, für Abwechslung im Speiseplan zu sorgen und gleichzeitig Rücksicht zu nehmen auf ihre veränderten Körperfunktionen.

Stiftung Begleitung in Leid und Trauer
Zielstr. 5, CH-8400 Winterthur

Zweck der Stiftung:

Die Stiftung fördert und unterstützt die Begleitung von Angehörigen Kranker, Sterbender und Verstorbener, insbesondere durch:

- Einsatz einer Fach- und Beratungsstelle zur Betreuung, Begleitung und Hilfe für direkt Betroffene;
- Koordination und Kooperation mit anderen Beratungs- und Fachstellen, insbesondere mit allen seelsorgerlichen Diensten;
- Ausbildung von freiwilligen Helfern zur Übernahme von Betreuungs- und Begleitaufgaben;
- Öffentlichkeitsarbeit über die adäquate Begleitung der Angehörigen Kranker, Sterbender und Verstorbener.

Auftrag der Fach- und Beratungsstelle:

- Beratung/Therapie von direkt Betroffenen in den Phasen vor dem Sterben, während des Sterbens und nach dem Tod;
- Ausbildung von Personal in Kliniken oder Heimen und von freiwilligen Helfern/-innen in Kirchgemeinden und Pfarreien;
- Durchführung von berufsspezifischen Fortbildungskursen für Gemeindeschwestern, Ärzte, Seelsorger, Pflegepersonal, Sozialdienste, Interessierte;
- Mit gezielter Öffentlichkeitsarbeit soll auf die Problematik aufmerksam gemacht und viele Interessierte sensibilisiert werden (Pubklikationen, Vorträge, Kurse, Seminare usw.)

ANHANG

Von Peter Fässler-Weibel sind bisher folgende Publikationen zum Thema erschienen:

Nahe sein in schwerer Zeit

Zur Begleitung der Angehörigen von Sterbenden

Topos plus Taschenbuch Band 412, 192 Seiten, broschiert
CHF 17.—/ EUR 8.90, ISBN 3-7867-8412-4

Im Gegensatz zur Begleitung Sterbender wird die Betreuung der Angehörigen und Hinterbliebenen weitgehend vernachlässigt. Dabei sind diese oft nicht in der Lage, in rechter Weise mit dem nahenden Tod umzugehen und Störungen in den Beziehungen zu dem Sterbenden aufzuarbeiten.

Der vorliegende Band nimmt die Situation der Angehörigen auf. Auf verständliche Weise zeigt er Wege zu einer fruchtbaren Begegnung mit ihnen. Gerade die zahlreichen Beispiele aus der Praxis sowie die gezielten Aufgaben und Impulse machen den Band zu einem wichtigen Informations- und Arbeitsbuch.

Wenn Kinder sterben

286 Seiten, broschiert, CHF 35.—/EUR 21 50
ISBN 3-7228-0307-1 (Paulusverlag Freiburg Schweiz)
ISBN 3-909245-02-1 (Verlag zum Ziel Winterthur)

Wohl kaum ein anderes Ereignis trifft den Menschen mit so brutaler Wucht wie das Sterben eines nahestehenden Kindes. Ein solcher Tod macht die Betroffenen ohnmächtig, verzweifelt und hilflos. Gross ist die Not der Eltern, Geschwister, Freunde und Bekannten. Ebenso gross ist auch die Not jener, die beruflich mit sterbenden Kindern und deren Angehörigen zu tun haben.

Hier bietet der vorliegende Band eine notwendige Hilfe. Unmittelbar oder beruflich Betroffene sprechen von ihren ganz persönlichen Erfahrungen. So fördern sie das Gespräch zwischen allen Beteiligten und eröffnen befreiende Wege aus der Isolation und Hilflosigkeit.

Der pädiatrische Notfall: Eltern begegnen, die soeben ihr Kind verloren haben

96 Seiten, broschiert, CHF 12.—/EUR 7.—
ISBN 3-909245-11-0 (Verlag zum Ziel Winterthur)

Gibt es etwas Ohnmächtigeres, Hilfloseres, etwas Schwierigeres als die Begegnung mit Eltern, die zu realisieren beginnen, dass ihr Kind soeben gestorben ist? Natürlich ist jeder unerwartete Todesfall schockierend, löst Angst und Trauer aus und immobilisiert die direkt Betroffenen. Wichtig ist indes, konstruktiv auf die Eltern zuzugehen, sie nicht zu entmündigen und sie zu animieren, ihre Gefühle zuzulassen, die Wünsche und Bedürfnisse zu formulieren sowie mögliche Wege einer konstruktiven Begegnung zu suchen.

Sterbende verstehen lernen

265 Seiten, broschiert, CHF 34.—/EUR 21.50
ISBN 3-7228-0413-2 (Paulusverlag Freiburg Schweiz)
ISBN 3-909245-13-7 (Verlag zum Ziel Winterthur)

Der Autor lässt sich vom Grundgedan-ken leiten, dass sowohl physische wie auch psychische Schmerzen beachtet, erkannt und behandelt werden müssen. Die qualifizierte psychosoziale Begleitung des Sterbenden hilft dem Patienten, diesen für ihn wichtigen Weg auf seine Weise zu begehen. Angehörige wissen oft nicht, in welchem Rahmen und Ausmass diese Unterstützung sinnvoll ist.

Wie ein Blitz aus heiterem Himmel: Vom plötzlichen Tod und seinen Folgen

320 Seiten, broschiert, CHF 35.—/EUR 22.—
ISBN 3-7728-0464-7 (Paulusverlag Freiburg Schweiz)
ISBN 3-909245-14-5 (Verlag zum Ziel Winterthur)

Ein aussergewöhnlicher Todesfall durch Herzstillstand, Unfall oder Verbrechen kommt unvermittelt und plötzlich. Es trifft die Angehörigen besonders hart: Sie konnten sich nicht darauf vorbereiten und Abschied nehmen, sie sind ohnmächtig, reagieren oft depressiv oder aggressiv, soziale Netze zerreissen. Aber auch Rettungs- und Polizeidienste sehen sich dann häufig grossen psychischen Belastungen ausgesetzt.

Daraus entstehen auf beiden Seiten Hilflosigkeit, Vorwürfe und Unverständnis.

Im vorliegenden Band berichten persönlich wie auch beruflich Betroffene über ihre Erfahrungen. Sie machen sensibel für die Situation des jeweils anderen Beteiligten und fördern damit ein besseres gegenseitiges Verständnis.

Gelebte Trauer

Vom Umgang mit Angehörigen bei Sterben und Tod

Topos plus Taschenbuch, 184 Seiten, broschiert
CHF 16.—/ EUR 8.90, ISBN 3-7867-8412-4

Leid und Trauer führen Menschen immer wieder an die Grenzen ihrer Belastbarkeit: Sie finden sich nicht zurecht, fühlen sich hilflos, unverstanden und ausgestossen. Hier erzählen Betroffene von ihrem persönlichen Weg, ungeschminkt und klar. Sie lassen teilhaben an ihrem oftmals erschütternden Schicksal.

Ausserdem berichten Therapeuten über ihre Erfahrungen im Umgang mit trauernden Menschen und geben wichtige grundsätzliche Hinweise. So vermittelt dieses Buch eine Fülle von Anregungen, um den Angehörigen Verstorbener in ihrer Trauer sensibler begegnen und hilfreich zur Seite stehen zu können.

Anschrift des Autors:
Peter Fässler-Weibel
Rosentalstr. 42
CH-8400 Winterthur
www.faessler-weibel.ch
E-Mail: peter@faessler-weibel.ch
Tel. Nr.: +41 52 214 33 81
Fax Nr.: +41 52